北京大学大数据与新媒体课程教材

大数据时代的网络舆情

杨明刚 ◎ 著

海天出版社

·深圳·

图书在版编目（CIP）数据

大数据时代的网络舆情 / 杨明刚著 .— 深圳 : 海
天出版社, 2017.6（2022.1重印）
　ISBN 978-7-5507-1843-2

　Ⅰ.①大… Ⅱ.①杨… Ⅲ.①互联网络—舆论—研究
—中国 Ⅳ.①G219.2

中国版本图书馆CIP数据核字(2016)第303627号

大数据时代的网络舆情
DASHUJU SHIDAI DE WANGLUO YUQING

出 品 人　聂雄前
出版策划　张小娟
责任编辑　韩海彬
责任技编　梁立新
装帧设计　深圳斯迈德设计 Smart 0755-83144228

出版发行　海天出版社
地　　址　深圳市彩田南路海天大厦（518033）
网　　址　www.htph.com.cn
订购电话　0755-83460202（批发）0755-83460239（邮购）
排版制作　深圳市斯迈德设计企划有限公司（0755-83144228）
印　　刷　深圳市希望印务有限公司
开　　本　787mm×1092mm　1/16
印　　张　20.5
字　　数　328千
版　　次　2017年6月第1版
印　　次　2022年1月第5次印刷
印　　数　11001-14000
定　　价　58.00元

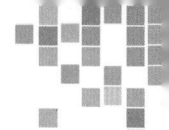

序 言

　　这不是一本严肃的舆情学或网络舆情学研究的学术专著，也不是一本试图迎合世人的畅销书，更不是针对当下形势需要而编著的一本舆情管理操作手册。我希望通过这本书，能让关注中国现实和未来发展的人看到网络舆情的正向能量，运用本书的某些分析维度找寻到适用的分析问题和解决问题的有效方法。另外，我希望通过网络舆情大数据（Big Data）的分析应用，能够为我们的社会治理提供科学的决策支持；同时，开启海量政务信息及各类网络信息分析应用之门，让社会网络大数据信息分析应用成为推动政府治理、科学决策以及社会和谐发展进步的重要力量；在大数据分析的基础上，重视并强化各类决策支持体系和智库建设，为各类社会机构的管理体系提供强大的决策数据和决策方法支撑。

　　本书着重分析了舆情热点发生、发酵、高峰、平息的过程中不同阶段的应对和处置重点。通俗地讲，这本书主要讲述网络舆情"发生""兴起""壮大"直至"消亡"的整个过程以及在这个过程的每个阶段，不同的舆情管理及应对方式决定了结果的不同。舆情发展的走向可能是截然不同的两个极端，如果应对科学会得到好的结果，应对失当就可能会导向"万劫不复"的深渊。在这本书里，我也记录了许多起影响社会舆情的"节点"和热门的网络舆情事件。当然，这些舆情带给社会的影响是深远的，其意义已经远远超过了这些舆情本身。

我将多年从事政府信息化、电子政务以及电子商务等工作中遇到的每一类不同问题的解决方法与个人思考一并记录了下来。在记录里，有些问题仍在困惑着我，我还在一直思索和探求其解决方案；有些则是我个人的一孔之见。或许有一天它能够为更多的人提供有价值的思考，并提供一种解构当下网络或社会现实的角度和工具。

我试图用一种白描的手法给我们当下的社会舆论环境留下一幅立体的全息影像，以期让后世能够知道并能够最大化地还原今天的社会舆论现实。这个工作其他人肯定也在做，那么我能做的就是通过自己在行业领域的研究和观察，从纵向的维度对这个时代做一个剖析和存证。

本书从新闻讲到传播学，从传播学讲到信息化应用，讲到电子政务和政府应急管理，讲到数字城市、智慧城市，最后又回到舆情本身，从舆情发现、舆情分析讲到舆情预测及舆情管理。但是，本书将讨论的重点放在数字化时代政府与公众的互动关系研究方面。换句话说，我更希望研究和分析在信息时代信息化是如何重塑和改造政府治理并推动社会良性发展的。另外，我也希望在对自媒体时代的网络舆情各维度的分析中找寻到一种社会化媒体与政府公共治理互动的和谐范式和理性范式。

这本书不是我一个人的智慧，它集合了学界和业界诸多朋友的共同努力；有一些观点和素材来自社会化平台上的分享，我也很乐意再次将它们分享给更多的朋友，我也尽可能完整地提供那些精彩观点和资料的出处。对那些给本书提供了诸多有价值观点而并未一一列出其姓名的朋友们，我致以深深的敬意。

网络和社会化媒体能够以其巨大的渗透力和影响力重塑我们的价值体系和文明体系，让我们分裂的社会思想体系得以最快地重建和恢复，找寻我们共同前进的最大共识和对未来的自信。这个寻求社会价值最大公约数的过程注定是痛苦的，多难的，是需要我们付出耐心和包容之心的。

但是，我们不失望，因为我们的内心充满了希望。

因为这是一个大创造、大变革时代的前夜。

目录 CONTENTS

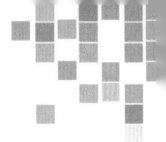

前　言

　　舆情是社会的晴雨表和温度计，也是社会心理的风向标，它承载的是一个社会的喜怒哀乐。

　　那么，什么是舆情，什么是舆情学，什么是网络舆情学？

　　学术界对舆情的定义，因为出发点不同，定义也稍有不同，在此，我不想讨论分析这些定义间的异同和这些学者／从业者分析舆情的诸多维度。

　　舆论广于舆情，舆情是指具有一定一致性的舆论意见和舆论表达，在网络时代它表现为一个个在网络上被民众广泛关注、讨论而导致"极化"的网络舆论。舆情是指在一定的社会空间内，围绕中介性社会事件的发生、发展和变化，作为主体的民众对作为客体的社会管理者及其政治取向产生和持有的社会政治态度。它是较多群众关于社会中各种现象、问题所表达的信念、态度、意见和情绪等表现的总和。这是最为大家接受和认可的一种定义。学术语言毕竟生涩，我通俗一点加以解释：舆情就是社会角色的态度和倾向的总和，而舆情学则是系统地研究关于舆情生命周期的方方面面，舆情管理则是通过系统、科学的方法分析、制造、引导或利用舆情，网络舆情学则是研究网络时代社会舆情借助网络环境发生、发展、传播以及与社会组织或网络用户互动关系规律的一门学科。

舆情，最先指民众的意愿，《新华字典》中将"舆情"解释为"群众的意见和态度"。在西方，舆情研究最先起源于民意研究。18世纪时，法国的卢梭首次提出了"公众意见"（Public Opinion）的概念。根据《牛津英语大辞典》，"公众意见"一词最早出现于1781年。"Public Opinion"常被译为"舆论""公共意见"或"民众意见""公意""民意"等。除了 Public Opinion 外，西方还用 Public Sentiment 来表示民情，这两者都包含有社情民意的含义。

自从人类发明了电话，信息传播的速度大为加快，效率大为提升，为舆情的兴起和壮大提供了极佳的技术土壤。在这里，我将人类发明了电话、电报等之前的历史阶段定义为古典舆情时期，将其后的时期直至今天定义为现代舆情时期。

自20世纪初以来，舆情的概念就开始被广泛使用并兴起了对社会舆论的调查以及对舆情的监测。1935年10月，美国成立了舆情测验所（The American Institute of Public Opinion）。1947年世界民意研究协会（World Association for Public Opinion Research）成立，该协会旨在促进和改善世界各地对社会民意的研究工作。同年，美国民意研究协会（American Association for Public Opinion Research）成立，该协会侧重于对社会调查与政治评论的研究。"9·11"事件之后，世界各国都加速开展了关于国家安全与社会安全方面的工作，并加大了对私人信息监控方面的投入，加强了对网络舆情的研究。

2002年，美国白宫发布了"国土安全国家战略（National Strategy for Homeland Security）"的报告。从2005年开始，美国中央情报局每天在全球各个网站、论坛的公开信息中搜集各种各样的军事信息，并分析社会民众对军事领域相关重要事件所持的态度、看法和观点。美国国土安全部从2006年开始，利用软件技术提取新闻报道中公众意见表达和民众意愿，把握社情民意的动态和走向。

英国一家叫科波拉的软件公司曾经在2005年推出了一套网络舆情感情色彩分析软件。这套软件的特点是技术上能实现舆情信息过滤

及舆情重要程度的排序。这套软件能够剔除文本中的无关内容，将文章作者的好恶、情绪、价值取向等进行分析和归类，并判断出文章的感情色彩，以供政府或机构了解民意态度和大众态度，为政府准确把握民情事态提供依据。该软件还能对从网络上搜索来的信息进行聚合分析，挖掘这些数据中的聚合关联信息，并提取出有价值的舆情资料。

2013 年 6 月，中情局（CIA）前职员爱德华·斯诺登将两份绝密资料交给英国《卫报》和美国《华盛顿邮报》，并告知媒体何时发表。按照设定的计划，2013 年 6 月 5 日英国《卫报》先扔出了第一颗舆论炸弹：美国国家安全局有一项代号为"棱镜"（PRISM）的秘密网络监控项目，要求电信巨头威瑞森（Verizonwireless）公司必须每天上交数百万用户的通话记录。2013 年 6 月 6 日美国《华盛顿邮报》披露称，过去 6 年间美国国家安全局和联邦调查局通过进入微软、谷歌、苹果、雅虎等九大巨头公司的服务器，监控美国公民的电子邮件、聊天记录、视频及照片等资料。全球舆论为之哗然。据爱德华·斯诺登爆料称，"棱镜"窃听计划始于 2007 年的小布什时期，美国情报机构一直在九家美国互联网公司中进行数据挖掘工作，从音频、视频、图片、邮件、文档以及联接信息中分析个人的联系方式与行踪。监控的类型有十类：电子邮件、即时通信、视频、照片、存储数据、语音聊天、文件传输、视频会议、登录时间、社交网络资料的细节，其中包括两个秘密监视项目：一是监视、监听民众电话的通话记录，二是监视民众的网络活动。

根据报道，"棱镜"计划能够对即时通信和各类网络交换数据进行深度的监听。"棱镜"项目许可的监听对象包括任何在美国以外地区使用参与计划的机构所服务的客户，或是任何与国外人士通信的美国公民。综合情报文件《总统每日简报》中显示，在 2012 年内共有 1477 个计划使用了来自"棱镜"计划的资料。

根据斯诺登披露的文件，我们可以看到，美国国家安全局可以接触到大量个人用户的聊天日志、存储的各类数据、语音通信、文件传输、个人社交网络等在线数据。美国政府证实，它确实要求美国公司威瑞森（Verizonwireless）提供数百万私人的电话记录，其中包括个人电话的通话时长、通话地点、通话双方的电话号码等。通过"棱镜"项目，国安局甚至可以实时监控一个人正在进行的网络搜索内容。

"棱镜"计划曝光后引发了全世界的极大关注，此后，各国都加强了网络安全的防范，并且投入更多的资源加大对网络信息的收集和分析。但批评声音没有阻止美国继续实行"黑袋"行动。

据美国《外交杂志》披露，"黑袋"行动是美国国安局和中情局合作的一个监听项目，主要由中情局实施。"黑袋"小组神不知鬼不觉地闯入目标家中，不留痕迹地在对方电脑上安装间谍软件，在电话上安装窃听器，甚至攻击数据交换中心或者拷贝备份文件和硬盘，从而完成"棱镜"计划和其他电子窃听所无法完成的工作。

眼下，已经有越来越多的国家加大了对网络情报收集的投入。同时，利用各种搜索引擎和大数据分析技术对互联网上的海量数据进行着分析和研究，以期发现有价值的信息。

近年来，我国的一些舆情研究机构也开始用计算机技术分析网络舆情的模型，并取得了相应的成果。中国对互联网内容的法制化管理始于 2000 年。中国国务院新闻办和信息产业部于 2000 年联合颁布了《互联网信息服务管理办法》以及《互联网站从事登载新闻业务管理暂行规定》。2002 年新闻出版总署和信息产业部又联合颁布了《互联网出版管理暂行规定》，2005 年国务院新闻办和信息产业部联合颁布了《互联网新闻信息服务管理规定》，一些地方政府部门也相继出台了相应的管理办法，为实现"依法管理、科学管理、有效管理"提供了法律依据。2005 年国务院做出了关于实施国家突发公共事件总体预案的决定，并印发了四大类二十五件专项应急预案、八十件部门预案，同时，与之配套的省级总体应急预案亦相继发布。2007 年《中华人民共和国突发事件应对法》颁布实施，确立了危机处理的法律保障基础，也为处理网络舆情

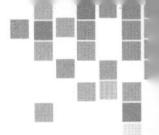

危机提供了法律依据。

当前，中国经济社会发展正处于转型期，社会利益关系更趋复杂，各种深层次矛盾和问题日益凸现。随着"网络政治"的演进和阳光政府、电子政府的全面推进，互联网正以其自由、互动的特性成为各阶层利益表达、情感宣泄、思想碰撞的舆论渠道。胡锦涛在人民日报社考察工作时说："网友们提出的一些建议、意见，我们是非常关注的。我们强调以人为本、执政为民，因此想问题、做决策、办事情，都需要广泛听取人民群众的意见，集中人民群众的智慧。通过互联网来了解民情、汇聚民智，也是一个重要的渠道。"网络舆情作为当今民情民意的集中反映，其巨大的影响力不仅表现为对社会上重大事态发展的影响，也日益渗透到社会治理决策领域，逐渐成为政府倾听民声、了解民意的一个重要渠道。

第一章

舆情管理要以史为鉴

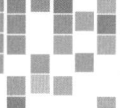

第 *1* 节

监督和批评是社会发展的动力

在分析舆情产生、传播的内在动力之前，我们有必要回顾一下舆情产生的重要土壤，那就是国家的产生以及它存在的意义，有了对这个基础的前提的了解，我们就能更好地理解舆情存在的社会学意义和舆情存在的必然性。有了对这个基础的把握，我们就能更坦然地接受舆情的纷繁性与复杂性并掌握舆情的实质。

柏拉图认为："国家之立，由于人类之必有待于互助。盖吾侪固各有所需，而无不他求而自足者，此非国家所由来之唯一原因乎？"① 在柏拉图看来，国家的建立源于人类生活的自然需要。由于人不能独立生存，总是对别人有所求、有所依赖，所以需要合群而组织团体，成立国家，以便于互相帮助。柏拉图更认为，国家应当由"贤者"领导；他崇尚"哲学家"治国，认为哲学家具备人应具备的一切美德。

柏拉图的学生亚里士多德认为，国家是最高、最广泛的一种社会团体，一切社会团体的目的都在于达到某些"善业"，国家是社会内部一个逐步发展的历史过程。他认为，国家是为全民谋福利，实现至善至美生活的工具。一切政治组织总是由统治者和被统治者两者合成的，在国家中不能避免这种关系，但这种关系造成了统治者以被统治

① 柏拉图.理想国[M].郭斌和，张竹明，译.北京：商务印书馆，1986.

者的利益为目的和它的基础。

孟德斯鸠（Montesquieu）也讲到了自然法。自然法单纯渊源于我们生命的本质，是人类在这样一种状态之下所接受的规律，包括和平、设法养活自己、乐于相互接近、相互爱慕的欲望。他同意格拉维所说的"一切个人力量的联合就形成了我们所谓政治的国家"。而要个人力量的联合，就必须有所有意志的联合。这些意志的联合，就是所谓的人民的国家。

恩格斯在为马克思的《法兰西内战》所写的导言中提出，国家是一个祸害。他认为："国家再好也不过是在争取阶级统治的斗争中获胜的无产阶级所继承下来的一个祸害；胜利了的无产阶级也将同公社一样，不得不立即尽量除去这个祸害的最坏方面，直到在新的自由的社会条件下成长起来的一代有能力把这全部国家废物抛掉。"[1]

卢梭是 18 世纪法国启蒙运动杰出的政治思想家、文学家，他在《社会契约论》一书中提出多个观点：人生而平等，因此必须是自由的人民自由订立契约创建国家；主权在民（或人民主权），因此当人民的自由被强力剥夺时，人民有权推翻它并夺回自己的自由。"人是生而自由平等的，这是天赋的权利。"《社会契约论》中的这一理论，开创了欧洲及全世界民主平等思想之先河。它的"人权天赋""主权在民"的新学说向"君权神授"的传统政治观念发起了挑战。它所揭示的"人权自由、权利平等"的原则，至今仍作为西方政治的基础。

约翰·洛克认为，人们在没有进入人类社会之前就享有生命、健康、自由和财产的权利。他以劳动起源论来论证私有财产的合理性，明确指出，政府的目的就在于保护人们的财产。从洛克的自然权利理论中，可以看到从古代西方思想传承下来的自由主义的基本要素：自由、平等、民主、法治。这些价值观念及其制度架构构成了西方政治思想的基本精神。在洛克的社会契约论中，自由人交出了为执行他的

---

[1] 中共中央马克思恩格斯列宁斯大林著作编译局.马克思恩格斯选集（第3卷）[M]. 北京：人民出版社，1995.

私人判决而处罚违反自然法的行为的权力，这一权力在国家那里，形成了另一种权力，即在国家对他有此需要时，使用它的力量去执行国家的判决。这样，在自由人交出权利的同时，在国家或是公民社会中形成了立法权和执行权。洛克还认为，一个国家的成员是通过立法机关才联合并团结成为一个有机体的，政治社会或全民社会的建立使国家具备了对内和对外两种政治权力。因此，洛克总结说，政治社会的本性就是"保护所有物的权利"。

洛克的思想贡献主要是为英国革命做辩护，明确提出自然权利与生俱来，人人都有不可剥夺的生命、自由、财产之权。人权神圣不可侵犯，后被写入法国《人权宣言》、美国《独立宣言》和联合国宪章。洛克的另一贡献是提出分权理论。要想保护人权，一靠法制，二靠分权。这方面的理论由后来的法国哲学家孟德斯鸠继续发展，并对美国的三权分立制政体产生了一定的影响。

虽然在哲学上洛克的成就十分重要，不过他在政治及政治学说上的影响对后人恐怕更为巨大。洛克是第一个系统阐述民主政治以及提倡人的"自然权利"的人，他主张要捍卫人的生命、自由和财产权。他的政治理念也深远地影响了美国、法国、英国等西方国家。

1689 年到 1690 年写成的《政府论》是洛克最重要的政治论文。洛克主张统治者的权力应来自于被统治者的同意，建立国家的唯一目的乃是为了保障社会的安全以及人民的自然权利。当政府的所作所为与这一目的相违背的时候，人民就有权力采取行动甚至以暴力的方式将权力收回。

洛克的政治思想后来对世界上的政治发展起到了极大的作用。洛克的自由主义被美国人信奉，成为其民族理想。他的思想深深影响了托马斯·杰弗逊等美国政治家，并且在美洲引发了一场轰轰烈烈的革命浪潮。洛克的影响在法国则更为深远。伏尔泰是第一个将洛克等人的思想传到法国的人，法国后来的启蒙运动乃至法国大革命都与洛克的思想不无关系。

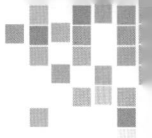

综上所述，我们可以得出人类社会政治治理的基本逻辑，那就是国家是由每个人出让的一部分权利组合起来，并用以维护每个人未出让的那部分权利的一种存在。由此可见，国家的本质是对个人权利最大的保护的一种形式，离开了对个人的保护，国家的存在就会受到质疑。并且，自从人类社会有了国家之后，对个人的权利构成威胁的恰恰是政府和国家，故此，西方社会的所有制度设计都是基于对人的保护基础上的，用以最大化地限制政府及国家公权力的使用。

民众有权利要求国家治理更清明，要求生活得更安全，要求政府对个人权利提供更多的保护，这是具备天然的逻辑正当性的。这也是舆情产生的逻辑土壤和自然的需求。认真应对和听取民众的声音，会让社会更加和谐，也更符合社会治理的终极理想。

只要社会秩序一天不完美，只要有一个人还没有吃饱饭，只要还有一个人正在遭受不公正的待遇，社会舆论就不会停歇，从舆论到舆情的能量积蓄进程就不会中断。人类社会的发展永远没有止境，亦没有一个理想的社会治理模式可供选择，社会发展永远都在摸索中前进并呈现出螺旋上升的过程。

人类社会发展没有终极的完美模式，社会舆论也永远不会停止。社会舆论与人类是相依相生的关系。探寻舆论与社会发展共赢的模式成为治理者完善治理结构、提升社会和谐水平和民众幸福的长期任务。

面对社会舆论或是借助网络所表现出来的网络舆情，治理者应有足够的耐心和完善的应对之道。"通过互联网，拓宽社情民意表达渠道，搭建快速广泛的沟通平台；建立社会舆情汇集和分析机制，引导社会热点、疏导公众情绪、搞好舆论监督。"①

---

① 中共十六届六中全会公报[EB/OL].（2006-10-11）[2013-06-18].http://politics.people.com.cn/GB/1026/4907283.html.

第 2 节

舆情管理要以史为鉴

　　中国诸子百家及以后的治国思想里，不乏先见性的智慧。我国古代统治者对民意的重视和运用，源自其重民思想（或民本思想）。它是我国重要的治理理论和基础。《尚书·五子之歌》中说："民为邦本，本固邦宁。"①孟子在《孟子·尽心下》中又说"民为贵，社稷次之，君为轻。是故得乎丘民而为天子，得乎天子为诸侯，得乎诸侯为丈夫"②。民贵君轻思想肯定了人民的地位和作用，为统治者提供了价值标准，也为人民评判统治者的优劣提供了参照标准。

　　经验表明，对民情的重视和关注程度关系到社会治理的长治久安，无视民意民情的治理必然带来治理秩序的崩溃和社会的动荡。唐太宗李世民曾有言："夫以铜为镜，可以正衣冠；以史为镜，可以知兴替；以古为镜，可以明得失。"

　　"禹、汤罪己，其兴也勃焉，桀、纣罪人，其亡也忽焉"③，对民情的重视关系到治理的兴衰。如何跳出中国历史发展的周期律，是许多治理者一直在思考的问题。1945 年 7 月，民主人士黄炎培先生在延安与毛

---

① 尚书 [M].王世舜，王翠叶，译注.北京：中华书局，2012.

② 孟子 [M].杨伯峻，译注.北京：中华书局，2012.

③ 左传 [M].郭丹，程小青，李杉源，译注.北京：中华书局，2012.

泽东同志讨论历史周期律的话题时，黄炎培说，中国历代王朝更替频繁，兴衰自有发展周期，有政息国灭的，有人亡政息的，也有求荣取辱的，但都没能跳出历史周期律。"我生六十多年，耳闻的不说，所亲眼看到的，真所谓'其兴也勃焉，其亡也忽焉'。一人，一家，一团体，一地方，乃至一国，许多单位都没有能跳出这周期律的支配力。"他请教毛泽东有什么方法能跳出历史兴替的周期律。毛泽东回答道："我们已经找到新路，我们能跳出这周期律，这条新路就是民主。只有让人民来监督政府，政府才不敢松懈。只有人人起来负责，才不会人亡政息。"

毛泽东把王朝周期性的原因归结于政府腐败，归结于专制，归结于对统治者/官员队伍缺乏有力的监督与制约，是颇有见地的。从中我们不难读出毛泽东对人民力量的重视，也不难品味出他对官员队伍的素质和效率、对国家和政府运行的重大影响的重视。

"中国的历史好比一连串的苹果，每一个王朝都是一个苹果，逐个烂下来，烂到底了，它自己就掉下来了。"而自媒体时代的繁荣及其与治理秩序的良性互动，能让中国社会跳出过去两千余年治理的轮回宿命，这必定是中华民族的一大幸事，更是人类的幸事。

由此观之，凡有治理的地方必有民意和民情的聚集，我们亦可以得出一个结论，对民意民情的重视代表一个朝代治理智慧的高度，对民意民情的妥善应对反映出一个朝代治理的良心，对民意民情的掌握和采纳影响着一个朝代的兴旺发达与长治久安。正确的思想舆论导向是促进社会和谐的重要因素。"新闻媒体要增强责任感，弘扬社会正气，通达社情民意，引导社会热点走向，疏导公众情绪，搞好舆论监督。健全突发事件新闻报道机制，及时发布准确信息。加强对互联网等的应用和管理，理顺管理体制，倡导文明办网、文明上网，使各类新兴媒体成为促进社会和谐的重要阵地。"[①]

---

① 中国共产党第十六届中央委员会第六次全体会议[EB/OL].（2006-10-11）[2013-06-18].http://cpc.people.com.cn/GB/64162/64168/64569/72347/6347991.html.

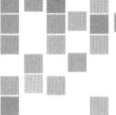

第3节

舆情传播与六度关系理论

20世纪60年代，美国心理学家米尔格兰姆设计了一个连锁信件实验。米尔格兰姆把信随机发送给住在美国各城市的一部分居民，信中写有一个住在波士顿的股票经纪人的名字，并要求每名收信人把这封信寄给自己认为的比较接近这名股票经纪人的朋友，这位朋友收到信后，再把信寄给他认为更接近这名股票经纪人的朋友。最终，很大一部分信件被寄到了这名股票经纪人手中，每封信平均经手6.2次到达。

一个数学领域的猜想六度分割（Six Degrees of Separation）随即诞生。该猜想指出：你和任何一个陌生人之间所间隔的人不会超过六个，也就是说，最多通过六个人你就能够认识任何一个陌生人。按照六度分割理论，每个个体的社交圈都不断放大，最后成为一个大型网络。这是对社会性网络（Social Networking）的早期理解。后来有人根据这种理论创立了面向社会性网络的互联网服务，通过"熟人的熟人"来进行网络社交拓展。国内的网上社交平台有新浪微博、搜狐微博、腾讯微博、人人网、微信等等，国外的平台有ArtComb（蜂巢网），Friendster（交网友），Wallop（戏称：我老婆），Adore Me（崇拜我），Linkedin（领英），Facebook（脸谱），Twitter（推特）等。

六度分割理论在最近几年逐渐被人们认同，许多SNS（Social

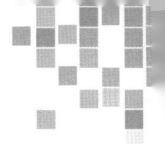

Networking Services，旨在帮助人们建立社会性网络的互联网应用服务，也指社会现有已成熟普及的信息载体，如短信 SMS 服务）社会关系应用平台 / 人际关系交互平台就是依托此理论构建的。SNS 平台的出现全面地改变了人们的交流方式，在网络上开辟了全新人际关系交互网络时代。

但"熟人的熟人"只是社交拓展的一种方式而并非社交拓展的全部途径。因此，现在一般所谓的 SNS，其含义还远不止"熟人的熟人"这个层面。比如，有根据相同话题进行凝聚的（如百度贴吧），有根据用户爱好进行凝聚的（如户外运动网、汽车自驾游俱乐部社区、美食社区、读书社区），有根据受教育经历进行凝聚的（如Facebook，人人网），有根据周末出游的相同地点进行凝聚的。这些应用都被纳入 SNS 的范畴。

社会性网络服务是一个平台，借以建立人与人之间的社会网络或社会关系，如利益共享、活动、背景或现实关系的连接。一个社会网络服务包括表示每个用户（通常是一个配置文件）的社会联系和各种附加服务。大多数社会性网络服务是基于网络的在线社区服务，并提供给用户在互联网互动的手段如电子邮件和即时消息。但在更广泛的意义上说，社会性网络服务通常是指以个人为中心的服务，并以网上社区服务组为中心。社交网站允许用户在它们的网站上共享他们的思想、观点或是对某一事件的态度等，包括允许用户在网络上分享图片、文章、活动、事件等信息。2011 年的调查表明，47% 的美国成年人使用社交网络服务，而在中国，社区交友类服务的覆盖人数超过 7亿，其中"微博服务"的覆盖人数超过社交网络覆盖人数，成为最受欢迎的社交服务。随着社交服务的进一步渗透，社会化媒体营销逐渐成为企业在网络营销中的重要布局之一，"微博平台"也成为中国网民参与互动的重要平台之一。

灵核网数据显示，2012 年全球社交网络用户已超过 14 亿人，比2011 年增长 19.2%。2012 年 63.2% 的互联网用户每月至少登录一次社交网站，2013 年这一比例升至 67.6%，2014 年升至 70.7%。2012 年全球人口的 1/5 使用社交网络，2014 年全球社交网络的渗透率则达到全球人口的 1/4。

六度关系的网络是建立在"熟人或熟人的熟人"这个人际关系脉络下的，因此，SNS 社交关系网络天生就具有"彼此信任"的基因，一个用户可以将他的思想、价值观以及对问题的看法很容易地分享到他的传统人际交互网络中，并在传统的人际关系或现实社会关系网络中产生直接影响。

六度分割虽然是一个社会学的理论，但是它实际上更像是一个数学理论，很多人说它和四色问题有异曲同工之妙。六度分割很好地阐述了一个网状的结构（我们的人类社会），增强了不同节点之间的联系和连接关系，然而它并不完整，也并不足以指导我们的实践，但这个理论在很大程度上让人们对信息时代的人类社会有了很深的理解与探索。

聚合作为社会研究的对象也具有实际价值。康奈尔大学的科学家开发了一个算法，能够识别一篇文章中某些文字的"突发"增长，而这些"突发"增长的文字可以用来快速识别最新的趋势和热点问题，因此能够更有效地筛选重要信息。过去很多搜索技术都采用了简单计算文字 / 词组出现频率的方法却忽略了文字使用增加的速率。如果这种方法应用到网络舆情发现和民情收集，就可以快速找到潜在的网络平台上的舆情或民情热点，为实现良好的社会治理提供必要的参考。

我们可能认识到，每一个网络用户或社交媒体平台的参与者都是网络的一部分，网络上的意见表达通常反映了网民对现实生活的态度以及网民的兴趣或偏好，包括对工作、生活、社会的看法，以及他们对自身或是团体利益的关切。因此，作为网络的核心和表达的主体，民众参与就让网络具有了这样或那样的情绪。这种情绪通常能够影响到人们现实的行为和行事的方式，并直接导致网络情绪作用下的现实后果。换句话说，网络参与的广泛程度决定着社会治理与网民参与行为的深浅程度。好的网络情绪

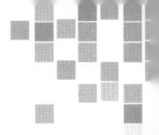

导引对现实治理的和谐发展至关重要。

真正的理论是对人类有用的理论，理论与现实相结合的理论，现实与网络相结合的理论，网络与实体相结合的理论。

"人类行为93%是可以预测的"①，美国社会学家艾伯特—拉斯洛·巴拉巴西在他的《爆发：大数据时代预见未来的新思维》（以下简称《爆发》）中提到。同时，他还揭示出了一个重要的规律，互联网是由少数高链接性的节点串联起来的，极少数节点拥有海量点击，而绝大多数网站只有寥寥可数的人造访，幂律决定了网络的结构和网络的走向。他为我们认识人类的社会行为和网络行为提供了一个强大的理论工具。作为复杂网络研究的权威，巴拉巴西认为在大数据的新背景下，数据、科学以及技术的合力会使预测人类变得比预期中容易得多。同时，巴拉巴西在他的另一本名叫《链接》（linked，2003）的书中提出了复杂网络的概念，也奠定了他的复杂网络研究权威的地位。这本书带给我们一种整体的、关联的、系统论的审视世界的方式。在书中，被作者认为广泛存在的链接是从简单到复杂、从单一到多样、从平凡到璀璨的桥梁，使我们不仅仅将视野局限于孤立的单元。我们深信，网络上的人际沟通行为和信息传播规律是可以被发现、认识以及预测的。更进一步讲，对网络进行人为干预是把理论研究转化为实际应用的至关重要的一步。以预测和推荐为代表的网络信息挖掘和以控制为代表的网络干预，极可能成为下一个十年复杂网络研究的重要突破点。

① 艾伯特—拉斯洛·巴拉巴西.爆发：大数据时代预见未来的新思维[M].马慧，译.北京：中国人民大学出版社，2012.

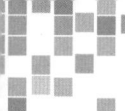

第4节

人际强连接关系与社会心理、行为暗示

在一个大气候背景下，生活在这个生态环境中的每个人都会受到影响，同样的，在一个大的政治生态系统当中，每个人都会受到影响，无人能够避免。

社会网络真是太美妙了，它是如此精致、复杂而又无处不在，以至于人们很想知道它究竟为何存在。我们为什么镶嵌其中，它是怎样形成的，如何运转的，又是怎么影响到我们的生活的？

在过去十多年的大部分时间里，《大连接：社会网络是如何形成的以及对人类现实行为的影响》（以下简称《大连接》）的一位作者尼古拉斯都在苦苦地思索这些问题[①]。开始时，他把关注点放在最简单的社会网络上：由两个人组成的二人组。他最初研究的二人组是夫妻。尼古拉斯曾经是一个医生，负责照顾身患绝症的病人，注意到爱人去世对其配偶的严重伤害。于是，他开始对"一个人患病怎样导致另一个人也患病"这个问题产生了兴趣。他觉得，如果人与人之间是相互连接的，那他们的健康状况也一定是相互连接的。如果妻子生病或去世了，她丈夫的死亡风险肯定会大增。最后，他意识到可供其研究的二人组有很多种，如

[①] 尼古拉斯·克里斯塔基斯，詹姆斯·富勒.大连接：社会网络是如何形成的以及对人类现实行为的影响[M].简学，译.北京：中国人民大学出版社，2012.

两个兄弟姐妹、两个朋友或两个由后院栅栏连接在一起（不是分开）的邻居。

但是，问题的真正核心并不是这些简单的二人组。众多的二人组能形成巨大的连接关系网络，能够延伸至很远的远方。一个男人的妻子有一个好朋友，这个好朋友有丈夫，好朋友的丈夫有一个同事，同事有一个弟弟，弟弟有一个朋友……这些链式枝条就如同闪电，在整个人类社会范围内勾绘出错综复杂的图案。实际情况似乎还要更复杂些。在社会网络上，某个个人节点每移开一步，与他人的连接关系的数量以及连接关系的复杂性都将急剧增加。思考这个问题的时候，他开始阅读其他社会学家的著作，他们中有 19 世纪末、20 世纪初的德国学者，也有 20 世纪 70 年代富有远见的社会学家。不过，他们研究的社会网络规模只有 3—30 人不等。但是，尼古拉斯感兴趣的社会网络规模要有 3000 人或者 3 万人，甚至 300 万人。

《大连接》一书提出，人类连接在一个巨大的社会网络上，我们的相互连接关系不仅仅是我们生命中与生俱来的必不可少的一个组成部分，更是一种永恒的力量。正像大脑能够做单个神经元所不能做的事情一样，社会网络能够做的事情仅靠一个人是无法胜任的。这本书讲述了社会网络是如何形成的以及对人类现实行为的影响，如对人类的情绪、亲密关系、健康、经济的运行和政治的影响等，并特别指出，三度影响力（即朋友的朋友的朋友也能影响到你）是社会化网络的强连接原则，决定着社会化网络的功能。相距三度之内是强连接，强连接可以引发行为；相距超过三度是弱连接，弱连接只能传递信息，并特别指出，三度影响力是社会化网络的强连接原则，决定着社会化网络的功能。

《大连接》的另一作者詹姆斯·富勒专注于社会网络、行为经济学、政治参与和基因政治学的研究，并因发现了"科伯起落"（Colbert Bump）的第一个科学证据而为人们所熟知。"科伯起落"即指政治人物如果出现在戏剧脱口秀《科伯报告》节目中，其声望在短期内则会急剧上扬，这是一种媒体与社会人际关系作用互动的现象。

《大连接》的作者认为，不仅仅是朋友，甚至朋友的朋友的朋友也会对你的快乐产生影响力。我们所做或所说的任何事情都会在网络上泛起涟漪。在该书中提出的"三度影响力，社会网络的强连接原则"这一观点开启了社会化网络研究的新篇章，成为继六度分隔理论后社会网络研究领域最具影响力的发现。

同时，《大连接》一书中还提到了一个重要的论点，讨论人的网络行为与人的传统社会行为的互动关系，即网络行为如何影响并改变人的传统社会行为，人们如何在网络角色与社会角色之间做出必然的转换。

《大连接》的作者认为三度影响力塑造社会网络的强连接。这种连接关系并不局限于我们认识的人，朋友的朋友的朋友也可以启动链式反应，并最终连接到我们，就像遥远的波浪最终冲到我们的海岸一样。社会网络传播快乐、宽容和爱。社会网络影响着我们的选择、行为、思想、情绪，甚至是我们的希望。在涉及社会网络对人类现实行为的影响时，我想说：你若微笑，世界将回报以微笑。

那么，社会网络如何影响人类的情绪？

每一个快乐的朋友，让你也快乐的概率大约增加9%，每一个不快乐的朋友，让你也快乐的概率减少7%。与口袋里大把大把的钞票相比，一个素未谋面的三度分隔的人会对你的快乐产生更大的影响。坚持那些产生快乐的行动，可以让更大的群体快速实现快乐的同步化。并且，个别人的非理性行为可以导致整个社会的非理性行为，在社会网络的作用下，群体智慧能迅速引发愚蠢的行为。同样的，一个人的投票决定会增加其他人也投票的可能性。众所周知，当你决定投票时，也增加了你的朋友、家人和同事投票的可能性。

在《大连接》的第八章超链接部分，作者提到新的社会现象因互动而生，它们通过充实和扩展个人的体验而超越了个人的体验，对于大家的共同利益来说这是一件好事。借助于网络，人类就可以收到

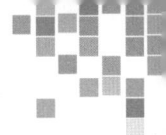

"总体大于部分之和"的功效。新的连接方式的出现，一定会增强我们的能量，让我们得到上天原本赋予我们的一切。

在《大连接》超连接海神效应部分，作者认为文明社会的核心在于人们彼此之间要建立连接关系，这些连接关系将有助于抑制暴力，并成为舒适、和平和秩序的源泉。人们不再作为孤独者，而是变成了超级合作者。我们的给予是维护网络的必要条件，慷慨地将网络紧紧地结合在一起，而网络反过来又孕育了慷慨。

《大连接》的核心思想是研究网络行为如何与人类的现实行为相互影响，并深刻影响人类的现实行为的。而对人类在社会网络上行为的研究，能有效地找寻到其参与社会活动的某些必然的联系和规律。"对这些问题感兴趣的不只是我们，在过去十年间，很多其他领域的学者在数学和网络科学方面都取得了进展。当我们开始研究人的连接关系时，工程师正在研究电站网络，神经科学家正在研究神经元网络，基因科学家正在研究基因网络，物理学家也正在研究五花八门的网络。他们的网络可能很美妙，但我们的网络更有意思：更复杂也更重要。毕竟，我们的网络的所有节点都是有血有肉、有思想的人。人能够做出决策，即便镶嵌在网络上并受到网络的影响，仍有可能让网络发生改变。一个由人形成的网络有着不同寻常的生命。"

几十年甚至几百年以来，人们最关心的事情，例如人的生死贫富，或者行为的公正不公正等，最终都被归结为个人责任与集体责任之争。科学家、哲学家以及其他以研究社会为己任的人，大体上分为两个阵营：一些人认为命运掌握在自己手中，另一些人则认为社会力量（如良好公共教育的缺乏及政府腐败等原因）能决定命运。

只有将我们自己看成是超个体的一个组成部分，我们才能从全新的角度认识自己的行为、选择和感受。如果说我们因镶嵌在社会网络上而受到影响，受到与我们的连接关系或远或近的那些人的影响，我们就不可避免地要失去一些自主决策力。当人们发现他们的邻居甚至他们不认识的人，都能影响颇具道德意味和社会意义的行为和结果时，这种控制力的丧失就会激起人们特别强烈的反应。但是从好的方面看，借助社会网络，人们可以超越自身的局限性。我们的相互连接关系不仅是生命中与生俱来的、必不可少的一个组成部分，更是一种永恒的力量。正像大脑能够做单个神经元所不能做的事情一样，社会网络能够做的事情仅靠一个人是无法完成的。

社会网络是一种与人类社会相依相伴的推动力量，是社会变革和进步的源泉，网络与现实有时仅有一步之遥。

中国传媒大学沈浩教授在评价《大连接》时说，在社会网络中，你可以把信息分享给和你相距六度的人，与他们分享生活情趣、流行时尚、工作感受；你可以对与你相距三度的人产生影响，让他们和你一起戒烟、减肥、健身。六度分隔是弱连接，只能传播信息；三度分隔是强连接，可以引发行为。你可以决定你想过什么样的生活，但这种生活一定与和你连接在一起的那些人有关，你们也许素未谋面，但你们一定会通过社会网络的某种信息技术或手段相互影响。你在连接，也在被连接；人天生需要人际间的沟通和交流，而通过什么方式，期望得到什么结果，由每个人自己决定。

教育部长江学者奖励计划特聘教授、上海交通大学致远学院常务副院长汪小帆评价说"网络因大而小"，人们的行为只能传播到朋友的朋友的朋友。但如果有一天，社会网络的平均距离变成三度分隔，个体的行为将有可能影响整个网络。《大连接》中的观点看似惊悚，却得到了实践的证实。希望了解社会网络如何越来越深刻地影响着人类行为的读者，即使不完全赞同书中的所有观点，也能从中受益。相信该书可以激发读者更深刻的思考，抑或产生更深入的质疑，这些思维的火花或许会成为社会网络研究中可以燎原的星星之火。

中国互联网发展的重要参与者、知名 IT（信息技术）评论人谢文评价说，很少有人不承认社会对个人的心理、认知、行为和状态会产生影响，但这种影响如何发生、怎样影响、影响多大，却没有什么人能说明白。《大连接》告诉我们，这种影响发生在相互连接的人之

间，通过人与人之间的连接关系传播，影响力的大小取决于人与人之间的距离。该书用浅显易懂的语言和实例介绍了社会网络中的连接关系所造成的各种影响，小到个人的心理健康和生老病死，大到事业发展和社会进步。这个世界上不存在完全孤立的个人，也不存在大而无当的"社会"，正是相互连接的个人网络将个人与社会融为一体。弄清其中的道理，对各行业的人而言均有帮助。

网络开始让世界变得不同。"人们曾经拆卸过宇宙，却不知道该如何将它再拼起来。一系列令人窒息的新发现促使我们承认，简单而深远的自然法则支配我们周围网络的结构和变化。随着很多学科的科学家发现复杂性背后的严格架构，我们见证了一个正在酝酿的变革，我们开始领悟到网络的重要性。"巴拉巴西在《爆发》中这样说。

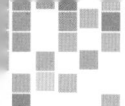

第 5 节

没有舆情的理想国并不存在

中国古人对舆情的收集极富智慧。古时候，限于信息传播的手段单一以及工具的水平，信息传递的效率极低。那时候的舆情更多表现为各种繁忙的驿站间信件的交换，各种酒肆茶楼、街头巷尾的民众聚众热议，或是里巷间的妇孺口传。

据史料记载，周代设有采诗官，派人到各地搜集诗歌，目的是了解风俗民情，从而知道政治得失。典籍评论说："王者不窥牖户而知天下"[1]，这些诗歌不只是歌功颂德，也有讽刺批评的东西，"王者"批评实行的原则是"言者无罪，闻者足戒"[2]。周灭亡后，以后各个时代就没有了采诗的制度。《毛诗序》也说："上以风化下，下以风刺上，主文而谲谏，言之者无罪，闻之者足戒，故曰风。"[3]大意是说，作诗的人把社会的真实情况写出来，有些还有讽刺意味，但绝不会为此获罪，而这些话还能使在位者听到后保持警惕。唐代著名诗人白居易也曾著文希望恢复采诗制度。他说："选观风之使，建采诗之官"，"日采于下"，"然后君臣亲览而斟酌焉，政之非者修之，阙者补之，

---

① 班固.汉书[M].北京：中华书局，2007.

② 诗经[M].王秀梅，译注.北京：中华书局，2015.

③ 萧统.文选[M].北京：中华书局，1997.

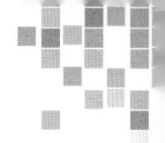

人之忧者劳者逸之"，可以改正错误的政策，没有做到的也可以补救，有忧愁劳苦的人可以让他们过上好日子。

舆情自古以来就是一种对治理理想境界的意见表达，它因国家及治理的存在而存在，是一种天然的伴生关系，没有舆情就没有人类社会，不存在没有舆情的"理想国"。

舆情承载的是治理的兴衰和存废。因为，我们并不知道哪次公共事件才是压垮民众心理承受力的最后那根稻草。其实，危机就隐藏在诸多造成恶劣社会影响的群体性公共事件当中，可怕的是，我们并不知道哪次事件才是引爆整个社会民众大面积对抗的导火索。

面对可能突然而至的社会危机，我们的治理秩序需要深刻反省，及早应对，科学处置。

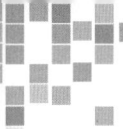

第6节

会哭的孩子有奶吃

中国古人在社会治理当中，非常重视民间舆论情报的收集，并建立了高效的情报收集系统。例如，统治者为了了解民风、民俗和民情建立了一些民意收集制度，使下情上传，以便制定政策、缓和矛盾、巩固统治。这些制度有采风制、巡视制（又分为巡守制、巡抚制）、谏诤制、登闻鼓制等。

自上而下的采风制、巡视制等虽然对官员收集民意的频率有所规定，但毕竟是统治者内部少数人的行为，缺乏人民群众的积极参与，只能对少部分人民群众的要求和愿望有所反映，不可能收集到大多数人的意见和呼声。

登闻鼓出现于晋代，南北朝时期得以延续。在唐宋时期建立了专门的登闻鼓机构，制定了登闻鼓制度，使登闻鼓制度走向成熟，并在元明清时期得到传承和进一步发展。

自下而上的谏诤制、登闻鼓制则由下层直接将民意上告到治理阶层，其渠道亦受到严重限制。

从古代统治者民意收集的经验与局限可以看出，构建顺畅的民意收集渠道是保证治理秩序延续的重要保证。

许多古人是舆情制造和应用的行家里手。

秦始皇统一六国之后，不顾恢复社会生产的民意要求，长期无休止地滥用民力，造成了严重的社会危机。当时，人民的劳役负担非常繁重，除了修驰道、筑长城之外，秦始皇不满足于已有的豪华宫殿，在渭水南北两岸大造宫观殿宇。咸阳附近两百里内，离宫别馆处处皆是，仅关中就有三百所，关外不下四百所。秦始皇生前穷奢极欲，死后还要充分享受。他役使七十余万刑徒和奴隶为自己修造骊山陵墓。这些繁重的劳役工程使广大民众付出了沉重的代价，也使秦王朝这个中国第一个统一王朝面临严重的社会危机。可以说，陈胜、吴广的起义掀起了全国各地的反秦浪潮，加之秦国的宫廷内乱，最终让秦王朝成为历史上短命的一个统一王朝。陈胜、吴广抓住了秦末社会治理的种种矛盾，巧妙地制造了"舆情"，聚集众多追随者和拥趸者，发动了大泽乡起义。

在一位"卜者"（算命先生）的启发下，陈胜和吴广在薄绸（帛）上，用朱砂写下了"陈胜王"三个字，并把它装在鱼肚子里。一天，戍卒买来鱼，剖开鱼肚子，意外地发现了鱼肚子里的薄绸和红字，感到非常惊异。到了晚上，吴广又跑到附近神庙，点起灯笼，模仿狐狸的叫声："大楚兴，陈胜王。"戍卒听到这叫声，更加感到诧异。第二天，大家议论纷纷，传说着这件怪事。陈胜、吴广利用了神鬼的力量，让舆情导向自己并对自己有利，帮助其进一步树立权威。这就是陈胜、吴广巧妙制造的社会"舆情"，以博取跟随者信服下的几步棋。

《史记·陈涉世家》中载，"会天大雨，道不通，度已失期。失期，法皆斩。陈胜、吴广乃谋曰：'今亡亦死，举大计亦死，等死，死国可乎？'"[①]陈胜、吴广利用了兵卒的心理，并成功地制造了第一波舆情。

接下来，陈胜又说："天下苦秦久矣。吾闻二世少子也，不当立，当立者乃公子扶苏。扶苏以数谏故，上使外将兵。今或闻无罪，

---

① 司马迁.史记[M].北京：中华书局，2009.

二世杀之。百姓多闻其贤，未知其死也。项燕为楚将，数有功，爱士卒，楚人怜之。或以为死，或以为亡。今诚以吾众诈自称公子扶苏、项燕，为天下唱，宜多应者。"吴广以为然。这是陈胜吴广的第二步棋，成功地制造了第二波舆情，扯起了"公子扶苏"、项燕的大旗。

接着，陈胜、吴广就寻找起义的时机。有一天，押送戍卒的将尉（管理戍卒的小军官）喝得酩酊大醉。吴广乘此机会，扬言逃走，故意将将尉激怒。将尉在盛怒之下，当众鞭打吴广，激起了戍卒的愤怒。这时，将尉又拔出佩剑，没想到吴广手快，乘势夺下佩剑，并将将尉刺死。在陈胜的帮助下，吴广把另外一个将尉也杀了。于是，陈胜将戍卒召集在一起，对大伙说："弟兄们！我们遇到大雨已经延误了期限，按规定应处死刑。就是不被处死，因守边而死的恐怕也不在少数。壮士不死便罢，死就要死得壮烈，那些王侯将相难道是天生的！"这番富有鼓动性的话把大家都发动起来了。戍卒纷纷表示赞同，并且袒露着右肩，设坛举行盟誓。这是第三次制造"热点事件"，从而使得舆情完全偏向到陈胜、吴广一边。可以看出，陈胜、吴广深谙舆情制造和舆情发展的驾驭之道。

战国时期，商鞅在秦国推行新法之前为了树立政府以及政策的公信力，也利用"徙木立信"这个公共事件成功地制造了一次社会舆情，并使得新法能够快速地得到社会各阶层的广泛认可，为秦国的崛起和其后秦国统一六国奠定了强大的政治基础和物质基础。

元末，元政府治理黄河。河北农民韩山童将一只眼的石人埋在河中，韩山童、刘福通随后在工地上散播"莫道石人一只眼，挑动黄河天下反"的传言，策动农民举事。

清兵入关后，即有孝庄太后下嫁多尔衮、顺治帝出家的谣言；至雍正朝，由于康熙朝储位之争的影响，各种政治谣言蜂起，谋父逼母、弑兄屠弟、贪财好杀、酗酒淫色、怀疑诛忠、好谀任佞亦成为对雍正帝的评价。

清朝末年，洪秀全科举考试失利之后，高烧四十几天，醒来之

后说自己看到了上帝，上帝赠送给他一把宝剑，令其"手握乾坤杀伐权"，这是赤裸裸的舆情制造和舆情引导。当然他制造的这则舆情，其实质是"谣言"。

从社会传播功效和影响力角度讲，这些古人们都成功地引导、利用了舆论，制造了一个又一个吸引民众关注的公共舆情事件，并达到了他们的预期目的。

成功制造、利用舆情甚至不惜制造谣言以达到治理目的的精彩案例在中国古代和近代举不胜举。

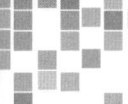

第7节
古代治理中社情民意应对的智慧

中国古代的一些思想家和政治家认识到，要取得民众的支持，就要顺应民心。这是从民心向背决定王朝盛衰的历史史实中得出来的结论。为了顺应民心，历史上一些开明的统治者很注意上下疏通、民情上达，以制定适合民心民意的政策。尽管这种顺应民心的举措有很大的历史局限性，但在今天，仍有其积极的意义。

一、"视民利用迁"

商代，特别是到盘庚统治时期，统治者对顺民心的作用有了一定的认识，如《尚书·盘庚中》说"罔不惟民之承"①，就是要无不顺承人民的心理和意见去办事。"殷降大虐，先王不怀厥攸作，视民利用迁"，就是要根据民利迁都迁邑。这说明商代统治者在实际行动上也注意顺应民心。

西周统治者在坚持天命观的前提下，强调顺应民心，提出了"顺乎天而应乎人"的观点，认为既要尊重天命，又要"顺天应人"，才能维持其统治。这比简单的天命观当然要进步得多。值得注意的是，西周时期曾直接或间接采取了一些调查民意的措施。如周统治者认为诗

---

① 尚书[M].王世舜，王翠叶，译注.北京：中华书局，2012.

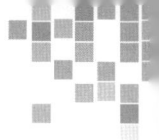

可以言志，可以论功颂德，可以止僻防邪，可以刺过，因而设置采诗官，到全国各地采风并收集民情，将收集到的诗歌、民情报告太师，天子则"命太师陈诗以观民风"。所谓观民风，就是了解国情、民情，以调整统治政策。采风及采风制度成了统治者了解民情民意的重要渠道和制度保证。同时，西周还设有调查民意的官员，有小司寇、乡大夫等职。国家有重大决策，都要由上述官员征求国人的意见，然后向天子汇报。所有这些措施，都反映了统治者对顺应民心民意的重视。

先秦哲人早就在《六韬·武韬·顺启》中告诫后世，"利天下者，天下启之；害天下者，天下闭之"①，在这里，"利天下"和"视民利"的思想是相通的，并且是一脉相承的。

二、"政之所兴，在顺民心；政之所废，在逆民心"②

《管子·牧民》中说，"政之所兴，在顺民心；政之所废，在逆民心"。姜尚是齐国的第一任诸侯王，即位之初，就注意采取顺应民心的政策，"因其俗，简其礼，通工商之业，便渔盐之利，而人民多归齐，齐为大国"，反映了姜尚顺应民心的政策收到了明显的成效。而当时鲁国的伯禽却是"变其俗，革其礼"，就是改变当地的风俗和礼制，循规蹈矩，推行固有的周礼，结果鲁国的发展步伐远远落在齐国后面。难怪周公旦将两国的施政方针做了对比后发出了如是感慨："呜呼，鲁后世其北面事齐矣，夫政不简不易，民不有近；平易近民，民必归之。"

《管子》主张统治者施政立法应当"顺民心""量民力""从民所欲"。因为"令顺民心，则威令行"，认为"仓廪实，则知礼节；衣食足，则知荣辱"，统治者只有顺应民心，才能得到民众的支持，只有百姓安乐才有国运昌平。

在管子看来，法令对治理国家是非常重要的，然而只有顺乎民心的法令，才能为民众所拥护，才能行得通，所谓"令顺民心，则威令

---

① 　六韬·鬼谷子 [M].北京：中华书局，2007.

② 　管子 [M].北京：中华书局，2004.

行"。同时，统治者制定的法律还必须与民众智力相适应，"智者知之，愚者不知，不可以教民；巧者能之，拙者不能，不可以教民。"法无论是对智者、巧者或愚者、拙者来说，都要明白易知，以便民众掌握和运用。

三、"本怜百姓，每节己以顺人"[1]

贞观四年（630），太宗谓侍臣曰："崇饰宫宇，游赏池台，帝王之所欲，百姓之所不欲。帝王所欲者放逸，百姓所不欲者劳弊。"魏徵曰："陛下本怜百姓，每节己以顺人。"

唐朝初年，贞观君臣认识到，要处理好统治者与民众的关系，关键是统治者要顺应民心。他们认为，君民关系的中心是利益的分配问题。要处理好君欲与民欲的矛盾，帝王不能纵情放逸，危害百姓。唐太宗指出，营造宫殿，建筑池台，这是帝王想做的事情，但百姓却不希望帝王这样做。帝王追求享乐，百姓希望能得到休息。所以，唐太宗说："劳弊之事，诚不可施于百姓。朕尊为帝王，富有四海，每事由己，诚能自节。若百姓不欲，必能顺其情也。"

唐太宗还指出："自古帝王凡有兴造，必须贵物顺情。"所谓"顺情"，就是要顺应民心。他认为，秦建阿房宫，人多谤议，主要原因还不在于工程浩大、劳苦百姓，而是由于它是满足君主奢侈生活的工程，悖逆人情。大禹治水，遍及全国，用人力极多，但百姓无怨言，因为它是为民谋福利的。唐太宗用了正反两方面的例子，说明顺应民心的重要性。后者顺应了人民的意愿，体现了人民的意志，而前者只为了满足君主个人的欲望，违背了人民的意志，所以两者产生了不同的后果。魏徵把君主克制自己的欲望而采取顺应民心的措施概括为"节己以顺人"。唐朝刚建立，"百姓欲静"，希望能有安定的环境，以便能从事农业生产，改善自己的生活条件。为此，唐太宗顺应民意，尽量给民众以休养生息的机会。他说："往昔初平京师，宫中美

---

[1] 贞观政要[M].骈宇骞，译注.北京：中华书局，2011.

女珍玩，无院不满，炀帝意犹不足，征求不已，兼东西征讨，穷兵黩武，百姓不堪，遂致灭亡。此皆朕所目见，故夙夜孜孜，惟欲清净，使天下无事，遂得徭役不兴，年谷丰稔，百姓安乐，夫治国犹如栽树，本根不摇，则枝叶茂荣。君能清净，百姓何得不安乐乎！"

唐太宗深知自己长期居于宫中，对外界的了解受到了限制。为了广泛了解民情，使得下情上传，从贞观元年（627）起，他特意诏传五品以上的京官轮流值宿禁中，以便向他们了解百姓的疾苦和政教得失的情况。

史载，贞观初，有上书请去佞臣者，太宗说："朕之所任，皆以为贤，卿知佞者谁耶？"对曰："臣居草泽，不的知佞者，请陛下佯怒以试群臣，若能不畏雷霆，直言进谏，则是正人，顺情阿旨，则是佞人。"太宗谓封德彝曰："流水清浊，在其源也。君者政源，人庶犹水，君自为诈，欲臣下行直，是犹源浊而望水清，理不可得。朕常以魏武帝多诡诈，深鄙其为人，如此，岂可堪为教令？"唐太宗对上书人曰："朕欲使大信行于天下，不欲以诈道训俗，卿言虽善，朕所不取也。"①唐太宗的"流水清浊，在其源也，君者政源"即认为治理是一个源清流洁的过程。"源清流洁"即政府官员要树立良好的风范，引领社会风气的提升和转变，只有治理秩序的自治和约束，才有社会大环境持续不断的改进。该思想为后世的开明治理提供了参考。

"民劳则怨起，下扰则政乖"，李世民在《帝范·诫盈》里说。"民者国之先，国君之本"，李世民在其《帝范·君体》里这样论述了治理与民众的逻辑关系。《晋宣帝总论》中亦有李世民的话，即"天地之大，黎元为先"。所有这些论述，都能看出李世民对民本的高度认知。

唐代吴兢在《贞观政要·论君道》中说"载舟覆舟，所宜深慎"，还说"治国犹如栽树，本根不摇，则枝叶茂荣"②，进一步阐述了李世民的为政理念，即民众的幸福安康决定了一个国家治理秩序的强大

① 吴兢.贞观政要·诚信（第十七）[M].北京：中华书局，2011.
② 吴兢.贞观政要·政体（第二）[M].北京：中华书局，2011.

和稳定，对一个治理秩序的存续来讲，民众是最终的、根本的决定因素，即"水能载舟，亦能覆舟"。若不能认识到这一点，则难免"其兴也勃焉，其亡也忽焉"。

陆贽是唐代著名的政治家、思想家。当唐德宗问他"当今急务"的时候，陆贽回答说："当今急务，在于审察群情，若群情之所甚欲者，陛下先行之；所甚恶者，陛下先去之。欲恶与天下同而天下不归者，自古及今，未之有也。夫理乱之本，系于人心，况乎当变故动摇之时，在危疑向背之际，人之所归则直，人之所去则倾，陛下安可不审察群情，同其欲恶，使亿兆归趣，以靖邦家乎！此诚当今之所急也。"[①]这其中的"审察群情""同其欲恶"等，强调了即使是至高无上的君主也要重视人民的意愿，顺应民心。

陆贽认为，"理乱之本，系于人心"，"立国之本，在乎得众"，"得众则得国，失众则失国"。陆贽又说："舟即君道，水即人情，舟顺水之道乃浮，违则没，君得人情乃固，失则危。"他建议，一个贤明的君主必须使"其欲从天下之心，而不敢以天下之人从其欲"。陆贽非常推崇唐太宗，尤其对唐太宗从谏如流的政治风度特别赞赏，认为"太宗有经纬天地之文，有底定祸乱之武，有致理太平之功"，而"从谏改过为其首焉"，说"谏而能从，过而能改"是"帝王之大烈"，把对纳谏作用的认识，提到一个空前未有的高度。他上书唐德宗，力陈要"广咨访之路，开谏诤之门，通雍郁之情，宏采拔之道"，要召见群臣"备询祸乱之由……各使极言得失"，不能当耳目闭塞的孤家寡人，并进一步指出世界广大，社会复杂，"以一人之所览，而欲穷宇宙之变态"是不可能的，只有虚受广纳，勤与接下，"总天下之智以为聪明，顺天下之心以施教令"，才能使下情上传，上情下知，君臣一致，政权巩固。

陆贽认为要使谏路畅通，必须克服堵塞谏路的九种弊病。要"以求过为急，以能改过为善，以得闻其过为明"，使臣下敢于进言。陆

---

① 司马光.资治通鉴.北京：中华书局，2013.

赟还认为，谏者多，才能表明君主喜欢纳谏；谏者直，才能表明君主的雍容大度；谏者冒犯而不罪责，才能表明君主的容忍宽恕。"惟恐谠言不至"，这样才能使谏路畅通无阻。

这种对"言路"重要性的认识，其高度古今少有。

四、"为政之道，以顺民心为本，以厚民生为本，以安而不扰民为本。"

北宋的李觏[①]认为："民心可畏哉，是故古先哲王皆孳孳焉以安民为务也。"他举例说，如果得到民心，少康有五百人也称得上得到了民众；如果失去民心，商王有亿兆人也可以说是没有民众。因为民心可畏，所以统治者要采取各种措施以获得民心，争取民众的拥护和支持。李觏认为，君主的重要职责是选择称职的官吏。有称职的官吏才能取得民众的信任，将国家治理好。他说："吏之于民必相知心，然后治也。吏知民心则明，明则政平矣；民知吏心则信，信则令行矣。"

针对宋代"与士大夫共天下"的局面，王安石认为，要政顺民心，听政于民，而不是政顺士大夫之心，听政于士大夫。《续资治通鉴长编》中说道："百姓，北面答君也；群臣东面，群吏西面，则左右其事而已；民为贵，于是见矣。"王安石在制定和推行新法时，很注意听取民众的反应，如制定免役法时，他曾向神宗说："且议助役事已一年，须令转运使、提点刑狱、州县体问百姓，然后立法，法成，又当晓谕百姓，无一人有异论，然后著为令。"王安石在创议其他新法时也大抵如此。一些反对变法的官僚因此攻击他常允许"市井屠贩之人，皆召而登政事堂"，这正好从反面说明了王安石对民心民情的重视。

司马光和王安石属于不同政治派别，在许多问题上存在分歧，但在政顺民心的观点上却十分相似。司马光说，"夫为政在顺民心。苟民之所欲者，与之；所恶者，去之"，认为民心所向应成为制定政策

[①] 李觏（1009—1059），字泰伯，世称盱江先生。

的出发点。

苏轼认为，治理国家首要的是要顺应民心，民心向背是治乱兴亡的关键所在。要顺民心，就要施行仁政，爱民利民。他说："人主之所恃者，人心而已。人心之于人主也，如木之有根，如灯之有膏，如鱼之有水，如农夫之有田，如商贾之有财。木无根则槁，灯无膏则灭，鱼无水则死，农夫无田则饥，商贾无财则贫，人主失人心则亡。……其为可畏，从古以然。……是以君子未论行事之是非，先观众心之向背。"他还说，当初谢安与桓温共事未必是正确的抉择，但民众拥护支持谢安，由此东晋政权才得以稳固。

程颢、程颐提出了"以顺民心为本"的思想，程颐说："为政之道，以顺民心为本，以厚民生为本，以安而不扰为本。"

陈亮说："夫盈宇宙者，无非物。日用之间，无非事。古之帝王，独明于事物之故，发言立政，顺民之心，因时之宜。"就是说，事物是宇宙间真实的客观存在，宇宙间任何普通的原则都不能离开客观的具体事物。古代帝王明于这种事理，发言立政都注意顺应民心，切合时宜。在这里，"顺民之心"成了制定政策的一个准则。"夫天下之事，孰有大于人心之与民命者乎？"反映了他对治理应顺应民心的重视程度。他还说："人心无所一，民命无所措，而欲论古今沿革之宜，究兵财出入之数，以求尽治乱安危之变，是无其地而求种艺之必生也，天下安有是理哉！"他认为，人心不安定，民众的生活得不到保证，国家就不能富强稳固。

《宋史·朱熹传》中说："天下之务莫大于恤民，而恤民之本，在人君正心术以立纪纲。"南宋人崔敦礼在《刍言》卷上中说："得民之劳者昌；得民之忧者康。"宋代文天祥在《即事》中说："但令身未死，随力报乾坤。"宋代林逋在《省心录》中说："忧国者不顾其身，爱民者不罔其上。"而司马光在《资治通鉴·唐纪》中说："人心不摇，邦本自固。"

这些先贤不厌其烦地明确告诉我们，民众满意了，国家就好治理，

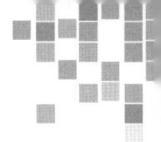

国家就稳固富强。反之，则人心摇、邦不固，"覆舟"就在所难免。

元初统治者对顺应民心的重要性也有深刻的认识。元世祖曾说："凡小大政事，顺民心所欲者行之，所不欲者罢之。"

"顺民心所欲"包括政治经济等各个方面。元世祖在这种思想指导下，对不同地区、不同民族施行不同的管理方式。在中原地区，实行汉法。所谓汉法，既包括中原地区传统的生产方式，也包括与这种生产方式相顺应的上层建筑。汉法的采用顺应了民心，大大缓和了民族矛盾。

金末元初的政治家、教育家许衡认为，要建立政权，巩固政权，"在得天下心。得天下心无它，爱与公而已矣。爱则民心顺，公则民心服，既顺且服，于为治也何有？"他认为，得民心是为政的首要任务，如果君主能够采取相应的惠民措施，民众必然心悦诚服。如果口惠而实不至，必然失去民心。

明清之际的王夫之也认为，民心不可侮。政治上的成败决定于民心的向背。他说："扶危定倾，以得人心为本务。"在《诗广传》中，王夫之又说："失士者亡，失民者溃。"他反复强调这些观点以说明顺民心的重要性。

明代张居正曾说，"致理之要，惟在于安民，安民之道，在察其疾苦而已"[1]。明代吕坤认为，"驭天下者察民情，此安危之机也"[2]。清代王韬认为，"善为治者，贵在求民之隐，达民之情，民以为不便者不必行，民以为不可者不必强"[3]。清代金缨说："居官先厚民风，处事先求大体。"[4]

总之，中国古代的一些思想家和政治家已经认识到，如果君主过分相信自己的才能，相信"君权神授"，可能可以逞能一时，但从历史的维度看，领袖个人的才能毕竟是有限的，只有顺乎民心，制定可被民众接受的政策，才能得到民众的拥护，社会才会稳定，经济才能

---

① 张居正.张太岳文集.[M].上海：上海古籍出版社，1984.

② 吕坤.呻吟语[M].郑州：中州古籍出版社，2008.

③ 王韬.弢园文录外编[M].上海：上海书店出版社，2002.

④ 马天祥.格言联璧[M].北京：中华书局，2014.

发展。历史的发展已证明了这样一个真理：顺民者昌，逆民者亡。

自汉代开始，统治者的治理逻辑就深受孔孟之道的影响。为了迎合加强中央集权的需要，董仲舒提出春秋大一统和罢黜百家、独尊儒术的主张，他的政治思想被历代王朝所沿用，儒学成为中国两千多年封建王朝的正统学说。

为了稳定统治秩序的需要，董仲舒又提出了三纲五常（父为子纲、君为臣纲、夫为妻纲和仁、义、礼、智、信）。董仲舒认为，"道"是源出于天的，"天不变，道亦不变"，即是说"三纲五常""大一统"等维护统治秩序的"道"是永远不变的。那么，如何解释皇位的更换和改朝换代呢？为此，他提出了"谴告"与"改制"之说，认为统治者为政有过失，天就会出现灾害，以表示谴责与警告。如果统治者还不知悔改，天就出现怪异现象来加以惊骇。若是统治者还不知畏惧，就会大祸临头了。他认为人的认识活动受命于天，而认识的目的是了解天意。通过内省的途径就能判断是非，达到"知天"的目的。另外还必须通过对阴阳五行的观察，才能达到对天意、天道的了解。按照"尽心""知性""知天"的模式，达到"天人合一"。他还认为，通过祭祀能与神相沟通，能看见一般人所看不见的东西，这样就能知道天命鬼神了。这种认识论达到了一定神秘的程度。

可以看出，在这种治理逻辑和思维中，将权力进行了神化，让社会绝对处于一元的意识形态管控当中。在生产力不发达的情况下，人们有必要通过某种强制力调集力量与恶劣的自然界做斗争，并服从于一个意志的统一管理。但是，随着社会生产力的提升，这种一元化的意识就面临着巨大的挑战。

李世民经历了隋末农民起义，他看到了人民群众的强大力量，一定程度上认识到笼络民心、不能过度压迫剥削人民的重要性，他在同大臣们讨论政事时，除了引用大家熟知的"水能载舟，亦能覆舟"这句名言，还说过一些畏惧民意的话。他说，秦始皇平定六国，隋炀帝富有四海，既骄且逸，一朝而散，吾亦何得自骄也。他还说："可爱

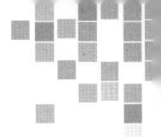

非君，可畏非民。天子者，有道则人推而为主，无道则人弃而不用。诚可畏也。"对舆论他也深怀敬畏之心，他说："人言作天子则得自尊崇，无所畏惧。朕则以为正合自守谦恭，常怀畏惧。……常谦常惧，犹恐不称天心及百姓意也。"他还认为，"为君之道必须先存百姓，若损百姓以奉其身，犹割股以啖腹，腹饱而身毙。"

在河南内乡县衙，有一副对联，上联是"欺人如欺天毋自欺也"，下联是"负民即负国何忍负之"。这副对联是清代康熙年间监察御史魏象枢（1617—1687）所书。此联把欺人与欺天、负民与负国有机地结合起来，体现了封建统治者"天人合一"的政治理念和爱民自警的民本思想。

以上这些对社会舆论的认识和定位，从客观上推动了民意与治理秩序的融合和互补。

第二章

地球村时代的网络舆情

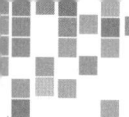

第 *1* 节

电信技术开启了网络舆情之门

  自从人类发现电这一神奇的物质以来，便开始了将其用于信息传递的尝试。1837 年，美国画家莫尔斯在利用点、横两种符号的不同排列组合来代表不同的字母、数字和符号上取得了成功，从而发明了莫尔斯电码。莫尔斯电码的发明大大地简化了电报系统，使信息的远距离传递和信息的快速分享成为可能。这比印刷术的出现更快地促进了人类社会信息的传递，信息传递的效率得到空前的提升。人类社会的信息化发展及应用步伐的起点也始于这个时期。

  电报的出现掀起了一场信息革命，宣告了"即时通信"时代的到来。莫尔斯对此满怀信心地说：不久大地将遍布通信神经，它们将以思考的速度把这块土地上的消息四处传播，从而使各地都成为毗邻。莫尔斯在此预见了"地球村"的出现。

  电报的出现虽然拉近了世界的距离，但因其所传递信息的时效性要求，信息往往显得支离破碎，日常的琐事甚至会因此而放大。于是便有人认为：电报新闻的草率和浅薄正在腐蚀着阅读这种新闻的人们的思想，损害人们持续的思索和专心致志的精神力量，降低人们的欣赏情趣。它们向人们呈现出被肆意扭曲了的社会现象，把大量恐怖事件不厌其烦地展现在世人面前；它们把全世界的欺骗、堕落和罪恶昭示给人

们，它们的文章使人们淹没在各种变态的事物之中。这种读物只有使人心变得冷酷，使良心失去敏锐的感觉，以至于不再感受到痛苦。

在人们的质疑声中，电报线路迅速遍布了除南极洲外的世界各地。1871 年在中国这块古老而保守的东方土地上也出现了电报这一近代文明产物。自此，中国人也搭上了时代的快车。

进入 20 世纪，电报、电话以及互联网的发明，导致了舆情的产生、传播出现了前所未有的状况，舆情制造成本降低，舆情传递效率空前提高，舆情对治理的影响以及对社会的影响力也比之前有了革命性的提升。近 70 年来，舆情表现为各种依托现代通信工具传递的信息。

到 2015 年年底，中国手机用户已达 13.06 亿户。以智能手机为载体的移动互联网正在强势崛起。新媒体带来了新的传播方式，新传播方式下的网络舆论塑造了一批民间或草根价值领袖，让政府的话语控制权受到了空前的挑战，也使我们有可能面临缺失主流价值观的迷茫和困境，甚至可能阻碍社会广泛共识和价值观的形成。以移动终端为主要传播信道的信息传播和人际沟通方式的革命深刻地改变了世界，也深刻地改变了我们每一个人的生活。这种依托在电信网络技术之上的人际沟通和信息传播方式的巨大变革，对传统社会的普遍价值形成所造成的思想意识冲击也是致命的，这种新的沟通方式如果不善于加以利用，它一定会严重侵蚀社会整体价值观念和共识的进一步形成，阻滞社会的发展和良性社会氛围的营造。

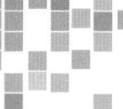

第 *2* 节

传统舆论到网络舆情的变脸

现代舆情主要表现为网络中各类舆情的出现及其发生、发展、演变。

随着现代科学技术的发展，人类的信息传播手段不断进步。15 世纪中期，印刷机的发明带来了传播技术的一次革命，以后又有莫尔斯的电报机，贝尔的电话机，爱迪生的留声机、电影摄影机和卢米埃尔兄弟的放映机等发明，层出不穷的新媒介和新的传播方式对社会生活方式形成了极大冲击。

随着电影、广播、电视等新的传播媒介的出现，人们的生活方式发生越来越大的变化。这种变化不仅体现在人们休闲方式的改变，还体现在物质生产和文化传统在潜移默化中都受到了影响，从而深刻地改变了社会的进程。因此，人们尤其是社会学家对大众传媒作用的关注日益增加。于是，在报业已经很发达并形成了系统的报学理论之后，其延伸出来的媒介效果研究与其他社会科学相结合，为新学科的形成提供了新的营养。

每一种重要传播技术的发展都与社会变迁息息相关。现代经济活动水平在迅速提高，商品经济规模日益扩大，在激烈的竞争中，对市场信息的搜集、交换、传输和处理显得愈加重要。传播媒介在生产、营销

活动中的作用日益显著，工商企业以各种不同的方式支持传播研究，以求在经济活动中更有效地利用传媒，这为新学科的形成提供了直接的资金来源和用武之地。

现代科学技术发展的速度越来越快，新的知识和信息的数量迅猛增加。

据英国学者詹姆斯·马丁统计，人类知识的倍增周期在19世纪是50年，在20世纪前半叶为10年左右，到了20世纪70年代缩短为5年，到20世纪80年代末不到3年。近年来，全世界每天发表的论文达13000—14000篇，每年登记的专利达70万项，每年出版的图书达50多万种。新理论、新材料、新工艺、新方法的不断出现，使知识"老化"的速度加快。

据统计，一个人所掌握知识的半衰期，在18世纪为80—90年，19至20世纪为30年，在20世纪60年代为15年，进入20世纪80年代缩短为五年左右。还有报告说，全球印刷信息的生产量每五年翻一番，《纽约时报》一周的信息量即相当于17世纪学者毕生所能接触到的信息量的总和。近30年来，人类每年生产的信息已超过过去五年信息生产的总和。

信息爆炸（Information Explosion）是近几年来对信息快速发展的一种描述，形容信息发展的速度如爆炸一般席卷整个地球。"信息爆炸"一词最早出现于20世纪80年代。进入20世纪90年代，信息量继续以几何级别增长，到20世纪90年代末，伴随着第五媒体——互联网的出现，信息真的开始多到"爆炸"了。然而，面对极度膨胀的信息量，面对"混沌信息空间"和"数据过剩"的巨大压力，人们对于信息的苦苦追求和期待忽然间变得踟蹰了。因为，即使每天24小时看这些信息也阅读不完，更何况其中存在着大量的无用甚至不真实的信息。"信息爆炸"这个词形象地说明了信息的丰富程度和信息增长的爆发性特征。

信息爆炸的产生原因可以用"摩尔定律"和"麦特卡尔夫定律"

来解释。摩尔定律显示，微处理器的速度每十八个月会翻一番。这就意味着每五年其速度会快十倍，每十年会快一百倍。同等价位的微处理器会越变越快，同等速度的微处理器会越变越便宜。它既可以解释计算机技术为何不断更新，也可以解释个人电脑为何得到普及。麦特卡尔夫定律则是指网络价值同网络用户数量的平方成正比。根据该定律，在网络世界中，共享程度越高的东西越有价值，只有得到更多人的认可和使用，一项技术的价值才能得到最大限度的体现。

信息爆炸既是人们对当代社会大量出现并加速增长的各种信息的一种形象化描述，也是人们对信息在单位空间内的急剧增加和剧烈反应可能对媒介生态造成巨大破坏的担忧。

可以看出，信息作为现代舆情的重要载体，已随着现代信息技术及信息的快速传播而呈现出前所未有的海量、高速、复杂的时代特征。

然而，不那么令人乐观的是，在这种海量数据中，有许多是负面的、有害的信息，而且娱乐信息所占的份额也相当惊人。在美国，几乎全部商业电视，大部分畅销杂志，大部分广播，大部分商业电影，还有报纸内容中越来越多的部分都是以让人娱乐而不是以开导为目的的。因此，有人说，当下的电视媒体以娱乐为先导，忽视了或弱化了其存在的最基本的根基——舆论宣教和舆论引导。

"娱乐至死"成了当代电视媒体存在的现实写照。

然而，美好的东西总是存在的，并且始终不能被掩盖，这是一个社会的希望。

诸多现代信息的载体和平台，为人们彼此分享有价值的信息和有用的知识提供了便捷的渠道和桥梁。有价值的信息和知识往往混杂在纷繁复杂的信息中间，等待人们用正确的方法和工具去发现。在这些由人类社会制造的海量数据中，提取最有价值的信息并加以利用的技术就逐步兴起了。这些技术包括海量存储、网络应用、搜索引擎、大数据分析、云计算（Cloud Computing）技术等。

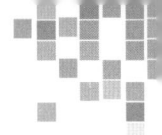

第 *3* 节

全民皆记者的时代已经到来

互联网首先是一个自由表达的平台，亦是一个分享思想、分享知识的传播平台。随着互联网的发展，它越来越具有人际关系网络的交互特征。

在这个自媒体时代（We Media Era），每个人都有充分的表达机会和表达空间。自从有了互联网，公众的自我表达手段和意见的传播效率进入了一个前所未有的全新的空间。进入微博和微信应用的时代后，每个人手上都有了一个"高音喇叭"。可以说，新媒体的发展为民众的自我表达开拓了无限的可能。

自媒体的出现，使任何社会个体在网络时代均具备了发布观点进而影响其他群体的渠道。在某种意义上，自媒体的繁荣是信息技术发展和应用的产物，但从另一方面来说，自媒体的繁荣亦是由于主流媒体长期和严重缺位所导致的。同时，自媒体的繁荣亦包含着社会民众寻求解决社会治理信息的不对称状态的努力。

MBA 智库百科解释说，自媒体是指私人化、平民化、普泛化、自主化的传播者，以现代化、电子化的手段，向不特定的大多数或者特定的单个人传递规范性及非规范性信息的新媒体的总称，也叫

"个人媒体"，包括 BBS（电子布告栏系统）[①]、Blog（博客）、Podcasting（播客）、Group Message（手机群发）、微博、微信等。

自媒体时代，是指以个人传播为主的媒介时代，人人都有麦克风，人人都是记者，人人都是新闻传播者。这种媒介基础凭借其极强的交互性、自主性、便捷性等特征，使得新闻的自由度和新闻的社会影响力空前提高，而传统媒体生态也随之发生了前所未有的改变。

中国的自媒体的发展经历了从传统媒体到网络媒体 Web1.0，再到 Web2.0，以及其后的社会化媒体（或称为 SNS 社交媒体）阶段，下一阶段将是围绕手机和其他移动客户端的全新交互媒体阶段。

美国新闻学会的媒体中心于 2003 年 7 月出版了由谢因波曼与克里斯威理斯两位联合提出的"We Media"研究报告，里面对 We Media 下了一个十分严谨的定义：We Media 是普通大众经由数字科技与知识体系相连之后，一种开始理解普通大众如何提供与分享他们本身的事实与本身的新闻的途径。

新媒体出现后，媒体逐渐从一个高门槛的专业机构变成了越来越多的普通人自己可以发布信息、传播信息的平台。自此，普通的民众有了所谓的"第五种权力"。这个分类是以媒体的社会学功能即媒体是一种权力为前提的。"第五种权力"的作用是能够直接制约或是抗衡传统意义上的权力，例如立法权、司法权、行政权。可以看出，"第五种权力"的运用主体是民众，"第四种权力"（新闻媒体）的运用主体是传统意义上的媒体。

当然，也有人从新闻学角度解读自媒体的出现，将媒体分为第一媒体、第二媒体、第三媒体、第四媒体和第五媒体：报纸刊物为第一媒体，广播为第二媒体，电视为第三媒体，互联网为第四媒体，移动网络为第五媒体。从新闻传播角度来讲，这个分类没有问题，但从传播效应和社会学意义上看，这个分类最大的问题是太偏重于对传播途

[①] BBS(Bulletin Board System)译为电子布告栏系统或电子公告牌系统。BBS是一种电子信息服务系统。它向用户提供了一块公共电子白板，每个用户都可以在上面发布信息或提出看法。

径的分析而忽视了媒体的大众参与的社会价值作用。

从论坛、社区到博客再到现在的微博、微信，媒体变得越来越个性化和个人化，每个人发言的自由空间越来越大。新媒体对许多重点、热点事件都起到了重要的推动作用，这种推动不仅是对社会也是对传统媒体的推动。在新媒体的推动下，传统媒体不得不变得更快、更敏捷，甚至在管理方式方面管理部门也不得不给予传统媒体越来越多的自由和越来越大的空间。

从本质上讲，"第五种权力"的兴起源于每个有自由表达空间的个体对自身以及与自身相关联的外部环境的不安全感。

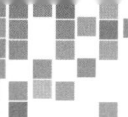

第4节

社会化媒体是一个具有巨大颠覆力的现实存在

就像 MySpace（聚友网）、Facebook、Twitter 以及 Pinterest（拼趣）的发展轨迹一样，一旦用户数接近于实际的极限值，该社交媒体的发展将变得非常缓慢。这一现象目前在亚洲表现得尤为明显。全球社交媒体的快速发展暗示了社会"巴尔干化"的趋势将比以前更加明显。社交媒体已经成为一个很好的社会倾听和分析平台，也为企业活动提供了更好的平台。

社交媒体在今日中国的互联网世界无疑是最热门的话题之一。登录社交媒体如微博、微信和 SNS（社交网站）早已经成为很多网民每天生活中所不可或缺的一部分。为了更好地了解中国社交媒体的现状，尼尔森完成了《中国社交媒体用户研究报告》，以此来深入了解微博、SNS、LBS（基于位置服务）的全貌和前景，为客户提供更全面、更专业的市场洞察。

互联网是一种革命性的存在，同时是一种颠覆性的存在。

国际互联网（Internet work，简称 Internet）始于 1969 年的美国，又称因特网。它是全球性的网络，是一种公用信息的载体，是大众传媒的一种。它具有快捷性、普及性的特点，是现今最流行、最受欢迎的媒体之一。互联网在现实生活中的应用很广泛。在互联网上我们可

以聊天、玩游戏、查阅东西等，还可以进行广告宣传和购物。互联网给我们的生活带来很大的方便。借助互联网，我们可以在数字知识库里寻找自己学业上、事业上所需要的资料，从而帮助我们的工作与学习。

互联网是全球性的。这种"全球性"并不是一个空洞的口号，而是有其技术保证的。互联网的结构是按照"包交换"的方式连接的分布式网络。因此，在技术层面上，互联网绝对不存在中央控制的问题。也就是说，不可能存在某一个国家或者某一个利益集团通过某种技术手段来控制整个互联网的问题。反过来，人们也无法把互联网封闭在一个国家之内——除非建立的不是互联网。然而，在互联网上绝对不能出现"同名"的现象，因而就要有一个专门的机构为每一台主机确定名字，由此确定这台主机在互联网上的"地址"（网址）。这种确定网址的权力并不意味着控制的权力，负责网址命名的机构除了命名之外，并不能做更多的事情。同样，这个全球性的网络也需要有一个机构制定所有主机都必须遵守的沟通规则（协议），否则就不可能建立起全球所有不同的电脑、不同的操作系统都能够通用的互联网络。下一代 TCP/IP 协议将对网络上的信息等级进行分类，以加快传输速度（比如，优先传送浏览信息，而不是电子邮件信息），就是这种机构提供的服务的例证。同样，这种制定共同遵守的"协议"的权力，也不意味着控制的权力。

根域名服务器中虽然没有每个域名的具体信息，但储存了负责每个域（如 COM、NET、ORG 等）解析的域名服务器的地址信息。世界上所有互联网访问者的浏览器都将域名转化为 IP 地址的请求（浏览器必须知道数字化的 IP 地址才能访问网站）理论上都要经过根服务器的指引后去该域名的权威域名服务器(authoritative name server)，现实中，提供接入服务的 ISP 的缓存域名服务器上已经有了这个对应关系（域名到 IP 地址）的缓存。根服务器主要用来管理互联网的主目录。所有根服务器均由美国政府授权的互联网域名与号码分配机构 ICANN 统一管理，负责全球互联网域名根服务器、域名体系和 IP 地址等的管理。

全球共有 13 台根逻辑域名服务器。这 13 台根逻辑域名服务器中名字分别为"A"至"M"，真实的根服务器在 2014 年 1 月 25 日的数据为 386 台，分布于全球各大洲。根域名服务器是架构互联网所必需的基础设施。在国外，许多计算机科学家将根域名服务器称作"真理"（TRUTH），足见其重要性。换句话说，攻击整个互联网最有力、最直接，也是最致命的方法恐怕就是攻击根域名服务器了。随着社会对互联网的依赖程度的日益增加，根服务器的作用已经逐步显现，互联网络域名的安全也成为信息安全最重要的课题之一。

事实上，互联网还远远不是我们经常说到的"信息高速公路"。这不仅因互联网的传输速度不够，更重要的是互联网还没有定型，还一直在发展、变化。因此，任何对互联网的技术定义也只能是当下作为一种广义的、宽泛的、公开的、对大多数人有效的传媒工具，互联网通过大量的、每天至少有几千人乃至几十万人访问的网站，实现了真正的大众传媒。互联网可以比任何一种方式都要更快、更经济、更直观、更有效地把一个思想或信息传播开来。

与此同时，谣言、谎言、虚假信息、网络欺诈、隐私权丧失、知识产权侵犯、病毒与恶意软件、色情与暴力、网瘾、数据丢失、网络炒作、阴谋论、过度自我、泛商业化、黑客攻击、机密信息泄露、网络战争等也是与互联网与生俱来的东西，这些东西是互联网最大的负面特质。

经过近二十年的发展，中国的互联网已经形成相当大的规模，互联网应用走向多元化。互联网越来越深刻地改变着人们的学习、工作以及生活方式，甚至影响着整个社会进程。在今天的中国，互联网已成为思想文化信息的集散地和社会舆论的放大器，并有着日益强大的社会影响力。充分发挥互联网在我国社会主义文化建设中的重要作用，切实把互联网建设好、利用好、管理好，是我国发展互联网始终

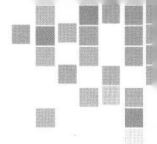

秉持的重要战略。

有关部门先后开展了"大兴网络文明之风""绿色·阳光网络工程"等活动，持续开展依法打击互联网和手机媒体淫秽色情专项行动，人民群众满意度提升。"文明办网、文明上网"，成为互联网业界和广大网民的共识。一个文明的网络文化环境既是互联网自身健康发展的内在要求，也符合广大人民群众的热切期待。我们要大力倡导和构建网络文明秩序和道德，要站在世界科技、文化发展的最前沿，以时代的眼光、创新的思维、改革的精神对待网络文化建设，牢牢把握网络文化建设的正确方向。

根据中国互联网络信息中心最新公布的报告数据显示，截至 2015 年年底，我国网民人数为 6.88 亿，手机网民为 6.2 亿，互联网普及率超过世界平均水平。其原因，一方面在于中国政府在信息化推进领域的一系列政策方针和基础网络设施建设成效逐步释放，宽带普及和移动网络建设等行动直接带动了人们对互联网的使用，另一方面在于 3G、移动设备的快速普及和无线应用的多样化极大地推动了手机网民的增加，促进了中国互联网的快速发展。来自手机端应用的带动作用明显，基于位置的应用等一些属于手机的独特上网应用正在吸引越来越多的用户。

自 2013 年上半年开始的新一轮快速增长是中国移动网络发展过程中的第三个增长周期，此轮增长得益于 3G 的普及、无线网络的发展（包括公用和个人 Wi-Fi 的发展）和手机应用的创新。3G 手机的快速普及和无线网络的覆盖为手机上网奠定了用户基础和网络基础，在促使更多用户便捷上网的同时，也提升了各项上网尤其是对各类大流量数据应用的使用体验。各类与生活联系紧密的手机应用提升了网民的使用动力，尤其是基于生活需要的地图导航、网上购物、手机支付等应用满足了手机网民多元化生活的需要，同时增强了手机用户对移动互联网的兴趣，提升了手机网民的使用黏性。

手机上网成为互联网发展的新动力：一方面，手机上网的发展推动了中国互联网的普及，尤其为受网络、终端等的限制而在此前无法接入互联网的人群和地区提供了使用互联网的可能性；另一方面，手机上网推动了互联网经济的新增长，基于移动互联网的创新热潮为传统互联网类业务提供了新的商业模式和发展空间，如网络打车、金融P2P、移动电商、移动社交软件、微博商业化等均被视为互联网应用的创新典范。可以看出，以手机为载体的移动网络在中国正呈现出蓬勃的发展态势，社交媒体逐渐进入人们的日常生活中来。这种手机用户群体规模化扩大的态势为社会舆论和网络舆情的大面积传播及形成提供了强大的环境保证。

社交媒体用户参与度因平台、用户间关系的不同而有所不同。通常情况下，平台内特定社交群体的覆盖率越高，用户的互动参与度也相对越高，因此可以考虑提高社交群体的覆盖率以获得更高的用户互动参与。

研究发现，中国和美国社交媒体的发展情况存在明显差异，Facebook 在美国的社交媒体中处于主导地位，而中国的情况则相反，微博的用户渗透率最高。总体来说，中国与美国社交媒体发展情况的差异，最主要是由于中国在线用户的自身特点。中国在线用户更喜欢快捷、简短的内容以便他们获得更多的信息。另外，在半匿名的状态下能够发布大量生活中的个人信息及意见；同时能够进行快捷、即时的短信、语音的通信也是突出需求。微博服务的出现满足了这些关键需求，因此发展迅速。但另一方面，较早出现的 SNS 由于较为真实稳定的社交网络令用户觉得仍有保留的必要，因此微博和 SNS 在中国的用户重叠率也明显比美国高。

微博用户规模和社会影响力以前所未有的速度发展，主要基于三个互为因果的因素：

一、丰富的信息成功地满足了关键用户需求，因此在短时间内达到很高的用户覆盖。

二、爆发性的用户增长吸引着更多潜在用户尝试使用的好奇心。

三、良好的增长势头及新用户比例为新增应用创造了充分机会，

也为进一步提高用户体验，提升用户忠诚度提供了可能。

随着微博的进一步发展，能否度过增速回落的平稳发展期以及协调好新应用与用户体验的关系将会是下一阶段的机遇和挑战。整合作为在 SoLoMoCo（社交化、本地化、移动化和商业化）之外的新趋势，将会变得越发明显。SNS 依然是最主要的社交媒体之一。SNS 面临着微博发展带来的巨大压力，如何重新定义和满足用户的需求，激活用户的覆盖及参与将是下一阶段的关键挑战，机遇存在于如何进一步依托实名社交的信任关系网络，利用社会网络提供更具现实需求的应用，例如社交电商、社群经济以及分享经济的各类应用。

对企业而言，社交媒体已成为公众信息平台及巨型媒体平台，不同的品牌持续不断地进行竞争性的营销活动。需要注意的是，口碑或品牌在负面新闻面前已变得极度脆弱，任何负面新闻在多种因素共同作用下都有可能在极短时间内演变成无可挽回的公关危机，因此随时保持警惕、实时维护品牌口碑并形成相应预案已成为组织管理的刚性要求。另外，各种社交媒体新应用正逐渐改变消费者的行为并增加了他们与品牌或品牌承载的服务的直接接触或体验服务的机会，密切了解用户行为、态度的变化及社会媒体发展的新趋势毫无疑问已成为组织机构优先考虑的战略重点。

微信是一个正在中国逐步兴起的移动应用软件，并大有替代微博成为最主流人际沟通平台的趋势。微信是 2011 年初推出的一款快速发送文字和照片、支持多人语音对讲的手机聊天软件。用户可以通过手机或平板电脑快速发送语音、视频、图片和文字。微信提供公众平台、朋友圈、消息推送等功能，用户可以通过"摇一摇""搜索号码""附近的人"和扫二维码等方式添加好友，同时可以将内容分享给好友以及将精彩内容分享到朋友圈。微信已经成为人际沟通和信息分享的最重要平台之一。有报道显示，截至 2015 年年底，微信用户群体已经超过 10 亿，微信每月活跃用户已达到 5.49 亿，用户覆盖200 多个国家、超过 20 种语言。此外，各品牌的微信公众账号总数已经超过 800 万个，移动应用对接数量超过 85000 个，微信支付用户则达到了 4 亿人左右。短短的两年时间，微信完成了微博四年时间所积累的用户数。但是，随着微博的逊色和看似的衰落，我们应该清醒地认识到微信和微博之间的巨大差异。

对微博来说，它增强了人际关系的互动，加强了沟通，提升了人与人之间的了解，拓宽了民意表达的渠道，其传播是点对面的传播，是一种双向沟通加广播的效果。从某种意义上，微博具有明显的扩大人群思想和价值分歧的倾向，并扩大人们认知的分歧。但是，在展现群体间认知裂痕之后，微博亦具有强大的弥补、修复社会群体心理裂痕的功效，在这种修复机制作用下，社会群体认知及价值判断会逐步剔除噪音而趋于同步，这也是微博积极意义中最重要的一面。微博是一个官民结合体，更是一个社会意见共同体、结合体和表现体。同时，微博像一个开放的广场，谁都可以发表观点，是面对世界的，是开放的。而微信更多地以强社会关系为依托，信息在某个圈层间或是圈层之间跨层传播，其封闭性、私密性决定了微信的传播性不及微博广泛而深远，其社会影响力亦不及微博来得大。

微博的开放性决定了它以思想传递、价值分享为核心，其受众几乎可以是所有的社会化媒体用户，在传播圈层上并未设置明显的传播障碍。在微信上，人的思想或取向会对现实人际交往行为产生直接影响，它是一个强大的社会参与或社会动员平台。对于意欲表达价值观的人来说，微博是更大的发声舞台，而微信则是近距离演说的讲台。形象说来，微博是露天大会场，微信则像校园里一间间的教室或是兴趣小组。

第 5 节

社会化媒体上的多样性表达

在以社会化媒体为特征的媒介化时代，普通公民很大程度上成为发布者、整理者、传播者。社会的信息生产不再由专业化的大众传媒机构所垄断，显著改写了舆论的生态，呈现出多样化的特征。

一、自媒体天然的开放性特征

在互联网上，每一个账号都像一个小媒体，发帖子、转微博、评新闻、发布信息、表述观点、表明态度等，汇入了互联网的比特（BIT）之海。自媒体这个依托无数的个体用户的平台，在近 11 亿网民、7 亿微博用户的努力之下，焕发出巨大能量。中国境内 50 余家微博网站，每天更新博文达 2 亿条。

随着网络的普及以及移动上网设备的普及，网民的结构较之前发生了重大的变化。任何社会成员只要具备相应的手机上网能力，就能比 PC（个人计算机）端更容易地参与到社会化媒体的表达环境中来，很容易通过社会网络表达自己的情绪和判断。由于这些上网用户具有千差万别的社会属性，例如受教育程度、政治倾向、个人收入、家庭环境、生活阅历等因素的影响，他们对某一个事物的认识和分析以及判断都可能千差万别。这种个体背景因素的差异最终导致了在社会化媒体上的表达的多样性。这种社会媒体上表达的多样性在某种意义上是"有益"的，因为它让每一个个体的主张都得到释放，但是，也可能会损害某些共同价值的形成。与此同时，伴随个性表达和个性主张而来的另一个问题也已经显现，即在许多多样性表达的背后潜藏着某些操纵表达的黑手，这些黑手能够通过娴熟的舆论手法操纵或是引导社会舆论，成功制造舆论噪音，并对社会舆论表达的诚信度产生重大的负面影响。如何辨识真实的多样性表达而不被人为释放的用来干扰舆论的舆论噪音所左右，这是我们在分析研判社会网络舆情发生、发展、预警过程中需要给予充分关注的重要内容。

因为天然的开放特征，自媒体成为信息时代普通民众张扬个性、表现自我、倾吐心声、参与社会公共事务的最佳方式之一，这是公共舆论场能够形成的基础。自媒体比传统媒体有着高度灵活和高度扩展的一面，因此，其中的表达也带有其与生俱来的开放、平等、即时、传播力强、传播面广等舆论特质，另一方面，自媒体的管理难度比传统媒体的管理难度要大得多，因而，平台的观点描述就较传统媒体更为丰富多彩。

有网络用户调侃说，在电视里和电脑上有着不同的"中国"：在电视里，我们看惯了传统媒体报道的正面表达；在网络上，我们却能看到太多令人沮丧的负面价值和负面情绪表达。这是两种媒体天然的表达属性决定的，并非是网络平台上的用户对社会负面事物的关注较多，也不是因为网络用户有什么必然的预设的动机，而是因为两种媒体上民众的参与意识与参与动机有着巨大的不同，从而导致两种媒体平台上的表达方式亦存在着巨大的差异。认识到这一点至关重要，如此一来，我们就能对网络平台上许多看似"揭丑"的表达和各类花样繁多的指责多一份理解，多一份善意的回应，多一份尊重。"闻过则喜"的态度是我们的治理者在面对网络表达时所应秉持的基本立场。最大善意的原则对进行网络表达的民众来说也是应当具备的。人类社会有着向善的本能，这也是社会发展的动力。所以，对网络平台上

"异类"的声音的表达动机施加揣度是极为有害的。凡事有度是所有媒体平台和平台上的用户都应该遵守的游戏规则和表达原则。只有这样，社会普遍的信任氛围才有可能逐步建立；只有这样，阴谋论才不会在社会化媒体平台上大行其道。

社会有多丰富，人性有多丰富，网络平台上表达的声音就有多丰富。因此，最大信任原则和最大善意原则对网络社会的每个个体和机构来说都是必要的，也是符合社会发展逻辑的。

二、自媒体个性表达空间的延展性空前提高

美国硅谷著名的 IT 专栏作家丹·吉尔默给自己的专著《自媒体》（*We the Media*）取的副标题是"草根新闻，源于大众，为了大众"（*Grassroots Journalism by the People, for the People*）。这便道出了自媒体最根本的特点——平民化。从"旁观者"转变成为"当事人"，每个平民都可以拥有一份自己的"网络报纸"（博客）、"网络广播"或"网络电视"（播客），"媒体"仿佛在一夜之间"飞入寻常百姓家"，变成了个人的东西。人们自主地在自己的"媒体"上"想写就写""想说就说"，每个"草根"都可以利用互联网表达自己想要表达的观点，传递他们生活的喜怒哀乐，构建自己的社交网络。新闻传播学者喻国明形象地将这一现象描述为"全民 DIY"："简单来说，DIY 就是自己动手制作，没有专业的限制，想做就做，每个人都可以利用 DIY 做出一份表达自我的'产品'。"

相较于传统媒体的单向价值传递和灌输，依托在新媒体下的"第五种权力"则体现了更多的交互和双向沟通的特征。自从有了网络，它让一切变得皆有可能，个体民众建立一个属于自己的"媒体阵地"也成为可能。

在近年来发生的每一次公共事件中，我们都能看到新媒体的坚定参与以及公众"第五种权力"的强大能量。在每次公共事件中，坚持不懈地揭示真相的主力军是网络媒体和网民群体而不是传统媒体。

比如是"第五种权力"而不是"第四种权力"，才使得周正龙的"年画虎"闹剧大白于天下。在这一过程中，传统媒体的表达是微弱、苍白甚至是被动的。传统媒体不是不懈地追求真相而是缺乏独立性地报道、质疑，并无实际作为。自媒体与传统媒体相比就有了革命性的进步，它将信息化的传播效率和人际交互传播的高效进行了深度的融合。

以自媒体为特点的新媒体承载了人类社会前所未有的沟通和表达的换代升级。自媒体传递价值的作用也在这个节点上得到了空前的放大，而传统媒体却难以望其项背。在网络时代，社会化媒体不仅能够有效地引领传统媒体的议题设置，而且能够更好地将传统媒体的声音加以放大，提高传播的效率，并有效弥补传统媒体互动性欠缺的天然不足。所以，两种媒体平台的良性互动和优势互补能够更好地发挥其应有的传播效率。

自媒体与传统媒体终归有着巨大的不同，主要表现在价值传递功能和传播动机的差异。社会化媒体从 Web1.0 发展到 Web2.0，再到今天的以人际信息沟通为特征的一批社会化网络媒体平台的兴起，人们个性表达的自由度得到空前的提高，人们表达的欲望也被快速地激发出来。随着人们对互动媒体热浪的追捧热情的逐步降温，社会化媒体将成为一个理性与非理性交融的世界，线下世界与线上世界终究归为一体，人们的时空存在感将被快速地放大，虚拟与现实之间将不再存在障碍。社会媒体的存在极大地拓展了人们的社会事务参与能力，极大地推动了虚拟与现实的融合。这种融合将是变革世界的巨大推动力，这种力量将没有任何单纯的线下的、传统的力量能够与之匹敌。

2006 年年底，美国《时代》周刊年度人物评选封面上没有摆放任何名人的照片，而是出现了一个大大的"You"和一台 PC。《时代》周刊对此解释说，社会正从机构向个人过渡，个人正在成为"新数字时代民主社会"的公民。2006 年的年度人物就是"你"，是互联网上内容的所有使用者和创造者。

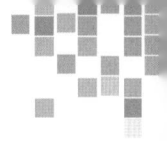

三、信息传递功能的路径和效率差异

对电视、报纸等这样的传统媒体而言，媒体的运作无疑是一件复杂的事情。它需要花费大量的人力和财力去维系，并且极易受到来自权力监管的影响，或者经常被"预设立场"，从而导致了民众与传统媒体的观念和认知的分裂。但是，在这个互联网文化高度发展的时代，民众足不出户就可以看到世界上各处正在发生的事情，抒发心声，这在没有互联网的时代几乎是不可能发生的。在新浪博客、优酷播客等自媒体平台上，用户只需要通过简单的注册申请，再根据服务商提供的网络空间和可选的模板，就可以利用版面管理工具，在网络上发布文字、音乐、图片、视频等信息，创建属于自己的"媒体"。拥有自媒体，不需要投入任何成本，也不要求你有任何的专业技术知识。进入门槛低，操作运作简单，让自媒体大受欢迎并发展迅速。传统媒体的缺位或发声不足，而民众对信息的渴求和真相的寻求促成了自媒体的繁荣。自媒体有着天然的打破信息不对称（Information Asymmetry）的强大功能，它的出现有效地拓宽了民众信息发现的途径，丰富了民众的思想。它的出现已经打破了传统媒体的垄断地位和霸权地位，正在重新定义数字化时代的传播逻辑和传播范式，用其独有的强大力量重塑着我们的媒体生态和舆论生态。电视这个传统媒体时代的舆论高地正在全面经受来自社会化媒体的挑战和挤压。电视媒体和传统平面媒体在社会化媒体的强大冲击和占领下，正日渐丧失其昔日的霸主地位。社会舆论的话语权正从传统媒体快速迁移到社会化媒体。

传统媒体需要一场彻底的思维变革和方法变革，否则将会溃不成军。

四、双向沟通机制的异同

没有了空间和时间的限制，得益于数字科技的发展，任何时间、任何地点，我们都可以经营自己的"媒体"，信息能够迅速地传播，其时效性得以大大增强。作品从制作到发表，其迅速、高效是传统的电视、纸媒所无法企及的。自媒体能够迅速地将信息传播到受众中，受众也可以迅速地对信息传播的效果进行反馈。自媒体与受众的距离天然地比传统的媒体要小得多，沟通效率和信任成本也是非传统媒体可比的，媒体与读者强大的交互性也是任何传统媒体所望尘莫及的。

五、观点的多元化差异并由此对传统媒体权力提出了严峻的挑战

每个人因为背景及文化的差异，其认知水平和关注点也千差万别，自媒体的信息也千姿百态。人们可以自主成立"媒体"并当媒介的主人，发布的信息也完全是按照自己的意愿发表的。这些信息具有相当程度的自主性和随意性。自媒体的出现严重削弱了传统媒体的垄断地位，并对传统媒体的权威提出了挑战。在某种意义上可以说，自媒体以其强大的能量武断并坚定地取消了传统媒体的话语权并严重削弱了其对社会的思想影响力。

六、自媒体对公众的信息自我辨识能力提出了更高的要求

网络自媒体的数量庞大，信息提供者也大多为网络用户，网络天然开放的属性给了网络用户以空间。在普通民众"第五种权力"得到拓展的今天，"有观点、有态度"的人越来越多。但限于自媒体背后个人价值取向的不同，自媒体平台上难免充斥各类或真或假的信息。这些信息是自媒体平台上的杂草，但依然能够给许多人在信息获取和追求真相时带来诸多困惑，因为对普通的网络用户而言，缺少足够的外部信息支持会导致他们难以在这些信息中间进行准确、客观的评判。同时，在自媒体时代，各种代表各方利益的自媒体也在网上发布许多有强烈倾向性的信息，有意引导或是转移公众的视线。面对这些困扰，每个网络用户需要掌握在信息海洋里寻找到有价值的和正确的信息的方法，并形成自己的思想和判断。

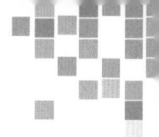

七、自媒体对法律制度框架构建提出了更高的要求

在让个体声音得到充分释放的同时，势必也会让一些与宪法、社会道德规范相悖的声音得以散播。自媒体的表达从宪法来看是个人言论自由权的延伸，从一诞生就受到了诸多法律的限制。作为一种权利，当然有很多的界限是自媒体所不能突破的。虽然我国目前有很多法令管理网上活动，但还只是停留在对网站的管理上，所以这些法令就显得不够全面。如何在法律上对自媒体进行规范与引导，迫切需要全社会来共谋良策。

相对于西方"自媒体"的迅猛发展，中国的"自媒体"仍处于初级阶段，民众在这一阶段来临时，或多或少地表现出不理性的一面。网络从来都不是法外之地，任何人在网络上都应遵守现有的制度框架而不能逾越。尽管法律框架本身在这个时代的大环境中还有待不断完善、改进，但法律的严肃性仍应继续维护，法律的不完善不应该成为在自媒体上钻法律空子的理由，并且，用户应该在自媒体这个言论最自由的地方学习如何做出负责任的表述，在行使权利的同时不忘义务，使自媒体朝着健康的方向发展。相关管理机构亦应看到这个自媒体新事物积极的一面，制定合理的规范，完善相关法律条款，以最大的热情和善意回应自媒体时代带来的诸多挑战，切忌扣帽子、打棒子、揪辫子。

八、自媒体平台舆论的蛛网传播模型（强蝴蝶效应）

蝴蝶效应（The Butterfly Effect）是指在一个动力系统中，初始条件下微小的变化能带动整个系统长期的巨大的连锁反应。这是一种混沌现象。美国气象学家爱德华·N.罗伦兹（Edward N.Lorentz）1963年在一篇提交给纽约科学院的论文中分析了这个效应。"一个气象学家提及，如果这个理论被证明正确，一只海鸥扇动翅膀足以永远改变天气变化。"在以后的演讲和论文中他将海鸥改用了更加有诗意的蝴蝶。对于这个效应最常见的阐述是："一只南美洲亚马孙河流域热带雨林中的蝴蝶，偶尔扇动几下翅膀，可以在两周以后引起美国得克萨斯州的一场龙卷风。"其原因就是蝴蝶扇动翅膀的运动导致其身边的空气系统发生变化，并产生微弱的气流，而微弱的气流又会引起四周空气或其他系统产生相应的变化，由此引起一个连锁反应，最终导致其他系统的极大变化。

自媒体具有天然的放大个体用户声音的作用。在自媒体这个完整的以人际关系为纽带的平台上，用户的声音往往能够在瞬间得到爆炸性的放大效果。经由一个个传播爆炸点的倍增放大作用，个体的声音极有可能在短时间内传遍互联网。因此，在自媒体平台上任何一个看似弱小的声音，往往能在短时期内引发网络舆论的巨大风暴。这是蝴蝶效应在网络时代所具有的新的传播学特质，即蝴蝶效应的强传播特质。这种信息在社会化媒体网络上的传递跟蛛网上的节点动力传导机制极其类似，这就是社会化媒体时代网络信息传导的"蛛网传播模型"。社会化媒体平台上信息源的传播是显性的，是能够被用户准确感知的，它区别于传播蝴蝶效应中信息传播的隐性和不易被发现的特征。

这种自媒体平台的强蝴蝶效应能让一个看似微小的舆论在短时间内产生巨大的社会影响力，最大限度地吸引网络的关注，这种影响对社会组织机构或个人来讲可能是有益的，也可能是有害的。

因为有了网络，世界变成了一个村子甚或是一间房子，而发生在这所房子内的任何一个地方的事件都能瞬间让全球网络用户捕捉或感知到。现实空间自从有了网络而变得愈加狭小，因为信息传导的速度加快而相对地缩短了现实的物理空间，让快速信息沟通或交流成为可能。这时，信息传播速度对现实的物理空间就具有了强大的时空压缩能力。

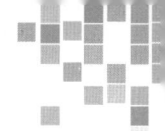

第*6*节

舆论高地争夺战已经打响

以播客、微博为新兴载体的自媒体使原来处于新闻传播边缘的受众成为新闻信息传播和补充的中坚力量，传统媒体受到自媒体前所未有的挑战。

一、"共享媒体"挑战"一对多"的传播模式

传统的新闻媒体将传播者与受众分得很清，它们是"自上而下""点对面"的传播方式。播客式的自媒体打破了这种不公平的格局，新媒体不再有传播者和接受者的界限，每个人都是传播者，每个人都能做新闻，"人人即媒体"。因此，在播客或微博网站上，我们不再提及"受众"一词，而更习惯说"用户"或"网络用户"。

二、自媒体严重挑战传统媒体"守门人"作用

在 Web 2.0 时代，网络传播成为"零门槛"的传播，任何网络用户都可以成为传播者。在技术层面，播客具有非线性传播、零门槛、低成本等优势，正是这种基于互联网的特性决定了用户发布的信息内容不完全受网站的控制，传统媒体对信息的筛选以及议程设置的特权将面临前所未有的挑战。

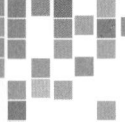

三、打破时间地理局限，受众人人成为新闻源

传统媒体的专业新闻工作者利用集团优势以及技术支持，方便他们在世界各地收集信息进行报道。然而，博客式自媒体的出现打破了时间、地域的局限，用户也能成为新闻的采集者和传播者。例如突发性事件的视频材料是主流媒体所无法企及的，而传统意义上的每一个"受众"都成了自媒体时代的可能的"新闻源"。

四、自媒体对传统媒体理念的挑战

在中国，导向性是传统媒体的基本范畴。传统媒体通过将新闻事件加工处理，并以一定的宣传手段和表现形式进行宣传，突出新闻反映的积极面，引导人们从正确的方向思考社会现状和政治格局，从而达到其引导群众思想的作用。舆论导向作用是传统媒体独具一格的特征，无论是在人们的生活还是国家建设中都起着至关重要的作用。

海量内容是承载传统媒体的主体内容，是体现新闻的思想性、重要性、时效性、取向性等新闻价值引导的内容。对于自媒体来说，内容则是表现为一个个网页上所显示的"微帖子"(Microcontent)，如新浪微博每条信息只能容纳140个字符，另可附加九幅相关图片。实际上，互联网用户在网上的所有独立数据，比如博客中的每一则网络日志，BBS中的每一个评论，甚至用户的每一次回复点击，微博用户的每一条微博，均构成互联网上自媒体的内容。

随着民众自我表达意愿的苏醒以及权利意识的觉醒，传统媒体的话语权、公信力以及影响力受到了前所未有的挑战。而自媒体的繁荣和传播手段的升级都为公众充分地思想表达提供了有力的支持。

媒体在严格意义上并不是一个新时代的产物，每个历史发展阶段都会有顺应其时代特征的宣传平台，也许其外在表现形式有所不同，但内在本质却都趋于一致。从三人成虎、众口铄金等成语就可以窥见人们通过有限的个人交际圈获取知识或信息的过程。中国人表达的主

观意愿和客观环境都随着时代的发展有了显著的变化，物竞天择，适者生存，现今的表达方式也许并不是最好或最恰当的，可是它一定是最适宜当今时代变化特征的。而作为愿意在历史洪流中"中流击水，浪遏飞舟"的学子来说，研究并探索国人在新的时代如何更好地利用网络媒体这一传播介质来实现个人价值和国家利益的有力统一是很有必要的。之所以造成"三人成虎""众口铄金"的局面，是因为人类实际上是处在一个由各种传播媒介交杂构成的传播世界中的，真实的世界到底是什么样子，人类无法准确地得知。人类只能靠各种传播手段和工具来了解事实。所以人类的语言和报纸、电视、互联网等媒介组成的传播世界对我们了解事实的真相起到了决定性的作用。

《鬼谷子》中说："古人有言曰：'口可以食，不可以言。'言者，有讳忌也。众口铄金，言有曲故也。"①语言表达左右、改变和颠覆着我们对人对物的看法；语言表达真是太具危险性了，足以颠倒黑白、淆乱是非。古代的有识之士看透了语言表达的这种致命杀伤力，所以费尽心机，使出了众多对付谗言、谎言的谋略。语言世界与真实世界是不同的，语言并不能指称真实。语言只是达到真实世界的手段。禅宗有言："以手指月，指并非月。"手指头只是认识月亮的手段而非月亮，而人的语言和报纸、电视、互联网等媒介当然也不是事实本身。但在一个信息不畅、媒介有限的世界里，媒介就垄断性地决定了事实真相的表达和传播。要改变这种状况，就要求我们扩大信息源、主动掌握传播方式，以便明事实、正决策。

人们只能在自己生活的人际圈中了解信息，并借由人到人或由人际圈至人际圈的单向通道来表达意见，这样的传播途径显而易见是不具备可靠性、权威性和即时性的。往往一个消息在从信息源发散到下一个受众的过程中，由于各种有意无意的疏漏而变成了另外一种模样。而媒体通过技术性的变革增加了信息源的数量，深刻地促进了历史的进程。网络媒体的出现更是在广泛不受限制的事件和空间上搭建

了一个交流的平台，使人们的自我表达有了切实的技术基础。

网络媒体是一定的组织或个人，在以计算机为核心的各种媒体交互式数字化信息传输网络上建立的相对独立的各种新闻和信息服务的站点。网络媒体有以下几个特点：作为信息源发散消息；作为交流平台，构建了更大时空意义上的交际圈；寻找价值普遍认同或更大认同的表达平台和意见平台。

互联网为用户提供了全新的表达空间。与以往的媒介形式相比，公众的自主权大大增加。传统媒体时代，严格的审查与舆论控制使得自我表达不能借助于出版物得到实现，敏感的话题与容易聚众的空间也受到监控，民主在压抑话语表达下存续；大众的情绪表达也难以真切获知，舆情了解方式比较被动，即便开展舆情了解工作，也要借助于传统的座谈会与谈话等形式，没有出现一个可以充分互动的表达平台。互联网的出现突破了这个限制，并随着技术的进步出现了多种表达工具，网络聊天室和 BBS 成为了解公众意愿的新空间，还可以设置特定议题供用户讨论使用。公众意愿借着网络空间散点分布开来，各种网络交流形式将公众意见分流开，以前不透明的表达现在则变得透明和顺畅。

报纸、广播与电视上的种种议题一经抛出，社会媒体也如影随形般紧追其后，且还有综合刊发的优势，特别是还可以快捷地了解到网民的评论，当然，这种评论可能是即时的、快速的。博客等个性空间的建立更是为自我表达提供稳定且持续的话语平台，其上的议题并不拘泥于社会，还牵涉到私人生活的领域。通常的，传统媒体可以从个人博客中挖掘出可以放大的新闻线索。有些政坛新星、网络名人、专业人士等还开设博客与公众交流，这些博客都成为社会媒体时代非常具有传播力的信源。

互联网迅捷地成为表达交流、汇聚观点的平台。在互联网上，通过相应的规则建立起网络表达的言论新秩序。在传统社会中，政府对社会的管控力可能无处不在，在某些领域，这种管控能力可能非常强

大，社会体系对于社会个体的约束能力也很强，社会个体的行为表现会严重依赖现实条件。在虚拟的网络空间，个人的身份可以虚拟，个人相关的社会属性可以模糊，个人的真实思想和倾向可以按照意愿被隐藏，个体在网络上的表现可能与现实中的个体表现完全不同。

一旦步入网络空间，传统社会中精英人士的精英身份也自然地被隐藏。在网络空间中，个体的身份与阶层属性被模糊。每个参与的现实个体都成为一个网络上的符号。这些个体在网络可以进行方便、跨越时空的交流，从表达的自由角度讲，网络让每一个人都获得了前所未有的表达的权利。

互联网上表达的低成本使得它能迅速获得海量的用户。随着网络技术的成熟和进入网络世界成本的降低，世界范围内的民众个体都进入了互联网这个无限广阔的虚拟世界，肤色、财富、价值观等个体自然属性在这一空间里全都被隐藏，互联网带来了一个全新的个人展示的时代。

自我表达权利的觉醒让自媒体成为今天社会网络上的主角。传统媒体在某种意义上已然面临严峻的话语权丢失危机。

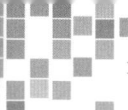

第 7 节

每个自媒体用户都是一个麦克风

自由表达通常与自由主义紧密联系在一起。

这里所说的自由主义更多地是从人的权利角度阐述的。

自由主义一向定义自身为自由的一方而不是随心所欲的专制和极权主义。极权主义这一名称是由意大利哲学家秦梯利·金蒂勒（Giovanni Gentile）最先使用的，用以描述贝尼托·墨索里尼所建立的法西斯政治和社会系统。极权主义政权主张并且实行对整个社会的中央集权控制，以达成理想中繁荣和稳定的目标。极权主义通常宣称其国家和人民正受到其他威胁，以此替独裁政权辩护。极权主义政权常被描绘成试图摧毁自由民主，对极权主义的反抗也成了自由和民主思想的重要部分。

哈耶克在他的著作《通往奴役之路》[①]中，主张极权主义独裁者的崛起是由于政府对市场进行了太多干预和管制而造成政治和公民自由的丧失所导致的。哈耶克认为，只要政府试着以政策来控制个人的自由（如杜威、凯恩斯和罗斯福主张的政策），极权主义的后果也可能发生在任何地方。极权主义一直以来都是自由主义精神的敌人。没有制度框架范围内被保护的个人权利的自由，媒体平台上任何自由表

---

① 弗里德里希·奥古斯特·冯·哈耶克.通往奴役之路[M].王明毅，冯兴元，等，译.北京：中国社会科学出版社，1997.

达的愿望都是奢望。

毛寿龙在《论美国的民主》的"序言"中说，显然，革命并非一定要暴力革命，并不一定要短暂的辉煌，它并不一定要有战争，它在许多情况下，都是悄悄地进行的，而每一个人的选择与决策以及相应的公共行动往往很可能是革命的组成部分。他接着说，人们是在盲目中进行民主革命的，不管是反民主的势力还是支持民主的势力似乎都一起在推进民主。但新的政治科学尚未诞生，人们尚处于盲目之中。这本书分析了旧时代也有其幸福之处，这可能是新时代的人们往往有怀旧乡愁的原因。但一旦人们难以忍受旧时代的痛苦，革命就必将发生，新时代就必将到来。任何经历过变革时代的人们，都可以体会到托克维尔的将旧时代与新时代进行比较研究的智慧。民主的新时代不可避免地到来了，但人们面临的不仅仅是幸福，痛苦也有不少。民主革命的胜利并不能一劳永逸地使人类获得永久的幸福，解除各种各样的痛苦。托克维尔的重大贡献是提出了革命的悖论：法国革命抛弃了传统，实现了最彻底的革命，但是革命要实现的结果却遥遥无期，美国没有发生革命，但是却拥有了革命所要实现的一切。

毛寿龙说，中国的民主革命是一个系统的治道变革的进程：从人治走向法治，从单中心集权统治走向多中心自主治理，从以计划经济为基础的无限政府走向以市场经济为基础的有限政府，从专制的治道走向民主的治道，从封闭的公共（服务）经济或者政策走向开放的公共（服务）经济或者政策等。这一治道变革进程是一个系统的进程，它是 20 世纪后 20 年中国革命的重要内涵，而且是有利于中国持续发展的革命。

托克维尔说明了写作《论美国的民主》一书的具体安排和基本的目的，他说："本书完全不是为了讨好某些人而写的。我在写作本书时，既未想为任何政党服务，也未想攻击它们；我并不想标新立异，只是想比各政党看得远一些；当各政党只为明天而忙碌时，我已驰想于未来。"作为从事政治学研究的学者们，更应该有这种"驰想于未来"的想象和思考，并且跳过今天纷繁复杂的民情世态，比绝大多数人"看得远一些"。毛寿龙先生总结说，身为学者不禁要吸一口气，反思自己的研究，提醒自己：学术研究，没有党派的利益，有的是人类的利益；学术研究，没有短期的利益，有的是长期发展的利益。即使是公共政策的研究，需要的也是长期发展的利益，着眼于有利于长期发展的公共政策制度平台的形成。同时，也会感到做学问的清和高的感觉：当大家都在为今天和明天忙碌的时候，学者却在驰想于未来。

学者、知识阶层应当投入到自媒体时代的洪流当中，成为引领舆论风潮的人，入世也应当成为现代知识分子个人社会价值最大化和自我实现的理想途径。

深入研究自媒体兴起、发展以及传播的内在动力机制和自由表达的关系，以及开展自由表达的制度性保护体系的研究，是全社会都应该关注的重大工程，更是政府管理人员、学者们的责任和第一要务。

以关注自我和他人的利益为核心驱动力的民众自主、个性表达是自媒体时代的最大特征，这种民众个性表达是一种理性的自由。在这种发展的大背景、大环境下，传统媒体的地位是尴尬的、纠结的。如果传统媒体不因时而变和因势利导，只会沦为自说自话的笼中鹦鹉，被社会化媒体的滚滚洪流冲进深潭。

在自媒体平台上，任何机构、任何人的观点和态度都有可能被严重质疑，其地位也因此受到挑战。对传统媒体来讲，其话语权的高地将在自媒体时代在无数个个体的挑战下逐渐丧失。作为传统媒体，若不与时俱进地改善自身与公众的沟通手段，不去提升自身的价值，将很有可能沦为自媒体时代的牺牲品。自说自唱或许是大多数传统媒体最黯然的归宿之一。同时，我们应当意识到，将传统媒体营造的舆论场与社会化媒体平台营造出来的舆论场进行对立的倾向也是危险的。事实表明，社会化媒体平台同样可以让传统媒体的声音进行放大，但是从传播学角度讲，传统媒体在网络上的声音也构成了自媒体平台上

的一种存在的声音，它并不妨碍其他社会化媒体用户的自我表达。换句话说，传统媒体在社会化媒体平台上的影响力大小并不取决于传统媒体在现实的影响力。面对网络时代，传统媒体的这种影响力的落差是一种必然的趋势，这是网络媒体对传统媒体话语权的争夺。传统媒体若要在社会化媒体平台上形成自身的舆论影响力，必须研究和顾及社会化媒体平台上大多数用户的关切点和网络传播的特点，如果一味自说自话，继续沿用传统媒体的舆论宣导方式，那么其观点或有意识传导的东西必然会被海量的用户信息所淹没，或者引发更多的舆论反弹，甚至引发更大的负面社会效果。

在网上有一个有趣的关于自媒体影响力与粉丝数量关系的说法，大意是：若你的粉丝超过 100 个，就像一本内刊；超过 1000 个，那你就是布告栏；粉丝破万，那你堪比正规的发行杂志；超过了 10 万，那你就是一份都市报；超过 100 万，你就是一份全国性报纸；超过 1000 万，你就是电视台；要是超过 1 个亿，你就是 CCTV；要是你的粉丝一不小心超过了 10 亿，你就只能是春节联欢晚会。这个说法形象地将自媒体时代个人新闻源的影响力形象地展示了出来。但是，在自媒体时代，个人影响力的高低一定跟粉丝多少有关系吗？事实并非如此。大卫·莱恩哈特（David Leonhardt）已经开始在《纽约时报杂志》上撰写一个名为"Top Down"的月度专栏，该专栏试图以一种全新的视角来看待排名或榜单，而 2011 年 3 月下旬的该专栏的某篇文章就与 Twitter 有关，提出虽然歌手拥有最多的 Twitter 粉丝，但其影响力却未必最大。具体而言，该文章研究了粉丝数量与影响力之间的差异。这一想法来自于莱恩哈特与 Twitter 联合创始人埃文·威廉姆斯（Evan Williams）之间的一次对话。威廉姆斯当时说，粉丝数量有时不像很多人所想象的那么重要。决定自媒体影响大小的有许多因素。在这些因素当中，最重要的依然是个体新闻源对公共话题的敏感。有态度，有观点，能为大众提供更多的思想，这是自媒体时代许多新闻个体能够得到更多关注的核心原因。因此，我们说，自媒体新闻源被关注程度的高低，并不一定代表了这个自媒体新闻源真正社的会影响力和受欢迎程度。

近年来，引起自媒体用户广泛关注的"网络公共事件"屡见不鲜，如"南京天价烟房产局长""张家港官太太团出国""贫困县县委书记戴 52 万元名表""云南躲猫猫""周老虎""西安表哥"事件，再到"房姐""郭美美""我爸是李刚""西安药家鑫""李天一案"，等等。这些事件无不带有一个共性的特征，即网民使用网络话语权将一个在过去很容易被掩盖和忽略的话题提交到了网络，之后通过数以百万计、千万计的自媒体用户的关注和强烈批评，进而引发传统媒体的报道热潮，并最终引起行政干预，揭开了事实真相。当然，相关事件当事人也受到了处理。

比较早的网络公共事件可以追溯到 2003 年 8 月 16 日。当时，有关媒体报道了刘涌二审被改判死刑缓期二年执行，其团伙成员宋健飞被核准死刑并被押赴刑场执行死刑的消息，旋即在互联网上引起了众多网民的关注。网民纷纷撰文抨击司法黑暗，间接促使最高人民法院提审刘涌，并罕见地推翻辽宁高法的判决，将刘涌改判死刑并立即执行。

这一网络公共事件本身所具有的典型意义并不仅仅是对一个罪犯执行了死刑，而且是第一次通过互联网这一传播手段，集中反映出了自媒体用户的诉求，打破了立法、执法、司法这三种传统权力的运作框架，网民通过网络直接发表意见并形成了强大的舆论合力，最终让案件得以公平公正地判决。这是自媒体和公共治理合作的典范，创造了民众、公权、当事人多赢的典范，有力维护了社会的公平、公正环境。

自媒体平台的理性发展与治理秩序的良性互动是所有人的幸运。

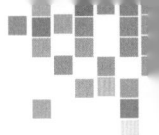

第8节
传统媒体阵地及话语权丢失危机

自媒体的出现让传统媒体感到了前所未有的压力。自媒体的出现从根本上打破了传统媒体对社会话语权的垄断，民众的"舆论权利"忽然从一个低谷跃升到前所未有的舆论高地，从而具有并且掌握了主动的、强大的"舆论权力"。网络让用户的"权利"从被动给予变成了"权力"的主动施予者。这种从"权利"到"权力"的转变都得益于社会化媒体平台的效力。自媒体对社会治理和社会各方面的影响将是极其深远、广泛和持续的。

自媒体从传播形式上是新媒体的范畴，它区别于以往社会任何时期的媒体形态。新媒体从根本上利用其巨大的社会力量在重塑着我们这个世界。自媒体有着改变世界的能力，主要表现在以下几个方面：

第一，新媒体"扰乱"世界并登上舆论的主要舞台

2013 年，因为公交车票涨价 0.2 雷亚尔（约合人民币 0.56 元），巴西全国大罢工。此外，土耳其全国出现大抗议，因为总统要将一个广场上的旧花园改建。巴西也好，土耳其也好，都不是非常穷的国家。这些事情的发生与新媒体有什么关系呢？实际上这些抗议事件的产生，与新媒体密切相关。

2011 年全球四大事件，有人把它们总结为"阿拉伯之春"（中东乱局）"伦敦之夏""华尔街之秋""俄罗斯之冬"。这四大事件的性质、目的、结果都不同，但是它们有一个共同点，即都是通过新媒体引发的。在过去像这样的运动要通过一个组织策划、联络、动员和组织，可能要几年才能发动。自从有了社会化媒体平台，网络就具有了强大的社会动员能力。

而这些不过是互联网的小试锋芒，互联网正在改变世界的格局。以智能手机、iPad 为代表的新媒体工具给我们带来全方位的变化。从世界格局、国家治理，到每一个人的生活和工作，都因新媒体而改变。新媒体渗透到经济、社会、政治的方方面面，带来一场影响深刻长远的传播革命，它是从人类诞生到现在，继文字、印刷术、电讯革命之后的第四次传播革命。

第二，"传播权利"的被动与"传播权力"的主动

在没有新媒体之前，很多地方的新闻自由不是被机构所控制，就是被资本所垄断。普通公民拥有这个权利，但没法得到这个权力。新媒体赋予了我们什么呢？它将宪法赋予我们的传播的权利变成了传播的权力。现在一个人可以在任何时候、任何地点发布关于任何事情的任何评价信息或是自主的观点。这就是传播革命带给我们的最大变化。这个变化意味着我们每一个公民成了信息生产的主体。过去，信息主要靠政府和传统媒体生产。如果没有它们，我们什么都不知道。现在一个人的怀疑可以变成全球人的怀疑，一个人知道的事情可以变成全球人知道的事情。信息传递速度的加快，也导致思想和价值的传递速度的加快。信息生产的流域改变了，从繁华大都市到穷乡僻壤，任何事情都在网络上流传。信息生产的流向也改变了，可以是一群人对一群人，一群人对一个人，也可以是一个人对一群人，一个人对一个人。

新媒体作为新的生产力是当今世界新生产力的典型代表。这个典

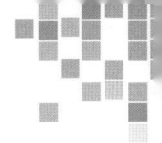

型代表所反映出的问题表现了生产力和生产关系的重新调整，以及上层建筑和经济基础的重新调整。这是非常漫长和复杂的过程。

第三，新媒体环境考验政府治理能力

新媒体传播为党和政府带来了全新的执政环境。政府要在多元声音、各种利益的竞争中获得公众的拥护，政策才能推行下去。几乎在每个问题上，社会都有各种各样的利益取向和价值偏好。网络是一个多元的社会，多元社会必然产生多元的文化、多元的意见和多元的表达。

全新的执政环境考验着公共部门的公信力、应变能力和沟通能力。新媒体带给传统治理结构的挑战将是长期的，并且这种挑战将随着新媒体的发展而发展。

第四，新媒体带来全新的舆论结构并重新分配舆论话语权

新媒体改变了社会舆论结构。传统媒体的舆论引导权也正接受着自媒体用户的极大挑战。每个用户将在网络时代获得天然的网络舆论表达权，这种权力将随着新媒体的发展而逐步得到强化，将对传统媒体的舆论控制权力带来前所未有的冲击。另外，新媒体平台上的网络舆论具有了草根性和大众特性，有着强大的社会影响力，具有与传统媒体分庭抗礼的舆论引导权和话语权。这种权力是由每一个手握鼠标的用户和每一个手持移动设备的用户共同组成的。

第五，价值领袖改变社会舆论权力结构

网络即社会，并不存在与现实世界脱离而单独存在的网络空间。网络社会是现实社会的映照和缩影。网络上的社会形态的丰富程度比现实社会有过之而无不及。活跃在网络上的各种思想和形形色色的网络行为都是社会现象的翻版。

毋庸置疑，互联网带来了社会权力结构的改变。自从有了网络，涌现出了一批网络价值领袖。这批人在网络上呼风唤雨，具有强大的社

会动员能力和社会影响力。互联网是去权威化的，是扁平式的，任何人都将在这个空间获得空前的能力。价值领袖们的个人舆论权力在新媒体时代将能够影响更多的社会个体，并由此带来舆论生态中典型的围绕价值领袖的舆论传播圈层特征。在网络上，无数个以价值领袖为舆论制造和传播动力核心的圈层构成了当下数字时代的舆论传播矩阵。

第六，多元文化下主流价值观的回归与认同

只有一种思想是很可怕的，但如果只有多元思想而没有主流价值观的形成和高度认同同样是可怕的。主流价值观决定着一个国家的基本道路和基本方向。我们不否认多元思潮和文化多元所带来的活力，但是我们需要在一个主流价值观指导下的多元思想、多元文化。也就是说，在网络平台上我们要寻求到一种能被广泛接受的价值观和文化认同。

第9节
自媒体平台"很黄很暴力"

自媒体在中国才刚刚起步，任何事物在成长初期总是显得幼稚和不够成熟，但是，自媒体是社会进步的一个产物，它符合大众对社会、对个人外部环境和自身利益的关注这个内在的本质。这个内在本质恰恰是社会的推动力和原动力，而自媒体的出现只是这种推动力的外部表现。自从有了自媒体，公众与社会治理秩序的互动空前增加，许多自媒体的观点已经直接或间接影响了政府的社会治理决策，从而推动了社会的进步。

毋庸置疑，自媒体是社会的重要推动力。但是，我们亦同时关注到，自媒体这个新生事物在成长、壮大乃至成熟的过程中，有许多不尽如人意之处。因为根植于互联网，自媒体天生就具有自由的基因，但是，自由不是无限的，它应当受到传统的社会伦理、道德以及法律法规的约束。

纵观西方自媒体发展之路，我们能得到许多有意义的启示。首先，自媒体不是互联网这个环境里野蛮生长的一棵树。自从有了互联网，人们忽然发现，自己的声音能够借助这个神奇的平台得到快速、持续、有效的放大，因此，人们越来越对这个能够深刻改变境遇的事物产生浓厚的兴趣。但是，人们在对自媒体抱有巨大热情并深刻地参与其中的时候，发现自媒体也充满了种种的不如意。例如，在自媒体世界的留言甚或谣言，有各种来头的爆料，有商业信息的骚扰和无休止的广告骚扰，有各类有关社会的负面信息、暴力信息、色情信息，甚至诈骗的信息，等等。在初尝了自媒体的甜头后不久，人们又开始品尝自媒体泛滥和无序成长所带来的种种苦果。

人们要花大量的时间来辨识自媒体世界当中的劣质信息，然而大多数人对自媒体世界的信息并不具备比较鉴别的能力，有时人们也不自觉充当了谣言或虚假信息的传播者和信息放大者。

中国俗语说，好事不出门，坏事传千里，这句话在自媒体时代得到了充分的印证。自媒体这个工具天生就具备传播人类正能量的作用。但是，当自媒体兴起后，许多在这个平台背后的力量也蠢蠢欲动，他们怀着这样或那样的目的，或故意混淆视听、颠倒黑白，或掩盖事实转移大众视线，或有个人私利而释放烟幕弹，等等。此类自媒体用户的观点客观上干扰了其他自媒体用户的正常判断，也给自媒体世界蒙上了无序、混乱、驳杂的阴影。

人肉搜索是指利用人工参与来提纯搜索引擎提供信息的一种机制，实际上就是通过其他人来搜索自己搜不到的信息。人肉搜索与知识搜索差不多，只是更强调搜索过程的互动而已。当用户的疑问在搜索引擎中不能得到解答时，人肉搜索就会试图通过其他几种渠道来找到答案，或者通过人与人的沟通交流来寻求答案。人肉搜索引擎之所以以"人肉"命名，是因为它与百度、谷歌等利用机器搜索的技术不同，它更多地是利用人工参与来提纯搜索引擎所提供的信息。从某种意义上来说，人肉搜索就是网络暴力的典型，网上群体的不理性极易通过社会化媒体平台被不断放大，并最终演变为过激的针对某个机构或个人的网络行为。人肉搜索侵犯别人隐私的案例时有发生。但是，我们在泼掉污水时不能将孩子也泼了出去，在对待自媒体的态度上，我们亦不能苛求自媒体这个新生事物完美无瑕，对其要有一个宽容的心态，亦要有科学的方法去引导和管理这个平台，让其逐渐迈到有序

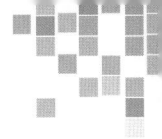

的轨道上来，以期为社会的进步提供更多有价值的观点和思想，并使得自媒体用户深刻地参与到社会的变革和发展中来。

自媒体世界来源于互联网世界，系从互联网世界衍生而来，因而人们常常需要隔着电脑屏幕猜测自媒体平台上那些只言片语背后表达的用意，猜测一个个自媒体用户现实中的理念和态度，以及他们对别人和社会的看法。随着互联网和移动互联网的发展，自媒体已然开创了一个信息碎片时代，人们似乎习惯了在网络上戴着面具与别人沟通，并且可能不太在意另一端的对方是什么样子。人际交往沟通的必要信息的不充分获取，久而久之会导致人的认知能力的偏差，自我、自私甚至语言暴力就出现了。当一种负面的情绪在自媒体世界被以几何级数放大以后，这种负面信息很有可能导致一部分人认知的偏差，并导致其现实行为的改变。当自媒体这个表达"短平快"的特性被无意识或无理性地利用之后，语言的暴力或是针对不同观点的语言暴力攻击便会随时显现出来。

自媒体平台有让人或者某组织的道德或行为缺陷不断放大或迅速放大的趋势。在现实世界里，人们做坏事会担心被街坊邻居或同事、同学、朋友发现，但在网络世界里，他们可以不时地变换身份参与到自媒体平台或者与其他人的互动当中。经常地，用户变换后的身份极可能是虚假或带有欺骗性的，由于缺少相关的网络道德规范的约束，他们极易在不理性时扮演"网络流氓"的角色。盲从、武断、不合逻辑、粗暴等道德瑕疵就有了被自媒体无限放大并对别人产生负面影响的可能。自媒体世界最大的法则是自律胜于他律，换句话说，每个人都要为自己在自媒体平台上的言论负责。尽管在自媒体上有许多现实的道德规范以及法律法规的约束，但相对虚拟的空间环境极易导致人的行为的虚无感与不确定感，并由此导致一系列能够对社会产生实际危害的后果。《大连接》一书亦对网络传播对人的现实行为的影响做了深刻的论述。

随着网络社会的崛起及网民群体的不断扩大，网络舆论在社会生活中发挥了越来越大的影响力，它不但能够填补"第四种权力"所发挥不了的作用，甚至可以监督、规范"第四种权力"，具有相对的独立性。由于网络媒体的特殊性，网络舆论这个"第五种权力"在形成过程中鱼龙混杂、泥沙俱下，既有以公共舆论促进社会进步之力，也不乏网络暴力侵犯公民隐私利益之举。所有这些，都反映出网络化平台尚处于幼稚磨合期的不成熟特色，有待规范和完善。客观正面地去理解并应对自媒体的各种问题才是实事求是的态度和必要的态度。

无论如何，谣言总是对社会无益的，言论自由并不是以匿名或以假的电子信息制造谎言。

随着自媒体平台的影响力不断扩大，国家治理部门以及社会的许多机构和个人也在这些自媒体平台开通了服务。根据互联网应用统计网站（Internet World Stats，简称 IWS）的报道，截至 2011 年 12 月 31 日，全球约有 22.67 亿人活跃在网络上，其中 13.5% 的网民来自非洲，26.2% 的网民来自亚洲，78.5% 的网民来自北美地区。在中国，艾瑞数据显示，中国社会化媒体用户的规模快速扩大。截至 2012 年年底，中国社会化媒体用户规模达 5.7 亿人，渗透率达 75.7%。中国的社会化媒体经过多年的发展，类别呈现多样性的特征，主要可以概括为以下几个类别，即论坛社区、社交网站、博客、微博、位置签到、问答、维基等。

iUser Tracker[①]的监测数据显示，中国社会化媒体用户的数量快速增长。艾瑞咨询认为，社会化媒体具有沟通及时与互动性、分享便利性等特点，更好地满足了用户沟通交友的需求，社会化媒体已经广泛渗透到网民的生活中，成为网民生活中不可或缺的一部分。艾瑞咨询亦认为，微博既满足了用户表达自我的需求，又维持了用户间的社交圈，具有博客和 SNS 的双重功能；同时微博具有表达简单、更新即时的特点，符合现代主流人群的生活节奏。

社会化分享的价值在于社会化流量的持续循环。用户看到互联网的某些内容，部分用户将其分享到社会化媒体并传播给其社会化网

① 艾瑞咨询开发的基于网民样本行为监测而建立的数据库。

络中的其他用户，而这些用户也会看到这些内容，并继续进行分享传播；一个完整和循环的社会化分享过程就开始形成，并按自有的内在逻辑进行循环。

伴随着社会媒体的发展，"网络水军"①或是"五毛"这个特殊的社会化媒体用户应运而生。

从"贾君鹏你妈喊你回家吃饭"，到蒙牛"诽谤门"事件暴露，再到"3Q②大战""3SB 大战"③，每次网络公共事件背后都能看到网络水军的身影和他们的网络足迹。网络水军的行动也早已不是单纯的灌水④，除了利用网络进行炒作外，还有部分网络水军使用诽谤、诬陷、抹黑等手段攻击竞争对手、编造轰动事件、混淆公众视听。这些网络水军经常受雇于一个或多个雇主，他们接受雇主的指令，按照雇主的安排针对性极强地对特定的目标、对象或话题进行网络语言攻击或舆论引导，以使其观点被更多的人接受，达到攻击对手、打击对手、抹黑特定对象的目的。这些网络水军的组成成分亦极其复杂，他们可能是遍布在世界各地的兼职人员，也可能是某些机构专门召集在一起的统一接受任务的"集团军"，其最大的特点是步调一致，进行网络围攻的密度大，且经常伪装，或变换不同的身份，或伪装成不同地域或不同行业的网络用户。对普通网络用户来说，辨识网络水军的

---

① 网络水军，即受雇于网络公关公司，为他人发帖、回帖造势的网络人员，以注水发帖来获取报酬。网络水军有专职和兼职之分。网络水军的存在是网络营销的进阶，但网络水军是双刃剑，需要各个网络公司把握好应用尺度。

② 3Q，即 360、QQ 的缩写。根据官方数据，腾讯即时通信服务的活跃账户数达 6.125 亿。凭借庞大的用户规模和天然的客户端资源，腾讯逐步将业务延伸到互联网的诸多领域，如网络游戏、新闻门户、电子商务、电子邮件、影音播放等，均抢下较大的市场份额，360 公司于 2006 年 7 月推出主打互联网安全的 360 安全卫士软件，不到一年该软件即成为国内最大的安全软件之一。据官方数据，其用户数量已经超过 3 亿，覆盖了 75% 以上的中国互联网用户，成为国内第二大桌面客户端软件。以该客户端为基础，360 延伸出免费杀毒软件、浏览器等产品，均获得了很大成功。腾讯和 360 双方为了各自的利益，从 2010 年开始展开了前所未有的互联网产品和用户之争。

③ 3SB 大战。2012 年 8 月 31 日傍晚，搜狐董事局主席兼 CEO 张朝阳在其微博中宣布参与百度、奇虎挑起的搜索大战。360、Sogou、Baidu 搜索引擎之间的竞争，世人称为 3SB 大战。

④ 灌水（add water）原意指向容器里面注水。进入互联网时代后，由于电子论坛 BBS 的出现，又多了一个"向论坛中发大量无意义的帖子"的意思。

难度比较大。

另有一类网络水军，他们可能受雇于不同的机构或受某些资本势力的控制，以渗透、挑拨或离间网民为目的，并最终使网民难以形成相对统一、集中的共识，挑拨和分化民众，人为制造分歧的观点。亦有部分网络水军以文化渗透为目的，在网上散播反动、非法、色情或是暴力的信息，以达到文化和观念渗透的目的。当然，还有一类重要的水军力量，他们则是更多地充当了某些利益集团的网络急先锋，他们自始至终都带着利益宣讲、利益代言的任务。

比起水军，资本或相关势力对媒体的操控亦值得我们注意。随着社会网络的发展，某些资本势力已经发现了网络舆论的巨大威力，他们可能通过各种方式、各种渠道渗透进媒体里，或通过合作、投资等方式，或明或暗地控制媒体，操控媒体，以期为自己或是自己所服务的某些势力在网络上鼓噪。

正当的网络舆论引导是能够被认可的，但是，水军这个群体经常因为利益的驱动，顶着各类马甲①，散布反社会、反人道的观点，甚至为了利益不惜出卖自身甚或国家和民族的尊严，对此类水军国家要彻底地进行打击和防范。思想的自由必须建立在法律和公序良俗的基础上，我们倡导思想的自由，但绝不能将水军的有目的的引导当成言论的自由而给予任何的理解和宽容。这些水军是自媒体时代的毒瘤，也是社会发展进步的阻力。

与网络水军对应的还有一个群体，这个群体在网络上被称为"五毛"或"五毛党"。一份官方文件透露，几年前某市委外宣办（对外宣传办公室）选聘网评员，底薪600元，每发一帖给五毛钱，这就是"五毛党"的来历。一些政府机构、新闻事件主角甚至企业也纷纷效仿，雇用枪手冒充普通网民，企图操纵网络舆论，引导舆论朝有利于

---

① 马甲，网络论坛术语。据考证出自这个故事：老虎捉到一条蛇，蛇逃到水里去了，老虎就一直在岸上等着。这时候，一只乌龟爬上了岸，老虎一把将其抓起，大怒道："你以为你穿上个马甲我就不认识你了？"某位网络用户出于各种考虑，注册和使用了新的名字以避免别人将他的发言和原用户名联系起来，其新名字就被称作马甲。

他们的方向发展。实际上，很多"爱国网民"都不是"五毛党"，他们发表支持政府的言论时，并没有从宣传部门领取报酬，当反对者用"五毛党"来称呼他们时，他们觉得非常受辱，回击说对方是"五美分党"。这时，"五毛党"被双方共同认定是攻击别人的"帽子"。

不知何时起，"五毛党""五美分党"在中国网络上几乎成了"为中国政府说话者""攻击中国政府者"的代名词。在评价"五毛党"和"五美分党"这种网络现象时，《环球时报》分析道：国家越繁荣、越强大，出现"五毛党"和"五美分党"的可能性就越小。因为一个强国拥有足够的承受力容纳批评，而且强国国民受国外小额资助诱惑的可能性也很小。我们希望这一天快点到来，所有赞许和批判中国的网民能够展开平和对等的观点，进行有效的思想交流。到那时，"五毛党""五美分党"也会像"万元户"一样，自然地消失在中国社会的进程中，成为中国网络净化进程中"前现代"或"欠发达"时期的历史见证。

从另一方面看，"五毛党""五美分党"的存在——哪怕他们在网民中的占有率很小，也在时刻提醒我们必须以更加实事求是的态度看待互联网上的各种意见。当下有越来越多的网络公关公司为了制造某种虚假"民意"，打造出成千上万的网络水军，统一对某个话题进行灌水和一边倒评论。这无疑加重了人们对网络民意真实性的怀疑。更需要人们警惕的是，在当下价值观差异很大的国际背景下，网络民意被境外势力操纵并造成了政治不良后果，在西亚、北非的一些国家，我们已经看到了现成而且不是唯一的案例，甚至有国家被颠覆的样本。因此，在现今推动网络民意的健康化、成熟化，甄别网络民意，去伪存真，显得越来越重要了。网络本身很难理性，这需要中国网民能够尽可能地拥有明辨是非的智慧，不要以讹传讹，不要爱屋及乌，也不要恨乌及屋。

中国有许多缺陷和问题是一个基本事实。如果有一天这些缺陷问题不需要"五毛党"来粉饰，那些"五美分党"的刻意玷污也不会影响大众的基本判断力，中国社会可能才算真正成熟了。成熟的政治社会需要有包容之心，不同意见的争论也需要更为丰富、更为理性，而不是简单地分为相互吐口水的两派。但是，在价值的是非面前，许多人困惑于多种选择而宁愿选择当一个作壁上观的人或"围观派"（对此类现象网络上有一个更为形象的描述，即"打酱油"）。迫于各种现实的困境和压力，他们怯于表达自己的观点或情绪。

另有一类活跃在自媒体平台上的用户也很是引人注目，这就是所谓的"自干五"群体。"自干五"是指在谣言遍布的网络时代，一群人自发地针对政府的"谣言"进行辟谣，但实际上这些人并不像那些网络水军那样拿钱发帖，所以这些人自嘲为"自干五"。"自干五"现象也是网络导致观念和认知异化的产物，更是网民观念分裂的产物。主流"自干五"的特点是理性思考，不唱高调，不引发网络暴力，但少数"自干五"的网络表达言语粗俗、充满污言秽语、充满暴力，热衷于搞人肉搜索和挖"祖坟"。

百度百科在解析"自干五"的特征时这样说："自干五"是理性派，他们很少感情用事，因为他们明白感情是不合逻辑的；"自干五"被认为很呆板、不浪漫；"自干五"绝对成为不了政治家，因为政治家需要煽情，"自干五"不屑于煽情。"自干五"的思维定式有：第一，批评体制，"一切归到体制上"，但拒绝对体制的复杂性做出分析。这是他们在很多讨论中的起点，也是最终的依归，论据和逻辑的使用服从于这个目标。与此相联系的理论话语包括改革、市场化、私有化等。第二，"离开美国就无法思考"（学者刘擎的话）。但这个美国是一个被高度抽象化的美国，如何理解"美国"取决于体制批评的需要。与这种思维定式及取向相关的话语通常还包括民主、全球化等。

塞缪尔·亨廷顿在他的《文明的冲突》一书中阐释道：世界的未来走向是多极化的趋势，不存在一个范式包打天下的发展模式，换句话说，世界必然会走向多极化。作者还认为，冷战后世界

格局的决定因素表现为七大或八大文明，即中华文明、日本文明、印度文明、伊斯兰文明、西方文明、东正教文明、拉美文明，还有可能存在的非洲文明。冷战后的世界，冲突的基本根源不再是意识形态而是文化方面的差异，主宰全球的将是"文明的冲突"。他在书中讥讽了美国自 1917 年以来外交政策上一以贯之的普世主义（Universalist）野心和论调。他觉得一战时所谓建立"民主"的世界，二战时所谓建立"自由"的世界都是没希望的，因为西方人坚信的西方文化普世论存在三个问题：其一，它是虚假的；其二，它是不道德的；其三，它是危险的。亨廷顿之所以说西方文化普世论是虚假的，是因为其他文明也有自己的理想和观念；之所以说它是不道德的，是因为"普世论的必然逻辑结果是帝国主义"；之所以说它是危险的，是因为它"可能导致文明际大战"。亨廷顿认为，代替西方文化普世论的应该是一种正在形成的力量，这种力量要求不同文明相互适应。无论我们喜欢与否，他认为这种相互适应已经存在。亨廷顿认为，所有的国家都在努力实行现代化，但现代化不等于西方化，未来的冲突很可能是西方对非西方国家的冲突。他特别强调"儒教"文明和伊斯兰文明对于西方的威胁，特别是儒教文明与伊斯兰联手的可能性。实际上，《文明的冲突》一书的封面设计就充分体现了亨廷顿对于世界大格局的认识：封面右上方是地球背景之上的基督教十字架，左下方是地球背景之上的伊斯兰新月，右下方则是地球背景之上的中国太极图；新月与太极图紧紧挨着。在这本书的序言中，亨廷顿说：我于 1993 年发表的文章在中国和其他地方被批评为可能提出了一个自我实现的预言，即文明的冲突是由于我预测其可能发生而增加了发生的可能性。然而，任何预测都不是自我实现的或非自我实现的。预测能否实现依赖于人们如何做出反应。20 世纪 50 年代和 60 年代，许多严肃的和信息灵通的人士认为苏美之间的核战争实际上不可避免，但是这场核战争并未发生，因为人们意识到了它的可能性，并推动了武器控制和其他安排来确保它不发生。亨廷顿说，我所期望的是，我唤起人们对文明冲突的危险性的注意将有助于促进整个世界上"文明的对话"。欧洲和亚洲国家最主要的政治家已经在谈论需要抑制文明的冲突和参与这样的对话。

"在人类历史上，全球政治首次成了多极的和多文化的"，亨廷顿说。

对一个社会来讲，亨廷顿的观察角度也是站得住脚的。社会思想以及表达的多元化、多极化大趋势已经显现，这是一种潮流，更是一种未来的趋势。过分追求单一的所谓共识和观念是不现实的，更是实现不了的。有人如此表达在互联网上人们的思维差异："我们会争吵，只因我已醒来，而你还在沉睡。我说：当家做主，要有选票。你却说：那能当饭吃吗？有钱才是硬道理。我说：做人，要有自由。你却说：有钱了，想去哪就去哪啊，不自由吗？我说：要争取当公民。你却说：不给国家添乱，就是个好百姓。我说：要有权利，可选政、问责、反对。你却说：你那是当汉奸。"

网特①是另一个自媒体时代的名词，这个词甚至成为自媒体平台上观点不一致的用户互相攻击时给彼此扣的帽子。网特这个群体最重要的目的不外乎是制造谣言破坏稳定，发布不实的言论，以图颠覆治理或达到某种政治、经济、文化目的。网特混淆青年一代正确的价值观念，在民众中制造观念的分裂，破坏中国民众形成共识的行程，抹黑中国和中国人在世界人民心中的形象，抹黑某个国家组织或机构的外部形象。网特这个群体的网络行为表现通常是，活跃于微博、博客、各大 BBS 论坛、新闻网站、新闻评论等社会化媒体平台，制造虚假点击、支持率、反对率，大肆散布关于中国的谣言、假消息或针对其他特定攻击对象的假消息。它们不但连篇累牍地张贴帖子，还添油加醋、尽可能地补充不实的内容，牵强附会地发掘所谓"内幕"，借以达到其不可告人的目的。

---

① 在网络上散布谣言，歪曲事实，以虚假信息扰乱人心，煽动民族、宗教对立情绪，骗取民意，蛊惑民心，混淆视听，玷污中国的英雄人物和领导人，攻击党和国家政府，故意挑起事端造成地区间争执的网络特务。

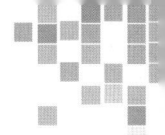

　　据报道，西方一些国家专门雇用了一批人（这些人可能是中国人，也可能是外国人）专门在国内外的社交媒体上发表各类攻击中国的文章、假消息以及段子等，借以分化中国人的认知，制造意识分裂，破坏中国人共识的形成，并利用文化侵略先行的办法，瓦解中国人的民族自信，借机浑水摸鱼。为此，西方一些势力还在中国成立或资助了许多组织机构，用以发现、培养、扶持、资助他们的利益代理人。面对中国的崛起，许多势力会想方设法地阻挠，这是必然的。互联网以及众多社会化平台上也一定有许多西方敌对势力雇用的吹鼓手，这些人长期潜伏在国内外的网络中，并且经常变换网络身份，伺机而动，发布针对特定对象、群体的言论，以期引导中国的社会和大众心理以及影响网络舆论走势，瓦解或妖魔化中国的文化，动摇中国的发展根基，打击民众的信心。

　　躲藏、游走、活跃在社会化网络平台角落当中的"网络枪手"或"网络水军"在很大程度上是引发许多网络暴力[1]的罪魁祸首。

　　水军中或是许多有价值倾向的个体中的一部分人很容易利用网络的虚拟性扮演"网络流氓"的角色。他们是自媒体平台上一种破坏性存在，但他们只是自媒体平台发展过程中必然出现的"噪音"，丝毫阻挡不住自媒体平台的发展和自媒体平台的光辉。正确区分和理性对待"网络流氓"成为每一个自媒体平台用户的必要能力。俗语说，狗咬了你一口，但你不能反过来咬狗一口。前者不是新闻，后者却是新闻。

---

① 在网上发表具有攻击性、煽动性和侮辱性的言论，造成当事人名誉损害，人们习惯称之为"网络暴力"。

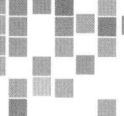

第 *10* 节

网络举报与个人隐私权的边界

　　社会化媒体的空前繁荣让每个人的表达变得几乎无所不能，合规的或是恶意的表达都有了巨大的生长空间。网络因其天然的隐匿属性和虚拟性，极易导致用户对表达权利的滥用。随着网络的发展，恶意的个人攻击和隐私权利侵害就变得极为容易。自从有了网络，这种媒体对个人的隐私权和名誉权甚至其他社会权利的侵害时有发生。而网络表达的自由和多样性并不包括可以肆意地利用网络侵害个人或社会机构的各种权利。同样，在网络上拥有巨大影响力的个人或组织机构亦不能侵害相对弱势的群体的各种权利并试图扭转或是转移公众视线，否则这种表达就是舆论的暴力。

　　隐私权是指自然人享有的私人生活安宁与私人信息秘密依法受到保护，不被他人非法侵扰、知悉、收集、利用和公开的一种人格权，而且权利主体对他人在何种程度上可以介入自己的私生活，对自己是否向他人公开隐私以及公开的范围和程度等具有决定权。

　　隐私权是近几年才为大家所熟悉的概念，但是即便在西方，隐私权这一概念的出现也只有一百多年的历史。1890 年，美国的两位法学家布兰蒂斯和沃伦在哈佛大学《法学评论》上发表了一篇题为《隐私权》的文章，并在该文中使用了"隐私权"一词，这被公认为是隐

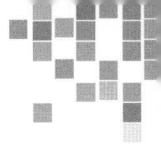

私权概念的首次出现。互联网技术的广泛使用已经引起了许多个人隐私权问题，它还会在将来发展的过程中对个人自由的许多方面带来意想不到的问题。在网络所带来隐私权问题当中的一个关键问题就是个人数据的权利问题。个人数据主要包括：标识个人基本情况、个人生活、工作经历和社会情况等与网络有关的个人信息。

　　隐私权包括多种内容，如个人生活安宁权、个人生活情报保密权、个人通信秘密权等都体现了"排除人为的不正当障碍"的自由之价值；而如个人隐私利用权（权利主体有权依法按自己的意志利用其隐私，以从事种种满足自身需要的活动）体现了"支配""控制"的自由之价值。隐私权的利用同样不得违反强制性规定，不得有悖于公序良俗，即权利不得滥用。

　　在我国现行法律中，只有《侵权责任法》第二条讲民事权益范围中包括了隐私权。另外，根据我国国情及国外有关资料，如下行为可归入侵犯隐私权范畴[①]：

　　1. 未经公民许可，公开其姓名、肖像、住址、身份证号码和电话号码。

　　2. 非法侵入、搜查他人住宅，或以其他方式破坏他人居住安宁。

　　3. 非法跟踪他人，监视他人住所，安装窃听设备，私拍他人私生活镜头，窥探他人室内情况。

　　4. 非法刺探他人财产状况或未经本人允许公布其财产状况。

　　5. 私拆他人信件，偷看他人日记，刺探他人私人文件内容，以及将它们公开。

　　6. 调查、刺探他人社会关系并非法公之于众。

　　7. 干扰他人夫妻性生活或对其进行调查、公布。

　　8. 将他人婚外性生活向社会公布。

　　9. 泄露公民的个人材料，或公之于众或扩大公开范围。

---

① 侵犯隐私权案件中精神损害赔偿的认定(EB/OL).（2013-06-03）[2013-06-18]. http://www.chinacourt.org/article/detail/2014/06/id/1307692.shtml.

10. 收集公民不愿向社会公开的纯属个人的情况。

11. 未经他人许可，私自公开他人的秘密。

隐私权的主体应为自然人，不包括法人。隐私权的目标是保持人的心情舒畅、维护人格尊严，而且隐私权是一种人格权，是存在于权利人自身人格上的权利，亦即以权利人自身的人格利益为标的的权利。

可以看出，权利主体按照自己的意志从事或不从事某种与社会公共利益无关或无害的活动，不受他人干预、破坏或支配。权利主体的保护范围并不包括权利主体在从事某种与社会公共利益有关的活动，例如，国家公职人员的有关活动并不属于隐私权利保护的范畴。但与其个人相关的隐私就是官员自己个人的私事，他们的个人隐私信息等个人生活领域内的事情不应为他人知悉，因其与公共利益、群体利益无关，他人无权干涉这些纯个人的私事。

在频发的网络举报引发的网络舆情事件中，我们能清晰地看到在许多网络举报中存在对网络表达权利的滥用。因为对隐私权利的边界缺乏清晰的规范，许多举报人或其家属子女的权利被严重侵害。

随着自媒体和社交媒体的发展，举报信息极易通过人际关系网络被快速传播，并造成重大的社会影响，对被举报人的隐私权利的侵害也变得越来越容易发生。在这种情况下，网络实名举报的信息的界限和对被举报人的个人隐私边界的定义就显得尤为重要了。因为这关系到网络到底能否发挥其社会监督作用这个属性，同时又能对网络举报人和被举报人的相关权利进行有效的保护。

网络媒体的发展让政府的各类行为和决策过程、社会管理过程逐渐变得透明。公众通过网络对各类国家公职人员的个人行为和职务行为的监督变得越来越容易。从某种意义上说，一个一心为人民服务的治理秩序和官员个体应该经得起社会舆论的广泛监督，要有自觉接受社会监督的勇气和自信。越是害怕监督的地方越容易存在黑幕，越是害怕公众监督的官员心里越有鬼。

有序监督和负责任的举报应该被支持。要对网络举报进行立法和规范，以此一方面保护举报人的利益，另一方面也保护被举报人的隐私权等各种社会权利。

要逐步将制度监督和群众监督相结合，让所有社会公共治理主体和其行为逐步归入透明和健康的轨道。

那些以保护涉嫌贪腐和有败德行为官员的所谓的"隐私"纯属借口，还有以保护犯罪嫌疑人"隐私"为由而对网络消息想方设法封堵，意欲掩盖公职人员丑恶的诸多作为都是不得人心的，也是有违社会公义的。一心为人民服务的官员，其内心应当是磊落、坦荡的，即所谓"身正不怕影子歪"。从另一方面讲，国家公职人员既然选择了从事公职，也承诺了全心全意为人民服务，那么他们自然就要接受民众及相关机构的监督。公职人员与公职有关的行为要受到监督，与其身份不相符合的各类社会活动或私人行为亦应受到大众的监督。这个时候，这些公职人员作为普通社会公民的一部分个人"隐私权"都要为公权的职业身份让路。例如，全国人大代表韩德云认为，官员财产公开制度是一个系统工程，其本意在于让官员财产的变化在阳光下运行。这一制度推行的难点在于，第一次财产申报时，很多人会感觉这是财产审查，是对官员隐私权的一种侵害。韩德云说："应该说拥有权力越大的人，他的隐私是越小的。这是对公众社会一种责任的体现。如果越有权的官员拥有的隐私权越大，反过来他做了什么，谁都不知道，这可能是对社会最大的危害。如果不选择从事公职，财产就是公民的隐私。你有多少钱没有关系，没有人关心。一旦选择从事公职的话，财产绝对不是你隐私权的一部分。如果财产属于你的隐私内容，那是不是从政就是为了谋取更多的财产？"[①]

除了官员个人财产外，韩德云认为还要公布官员直系亲属的身份状况、财产状况。因为腐败官员的钱权交易，通常很多是在直系亲属当中进行的。

---

① 杨柳，王义杰.公职人员财产：绝不属于隐私内容[N/OL].检察日报，（2012-03-07）[2013-06-18].http://newspaper.jcrb.com/html/2012/03-07/content_94001.htm.

　　美国是一个严格保护个人自由的国家，作为个人自由保障的重要因素——个人私有财产与个人隐私自然也在宪法保护之列，包括他的私有财产数量也是属于自己的隐私而受到法律严格保护的。但是，如果他是公职人员或公众人物，那么他的私有财产就不是个人的隐私，而是人人可以知晓的公共事务。想当美国的总统、州长、市长与议员之类的公职人员得先公布自己的财产以及一切的家庭情况。想做年收入数千万的公众人物，那么他的一切私生活都不是个人隐私。在美国，公职人员与公众人物都极少与新闻媒体打官司，因为按照美国的宪法与法律，这类人与新闻媒体打官司必输无疑。美国法律为什么对公职人员和公众人物如此苛刻？就是为了让美国宪法第一修正案中保护公民的思想言论自由的条款得到真正的落实。新闻舆论监督不是用来监督普通公民的，而是首先针对掌握了公权的公职人员的。因为只有掌握了公权才有滥用公权的可能，才会更容易侵害社会，损害他人的利益，破坏他人的自由权。因此，美国的监督制度设置是首先要把权力关进铁笼子里，然后是把其他掌握了公权的人关进铁笼子里，让他们的权力最后牢牢地受到公民的监督与控制。

第 *11* 节

信息在自媒体平台上快速传播的动力机制

　　自媒体之所以在短时间内得到了公众的广泛关注，并且形成了巨大的社会影响力，其本质的原因是公众自我表达的意愿被空前地调动了起来。人们关注自身、关注自身生存的社会外部环境等，促成了自媒体用户的快速增长和自媒体内容的空前丰富。这些内容包括文本、图片、视频、声音等。

　　自媒体让世界变得扁平，呈现出多元化的个性发展特征。活跃在自媒体平台上的用户是一个一个的节点，这些节点间彼此沟通、交流以及碰撞，并最终形成了影响社会进程的推动力。自媒体上用户参与意见，发起、讨论以及传播的动力之源在于用户对自身权益或是自身所处社会环境的关注，并由此导致直接的意见参与和意见表达。另外，许多价值领袖①亦通过自媒体平台向外传递自身对社会、对某一专业领域或某一个公共事件的观点，并希望且能够影响足够多的自媒体用户形成舆论的滚雪球效应，当此类相对较集中的舆论集中并达到某一个规模后，就形成了自媒体平台上的舆情热点。并且，自媒体平台的舆情热点常常被传统媒体所关注，并与自媒体平台的舆情热点形成互动，对事件涉及的某一类公共政策或事件本身的走向产生直接的影响。

传统媒体与自媒体的互动和观点的碰撞亦为各类信息在人际网格间的传播起到了推波助澜的作用。因为立场或出发点的不同，这种作用能在一定程度上助长或激发信息在人际网格间的震荡和促进信息在更大范围里的传播。

网络用户对于真相的探求和对公共事件内幕的好奇亦会大大推动信息的网上和网下传播，从而导致信息被更大的用户群体所捕捉或感知到，并因此形成更大波次的舆论传递，最终形成网络上每一个被激化的舆情。

自媒体平台给公众的表达提供了前所未有的机会和巨大的空间，也为治理的广纳民意提供了有力的工具支撑。自媒体的繁荣是社会治理的双向需要，是治理与民众互相选择的最佳结果。

---

① 价值领袖或称意见领袖、舆论领袖，是指在人际传播网络中经常为他人提供信息，同时对他人施加影响的"活跃分子"，他们在大众传播效果的形成过程中起着重要的中介或过滤的作用，他们将信息扩散给受众，形成信息传递的两级传播。意见领袖并不是一个新名词，最早是由传播学学者拉扎斯菲尔德在20世纪40年代提出的。舆论领袖一般颇具人格魅力，具有较强综合能力和较高的社会地位或被认同感，在社交场合比较活跃，与受其影响者同处一个团体并有共同爱好，通晓特定问题并乐于接受和传播相关信息。在对舆论领袖的研究中发现，决策过程中不同的媒介扮演不同角色，人际影响比其他媒介更为普遍和有效，能够保持基本群体中的内部意见和行动一致。意见领袖作为一种社会现象，它不单存在于西方社会中，也存在于不同的社会之中和传播过程中，虽然存在的形貌可能有些差异。在信息传播中，信息输出不是全部直达普通受传者，而是有的只能先传达到其中一部分，而后再由这一部分人把信息传递给他们周围的最普通的受众。有的讯息即使直接传达到普遍受众，但要他们在态度和行为上发生预期的改变，还需由意见领袖对信息做出解释、评价和在态势上做出导向或指点。比如肯尼迪总统被刺这个震撼美国的消息，约有50%的人是由他人传告而知道。意见领袖的影响力是不可小视的。

第 *12* 节

价值领袖在网络社会具有强大的影响力

价值领袖的作用在微博平台的传播中显得尤为突出和重要，这一部分人在人民群众的心目中有着一定的地位和影响力，他们所说的话往往会获得普遍的认同和关注。因此从某种意义上来说，关注、重视、调节好这一部分群体的言论，就能够在很大程度上厘清微博空间的风向标，进而能够对网络民意进行有效的疏导和管理。

有研究报告显示，作为意见领袖的影响力，男性比女性掌握着更大的话语权。据报告研究显示，前百位意见领袖中男性占到91%，而女性仅占9%，女性总体排名也相对靠后；在涉猎范围上，男性意见领袖的视野更为广阔，多关注财经、时政、社会、制度、环保等话题，而女性意见领袖分享的信息流领域相对集中，获得的关注度整体上也相对较小。在这些意见领袖中，60后及70后的中青年群体成了其中的主力，占到七成以上（72%）。这些在微博中活跃表达且影响甚广的意见领袖们，正逐渐承担起网络公民的角色。而90后群体尽管在微博中很活跃，但整体影响力还相对有限。①

---

① 据上海市社会科学创新研究基地研究员、中山大学传播与设计学院张志安副教授发布的报告。该报告采用定量及定性结合的方法，以新浪微博为平台，以五个维度（网络影响力、传统媒体影响力、亲和性、争议性、活跃度）为标准，选出综合评分较高的前100个意见领袖，在此基础上分析探讨TOP100意见领袖的群体特征。本报告数据抓取截止日期为2011年12月。

　　研究发现，商界意见领袖的平均粉丝数为 277 万，大大高于学者意见领袖的 75 万、作家意见领袖的 48 万和媒体人意见领袖的 55 万。但是，如果用"粉丝的粉丝"这一指标衡量商界意见领袖粉丝质量的话，其每个粉丝平均只拥有 296 个粉丝，其数量排在最后，可见商界意见领袖的粉丝质量整体并不高。与商界意见领袖相比作家意见领袖的粉丝数尽管不多，但粉丝质量、原创比例都很高，其观点获得的认同程度在这四个群体中也是最高的。从平均每天发表微博的数量来看，媒体人意见领袖和商界意见领袖最为积极，分别为 6 条和 7 条，体现出较高的表达欲望和传播意愿。而从粉丝评论的活跃度来看，商界意见领袖的微博平均评论数为 584 条，与粉丝的互动频率较高，但其关注对象较少。与此相比，媒体人意见领袖的微博平均评论数只有 172 条，但在关注数量上却平均高达 784 人，究其原因，主要是多数媒体人将微博当成收集信息、寻找选题的重要途径，因此他们会根据行业条线划分或报道需要跟踪和关注别的意见领袖。研究还发现，在不同的网络平台中，不同群体意见领袖的观点接受度略有差异：在论坛中，作家意见领袖和商界意见领袖的观点接受度较高；在传统媒体中作家意见领袖和媒体人意见领袖的观点接受度较高；而在微博中，则以作家意见领袖最高，其次是商界意见领袖和学者意见领袖。此外，作家和商界人士在论坛、微博、媒体中的观点接受度相对稳定，但学者在论坛、微博中的观点接受度明显低于传统媒体，媒体人在微博、传统媒体中的观点接受度明显高于论坛。总体上看，作家意见领袖的观点获得的认同程度最高。就观点的争议性而言，媒体人意见领袖观点的争议度比其他三个群体要高。相对来说，观点争议度最低的是学者意见领袖。在论坛、微博和传统媒体这三个平台中，学者、商界人士和媒体人观点的争议度差别不大，而作家观点的争议度则有所差异。

　　在自媒体时代每个人都能够成为那个站在舆论风口浪尖的人。自媒体有巨大的不同于以往的革命性力量，它能在极短的时间内将一个人神化，也能在极短的时间内将一个人的光环外衣剥得一件不剩。在许多舆论热点事件的背后，我们总能轻易地发现那些活跃在自媒体世

界里的价值领袖们。在微博时代，这些人被称为"大V"；在Web2.0时代，这些人被称为"意见领袖"；在自媒体时代，这些人被称为"价值领袖"。这是一个有巨大影响力和传播能力的群体。许多轰动全国并引发国际舆论关注的公共事件的自媒体内容的原发者就是这些拥有众多追随者和关注者的价值领袖们。

在自媒体时代，这些价值领袖就像镶嵌在自媒体天幕上的一颗颗耀眼的星体，正不断传递着他们的正能量和他们所秉持的价值观，从而影响了众多的自媒体用户。但是，我们亦应看到，因为保有个人的偏见或价值取向，许多价值领袖也在极力传播可能与社会伦理或法律体系不相容的东西。这一点需要国家相关部门特别注意并及时加以引导，以免导致网络用户的思想和观念的紊乱，减少网络用户在参与网络互动时的疑惑和困扰。

这些价值领袖的观点多是依据自身的情况或是从自我的角度做出的，因此难免带有较强的个人色彩和好恶。网民在评价价值领袖的观点时一定要用客观的标准去衡量，不能盲目认同，也不能盲目反对。价值领袖拥有众多的观念追随者或吹捧者，他们的任何网络行为或现实行为都有可能引发巨大的舆论风潮。价值领袖应该更多地从有利于社会发展的角度提供更正向建议或观点，建设性地表达自己的观点。价值领袖的任何极端的表达和行为都是不负责任的，对我们的社会走向更为良性的发展之路都是有害的。

社会正向激励能量的凝聚和传递是价值领袖们的核心要务。在治理过程中，要形成尊重价值领袖、尊重其自由表达的权利、认真听取他们建议的良好氛围。打击、构陷、抹黑、栽赃价值领袖等都是短视错误的。

作为价值领袖，应该审慎地发布观点。对于具有诱导性的内容，价值领袖应该先甄别所发布或转发的内容是否合规。价值领袖有义务帮助关注他们的人去过滤有害的信息，以共同维护社会的健康舆论环境。这是价值领袖们义不容辞的社会责任。

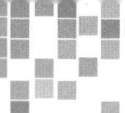

第 *13* 节

在海量信息中发现网络舆情

紧随信息爆炸与自媒体之后繁荣的，就是近年来兴起的大数据[①]。这种基于对海量信息或数据的分析让舆情的精准发现与分析得以实现并给决策者的决策提供了更多的依据。

基于对大数据的处理和分析，人们能够发现公共情绪的聚集、演变和传播的基本趋势，并从中发现舆情传播的基本脉络，找寻到一种更客观、更理性的舆情应对的办法。

信息爆炸是信息时代所特有的一种社会现象。一方面，作为一种资源，信息的数量是巨大的、海量的，原则上是可以廉价、便捷地得到的，即它不具备稀缺性，这是这种信息类资源不同于所有其他资源的本质特点。但是，另一方面，任何一个组织或个体得到、处理、利用有价值信息的能力都是有限的，因此，作为一种资源的信息在过量的同时又是不充分的。通俗地讲，不想要的信息铺天盖地，去寻找想得到的信息却如大海捞针般困难。信息爆炸对人类处理自身的政治、经济、文化、社会、交往等问题的能力、方式、方法、原则等提出了全新的挑战。为了应对这种需求，基于海量数据分析的大数据应用随即登上了这个信息时代的舞台，并主导着下一代信息提取和分析应用技术的发展。

---

① 大数据或称巨量资料，指的是所涉及的资料量的规模巨大到无法通过目前主流软件工具在合理时间内达到撷取、管理、处理并整理成为帮助企业经营决策更积极目的的资讯。

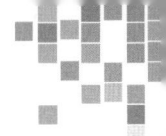

第 *14* 节

搜索技术的出现给网络舆情发现提供了可能

在海量的信息中如何快速、精准地找寻人们到所需要的有用的信息？自从人类进入电信时代后这样的问题就一直困扰着人们。出于对目标信息快速检索的需要，人们试图从技术上寻求办法。从 20 世纪 90 年代中期开始，世界各国日益将研究重点放在数据库技术、信息挖掘技术、信息标准化技术以及大数据存储和分析技术上。

数据检索搜索引擎技术①及基于海量信息的大数据分析技术成为信息时代所不可或缺的信息发现手段。这种依托大数据的精准分析技术的产生，为舆情的发现、研究分析提供了巨大的技术上的可能。换句话说，舆情发现技术即为依托在搜索技术上的一种新的应用。

现在人们获取信息的方法主要是检索技术，如分类目录型搜索引擎、基于关键词的检索搜索引擎、基于内容的检索等技术。另外，一些 ICP（网络信息内容提供商）通过智能化的代理服务器，由用户订

---

① 随着互联网的迅猛发展，Web信息的增加，用户要在信息海洋里查找自己所需要的信息，就像大海捞针一样，搜索引擎技术恰好解决了这一难题。搜索引擎是指互联网上专门提供检索服务的一类网站，这些站点的服务器通过网络搜索软件或网络登录等方式，将互联网上大量网站的页面信息收集到本地，经过加工处理建立信息数据库和索引数据库，从而对用户提出的各种检索做出响应，提供用户所需的信息或相关指针。用户的检索途径主要包括自由词全文检索、关键词检索、分类检索及其他特殊信息的检索。

制感兴趣的信息，从网上将有关信息定期发给用户，帮助用户高效率地从网上提取有价值的信息。这就是邮件列表推送（Push）服务。

随着云计算时代的来临，大数据也吸引了人们越来越多的关注。

最早提出"大数据"时代到来的是全球知名的咨询公司麦肯锡。麦肯锡公司称："数据已经渗透到当今每一个行业和业务职能领域，成为重要的生产因素。人们对于海量数据的挖掘和运用，预示着新一波生产率增长和消费者盈余浪潮的到来。""大数据"在物理学、生物学、环境生态学、天气预报、地震预测、金融等领域以及电子政务、军事、通信等行业的存在已有时日，因为近年来互联网和信息行业的快速发展而引起人们的极大关注。

大数据分析相比传统的数据仓库应用，具有数据量大、查询分析复杂等特点。《计算机学报》刊登的《架构大数据：挑战、现状与展望》[①]一文列举了大数据分析平台需要具备的几个重要特性，对当前的主流实现平台——并行数据库、MapReduce（分布式计算）及基于两者的混合架构进行了分析归纳，指出了各自的优势及不足，同时也对各个方向的研究现状及作者在大数据分析方面的努力进行了介绍，对大数据的未来研究做了展望。

对于"大数据"研究机构 Gartner（高德纳公司，美国咨询公司）给出了这样的定义："大数据"是需要新处理模式才能具有更强的决策力、洞察发现力和流程优化能力的海量、高增长率和多样化的信息资产。

大的数据需要特殊的技术，以有效地处理大量的容忍经过时间内的数据。适用于大数据的技术，包括大规模并行处理（MPP）数据库、数据挖掘电网、分布式文件系统、分布式数据库、平台、互联网和可扩展的存储系统。

大数据已经出现，因为我们生活在一个可以用数据进行充分描述的世界。据报道，至 2014 年年底全球互联网人数超过 30 亿，人们比

---

① 王珊，王会举，覃雄派，等.架构大数据：挑战现状与展望[J].计算机学报,2011（10）：1741—1752.

以往任何时候都需要数据或信息与人互动。

大数据除了经济方面的影响，也在政治、文化等方面产生了深远的影响。大数据可以帮助人们开启循"数"管理的模式，也是我们当下"大社会"的集中体现。三分技术，七分数据，得数据者得天下。

大数据时代的来临首先是由数据的丰富度所决定的。社交网络兴起，大量的 UGC(User Generated Content，用户原创内容)、音频、文本信息、视频、图片等非结构化数据出现了。另外，物联网的数据量更大。此外，移动互联网能更准确、更快地收集用户的位置、生活信息等数据。从数据量来说，目前已进入大数据时代，但现在的硬件明显已跟不上数据发展的脚步。

以往大数据通常被用来描述一个公司创造的大量的非结构化和半结构化数据，而现在提及"大数据"通常指解决问题的一种方法，即通过收集、整理方方面面的数据，并对其进行分析挖掘，进而将其用于从中获得有价值的信息，最终衍化出一种新的商业模式。

虽然大数据目前在国内还处于初级阶段，但是其商业价值已经显现出来。首先，手中握有数据的公司站在金矿上，基于数据交易即可产生很好的效益。其次，基于数据挖掘会有很多商业模式诞生。其模式的定位角度不同，或侧重数据分析，如帮企业做内部数据挖掘，或侧重优化帮企业更精准找到用户，降低营销成本，提高企业销售率，增加利润。

在未来，数据可能成为最大的交易商品。但数据量大并不能算是大数据。大数据的特征是：数据量大、数据种类多、非标准化数据的价值最大化。大数据的价值是通过数据共享、交叉复用后获取最大的数据价值。

未来的大数据将会同基础设施一样，有数据提供方、管理者、监管者。数据的交叉复用将把大数据应用变成一大产业。据统计，目前大数据所形成的市场规模有 51 亿美元左右，到 2017 年预计会上涨到 530 亿美元。

哈佛大学社会学教授加里·金说："这是一场革命，庞大的数据资源使得各个领域开始了量化进程，无论学术界、商界还是政府，所有领域都将开始这种进程。"

移动互联网与社交网络的兴起将大数据带入新的征程。社交网络产生了海量的用户群体以及实时的数据，同时社交网络也记录了用户群体的情绪，大数据技术公司通过深入挖掘这些数据来了解用户，然后将这些分析后的数据信息推送给需要的机构如政府、企业或是其他研究机构等。

随着各种移动设备、移动终端、物联网和云计算、云存储等技术的发展，人和物的所有轨迹都可以被记录下来。移动互联网的核心网络节点是人而不再是网页。数据大爆炸下，怎样挖掘这些数据，也面临着技术与商业的双重挑战。

"如果说云计算为数据资产提供了保管、访问的场所和渠道，那么如何盘活数据资产，使其为国家治理、企业决策乃至个人生活服务，则是大数据的核心议题，也是云计算内在的灵魂和必然的升级方向。"[1]郑玲微这样认为。

在大数据时代政府和网民的界限不再像以往那样分明，政府公共的疆界也正变得模糊，传统媒体与网络媒体间的差异也在日益缩小，社会阶层间的数字鸿沟也在逐渐缩小，数据即成为网络社会核心的重要资产。

在未来，大数据必将深刻影响社会的运行模式，甚至重构其文化和组织。因此，大数据对国家治理模式和个人生活方式都将产生巨大、深远的影响。如果不能利用大数据分析技术更加高效地捕捉社会所需，贴近公众、深刻理解民众需求，并对散布于网络各处的民情民意做出及时、科学、有预见性的综合预判和应对，将会给社会管理带来一系列显性的或隐性的危害。

---

① 郑玲微.大步跨入"大数据"时代[EB/OL].（2013-04-12）[2013-06-18].http://www.mca.gov.cn/article/xgzs/201304/20130400443243.shtml.

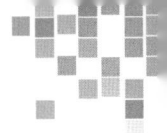

第15节
大数据分析应用催生决策智库体系的建立

美国著名管理学家、统计学家爱德华·戴明说："除了上帝，任何人都必须用数据说话。"

大数据技术的应用和发展为数据的精细化分析、利用和决策管理提供了支持。电子政务、电子商务及互联网的巨量数据，衍生出了各类不同的大数据应用体系，如政府公共管理舆情管理决策支持系统、电子商务中的人群采购行为分析等应用。人类社会的几乎所有活动都可以用数字化进行表达，从政府的城市公共管理到个人的消费决策等，都可以利用数字化进行分析和模拟。因此，基于大数据的各类决策支持系统将能够带来更定量、更精细、更具有参考意义的科学决策支持体系。针对政府管理所提供的各类大数据分析应用系统将成为政府决策的重要依据。这种基于各类大数据分析的体系即为"智库"。

在未来，政府将围绕大数据分析建立更多的决策参考"智库"。这些智库将广泛涵盖政治、经济、科技、文化、军事等方面。决策智库的建立能有效地减少政府的治理决策失误，降低决策的负面影响，保证社会的高效、正常、有序运转。在未来，依托政府大数据的行业决策智库必将兴起。这些行业决策智库可能包括公

共管理决策支持、环保大数据支持、民意调查大数据支持、公共意见大数据支持、网络舆情大数据支持、社会情绪调查大数据支持等专业的大数据应用。同时，专业的大数据分析技术亦将百花齐放，具有广阔应用空间。

第三章

网络舆情的爆燃式裂变
及其与社会舆情的互动

　　网络舆论是在互联网上传播的公众对某一焦点所表现出的有一定影响力的、带倾向性的尚未被社会广泛关注但能够被网络用户所轻易感知的意见或言论。当各类涉及社会治理、政府政策或某一个有关公共利益的相关舆论形成比较集中的网络声音并具有较大的社会关注度和影响力时，舆论即上升或"极化"成为网络上的一个个网络舆情而引发社会各阶层的广泛关注。网络舆论是网络舆情产生的基础土壤和外部环境条件。

　　与网络舆论相比，网络舆情具有集中性高、单一性强、社会影响大、传播性强、指向性强、时限性强、现实人际行为影响力大等特点。

　　网络舆论的特点有：发散性、自主意识性、历史性、评价性、再次传播性。网络舆论的发展带有丰富性、复杂性、多元性、冲突性、未来发展的不可预知性、现实人际行为影响力等特征。网络舆情的发生和表现经常以令人难以察觉的速度突然爆发，经常令舆情管理者措手不及。常见的舆情通常以这种爆燃式的发作为主要特点，其瞬时性、难以预测性以及快速的人际传播性和社会较高关注度成为网络舆情发生初期一个重要的外部特征。故此，网络舆情能够强化或激起人们对某一个事物进行判断或是质疑，使得此类舆情一开始就具有较强的社会情绪负面影响力。

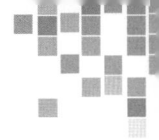

随着互联网的迅猛发展，如何进一步加强互联网建设，有效利用网络舆情，是摆在我们面前的一个共同的话题。在信息化高速发展的今天，政府机构、公共服务部门以及企业、个人将不得不面对网络舆情的冲击。将网络舆情纳入政府管理、公共治理或企业服务的体系当中，快速发现、提取、应对网络声音成为当今社会的重要研究课题。

网络舆论平台的不断发育壮大，已使其成为一个直接、快捷、丰富的观察社情民意、了解和反馈情况以及把握社会情绪的窗口。认真分析网络舆情，积极应对网络舆论，化消极因素为积极因素，满足民众合理诉求，疏解不良社会情绪，对构建和谐社会具有重要意义。

我国关于网络舆情的研究始于 2005 年。网络舆情研究主要包括网络舆情的基础传播理论、外部作用特征、管理和引导，以及依托计算机和网络搜索发现技术、云计算和大数据分析技术所构建的舆情发现、分析、监测、研判、预警、管理应对等方面的系统内容。其中，基础理论研究较为集中，这部分更多地涉及对网络舆情的概念分析。当下很多学者的研究成果没有统一到这方面来，容易造成网络舆情的定义泛化，进而混淆网络舆论与网络舆情的界限。

从逻辑关系上讲，网络舆情从属于网络舆论，前者是后者的子集，后者包含了前者所具有的一切属性和特征，后者的外延和内涵比前者更为广泛和丰富。

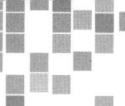

第*1*节

社会化媒体让一切皆有可能

　　媒体的空前发展，让许多个性化的表达成为可能。在自媒体时代，人人都是媒体，人人都手握麦克风，人人都是高音喇叭。自从有了社会化自媒体平台，人们就握有了一种超级的权力，即"第五种权力"。这种权力将深远地影响人类社会的政治秩序的变迁与重构，并催生极大的改变世界的动力。传统意义上的"第四种权力"①与前三种权力具有藕断丝连的关系，决定了它不可能在前三种权力的背影下做出更多的独立的监督。与"第四种权力"相比，"第五种权力"以自媒体为主要载体的"权力"则彻底将这种权力从固有的框架中剥离了出来，正日益发挥巨大的作用力。"第五种权力"是"上帝送给人类的礼物"，这种权力是创新的力量，是社会变革的动力源泉。在互联网风潮席卷下的中国，这种权力则更加具有了超越其他权力的现实意义和进步意义。它蕴含着巨大的变革的动力和启迪民智的巨大影响力。

　　"网络舆论"被称为"第五种权力"，它可以最大限度地"追求真相"，真正实现全民监督，而这一点已经大大超越了"第四种权力"

---

① 第四种权力(Fourth Power)是欧美对新闻媒体在社会中地位的表述，是指在立法、行政、司法这三种权力之外一种独立的社会力量，其社会职能是"监法"，即对上述三种社会权力进行舆论监督，以保证这三种权力的运作透明以及社会机体的健康运行。

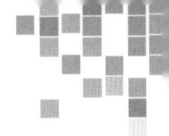

的舆论监督范围。在一次次的公共事件中，我们看到，活跃在舆论前沿和社会化媒体平台的是网络民众和网络媒体，而不是被称为"第四种权力"的那些平面媒体。网络民众对真相的穷追让许多虚假和谎言无所遁形。比较知名的例子有郭美美事件、陕西周老虎事件①、广东孙志刚案件等。

对待社会媒体的态度能折射国家治理的良心，表现了政府对待民情和民意的态度。有关公共治理的舆情占据了舆情的绝大多数，承担社会公共治理的政府部门对待舆情亦应宽容和包容，并能够从舆情中发现工作的不足，快速调整治理政策，使得社会发展更加稳定，治理更加有效。政府部门应将社会化媒体当成政府信息化应用的外部拓展体系，当成电子政务服务民生的重要服务渠道和信息发布、形象展示渠道以及施政治理的宣讲互动渠道，当成监督治理体系的第三方力量。并且，政府部门要大力扶持并鼓励社会化媒体的应用和发展，将电子政务的功能延伸或是嫁接到社会化媒体平台上，发挥社会化媒体这个"第五种权力"对社会进步的巨大的积极意义和推动意义。

新生事物在其发展初期总是不那么和谐的，这符合事物发展的规律，也符合我们认识论的规律。因此，我们的治理部门不能一听到持不同观点的人，就觉得对方是反政府的，不怀好意，故意让政府难堪，别有用心，是政府的敌人。有了这种情绪化的对抗，相关部门就会采取一些"对敌"措施：有的是删帖封号，有的是因言治罪，有的是跨省追捕，甚至有的是让批评者在当地无立足之地。其实，很多批评者本身并

---

① 　2007年10月陕西省镇坪县农民周正龙声称在野外拍得华南虎照片，从而引发"华南虎事件"。2010年1月，因"华南虎事件"而名噪一时的周正龙仍旧坚称自己没有骗人，他说自己于2009年9月上山再次看到老虎，可惜准备好的相机没电了。2008年6月29日陕西省召开新闻发布会，宣布周正龙拍摄虎照造假，13名大小官员受到处分，2008年7月，陕西副省长赵正永深有感触地说，"华南虎照片事件"发生在陕西，影响在全国、全世界，危害严重。2010年5月2日"挺虎派"代表人物、北京师范大学副教授刘里远告诉记者，"华南虎事件"主角周正龙被法院带走了，被带走调查的原因是周正龙在缓刑期间没有及时汇报思想和活动的情况。有网友在博客中分析说，该事件让陕西的诚信分数大大下降，周老虎事件带给陕西的经济损失也高达100亿元。现代网络媒体的迅速传播，使得这一事件充分融浸了民众的情感和思考，"周老虎"一度成了造假的代名词。由此事件也演绎出了一个新的汉语名词"正龙拍虎"。

无恶意，如果他感觉自己的意见得到了倾听和重视，哪怕仅仅只是得到一种尊重的姿态，他可能都会在交流和沟通中成为政府的朋友[1]。

面对社会化媒体所引起的舆情如火如荼发展的新形势，我们的治理者应当以更加积极的心态去面对，并且要将社会化媒体上的民众纳入公众有序参与政治的制度框架之中，保护网络用户的表达权利和参与社会治理的热情。社会化媒体这个新生事物出现、发展的初期，由于缺乏配套的制度环境和法律法规约束，导致网络上的舆论良莠不齐，甚至出现了许多违法的网络言论，这些都是"第五种权力"在发展阶段中的必然现象。因此，我们要反对那些贬低、污蔑社会化媒体甚至仇视社会化媒体的种种态度。

非敌即友的传统思维习惯是可怕的。政府需要的不是朋友，而是要凝聚起各种社会力量从而提升政府公共服务的能力。政府要想赢得公众支持，必须拥有一套吸纳社会精英的机制和能力，将各种社会精英吸引进政府部门，将社会精英的意见和建议吸纳到公共服务管理智库中。政府机构还应该是一个大舞台和百花园，将不同观点持有者融于其中，为公共管理和公共利益服务。一个有作为的政府必然是一个有精英吸纳能力的政府，否则，政府形成一个封闭的圈子，内部甚至形成"劣币驱逐良币"的逆淘汰机制或各种潜规则，导致精英散布于社会，官场则成为一个大酱缸。这样的政府部门既缺乏公信力、凝聚力又缺乏服务力[2]。

"为暴力辩护实际上就是对暴力事件的卷土重来发出邀请。"[3] 1898年，法国思想家路易·博洛尔（Louis Proal）就曾在他那本著名的书《政治的罪恶》（Political Crime）中说道。

"当某网站发表了劣质文章，受到质疑时，如果该网站认错、修

[1][2] 曹林.当地政府要更多些"多交友少树敌"的宽容（02版）[J/OL].中国青年报，（2013-08-01）[2013-06-18].http://zqb.cyol.com/html/2013-08/01/nw.D110000zgqnb_20130801_7-02.htm.

[3] 路易·博洛尔.政治的罪恶[M].蒋庆，王天成，李柏光，等，译.南京：译林出版社，2014.

正、删文、反驳、谴责、求助、沉默、关闭评论、冷处理，都或许可以理解。但是如果该网站选择删除质疑帖，那么大众很可能都会认定质疑是真的，而且该网站信誉会受到巨大打击。所以温和提醒：请慎用删除权"，李开复先生说。

社会化媒体平台对民众的合理诉求声音予以删除或有意屏蔽，其实质是对民众自我表达权的蔑视和挑战。进入自媒体时代后，对社会化媒体平台上用户的舆论表达权的尊重体现了一个政府政治治理的胸襟以及向善的态度和决心。民众的有序政治参与以及与治理秩序的良性互动能让这个社会变得更和谐、更美好。立法、司法、行政三权制衡，媒体作为"第四种权力"行使舆论监督权。社会化自媒体平台的舆论监督权是"第五种权力"，它是真正握在民众手中的权力。

对治理机构来说，网络问政需要的不仅是制度的规范和治理的智慧，还需要治理部门具有对社会化媒体平台上的热点以及各类信息的发现、甄选和鉴别能力。同时，我们要时刻警惕网络上那些戴着有色眼镜观察、研究中国的人，他们的网络表达方式经常表现为为了反对而反对，为了批判而批判，常常抓住一点，不及其余，以偏概全，混淆视听，其言论也往往走极端，这些人的意图是让他们的思想影响更多的社会人群，并不断在网络上散布种种负面的情绪，刻意制造人们思想和价值观念的紊乱。许多公共知识分子或所谓的价值领袖们，也经常被这种蓄意的"舆论噪音"所蛊惑，经常出人意料地发表一些有违基本社会价值判断的观点。凡此种种，对构建合理的网络舆论秩序和形成社会共识有着巨大的损害。那些活跃在社会化媒体上的"价值领袖"们应该承担起更多的社会责任，传递更多正面的、建设性的声音而不是每天在网络上抱怨。这些活跃在网络上的价值领袖们具有强大的网络话题设置和引导能力，他们对公众的影响力甚至远远超越了传统的电视媒体和平面媒体。我们需要批判的理性，更需要理性的批判。我们需要在发展的大历史坐标下纵向和横向地去观察中国社会的发展，看到它进步、积极的一面，承认它在过去几十年里取得的巨大成就。

《社会蓝皮书：2014 年中国社会形势分析与预测》一书中说，网络

　　"意见领袖"仍将是一个客观存在。据统计研究显示，平时有大约300名全国性的"意见领袖"影响着互联网的议题设置。蓝皮书讲道，在2013年的互联网整治中，一些"大V"被清理，但网络"意见领袖"仍将是一个客观存在。根据"二级传播"理论，大众传媒往往是通过"意见领袖"的中介作用才能影响到公众，这种现象在互联网平台上更为突出。任何轻视网络媒体巨大社会思想动员能力的认识和做法都是极其错误的。互联网已经成长为一个能够让社会成员广泛参与的巨大舞台和民意表达舞台。

　　近几年来，中国经济发展迅猛，国际影响力日益提升，人民生活水平有了一定的提升，社会环境各方面整体改善，但仍然有许多不和谐的因子出现。这些负面的不和谐因子夹带着巨大的负面能量，它们传递给社会的不仅有纠结、郁闷，更有对社会信任体系的极大破坏。总体来说，我们的成绩很大，问题不少。面对这样一个还仍然处于不断摸索阶段中的治理秩序来说，我们的社会太需要正能量的表达，这是决定一个社会最终走向良性治理的必需的社会心理环境。"摸着石头过河"的前提是我们的大方向是对的，并且要有过河的决心和勇气。"无论黑猫白猫，抓住耗子就是好猫"，在这个以结果为导向的氛围下，民众期待的是结果而不是过程。民众生活改善了，困难解决了，心情愉快了，就会支持你。否则，就会反对你。

　　掌握触网的技能，其最终目的是通过网络的高信息化、强传播力、强大的社会影响力、社会动员力等，改变传统的社会管理理念、思维方式，提高政府工作效能，升级官员的社会管理和服务的能力。网络问政的一端是政府部门，一端是人民群众，网络或社会化媒体是彼此间加强联系的桥梁和纽带。官员要努力适应时代需求，升级社会建设和社会管理能力，做好网络问政，使网络这个问政和参政的有力工具、便捷途径，能够为民主法治建设、社会和谐稳定良性发展发挥更大的作用。若做到这一点，则功莫大焉。[①]

---

① 晓海.官员当用好网络问政[N].中国青年报，2012-11-19（6）.

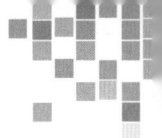

第 *2* 节

社会"第五种权力"的路径实现

　　社会中的每个人都是舆情的主动制造者和参与者，在网络或是所谓的自媒体时代就更是如此了。

　　小孩子数次喊"狼来了"去捉弄大人是一种最原始的舆情制造和舆论引导行为。孩子只是希望以此来引起大人的注意。俗语说，会哭的孩子有奶吃，孩子制造的就是一种舆情，他肚子饿了，想吃奶，引起大人注意后才能更多地吃奶。因此，这个孩子成功吸引了父母的关注，并用天然的本能成功地制造并引导了舆情的发展。

　　《东周列国志》中记载的周幽王点燃烽火台上的烽火让诸侯前来救援的故事便是一种舆情制造。他的目的当然简单到不能再简单，就为博取褒姒的美人一笑。可他不曾知道，正是他视作儿戏的一个"舆情"制造引起了诸侯们的愤怒。时隔不久，犬戎果真来犯，周幽王又点起了烽火，这次却无援兵赶到。原来诸侯们以为周幽王又是故技重演。其结果是周的都城被犬戎攻下，周幽王被杀，西周也就此灭亡。烽火戏诸侯是典型的不懂舆情、不懂舆情管理更不懂舆情危机应对的故事。

　　小到个人，大到一个组织、一个社会，都会在其生命周期内无数次地遇到舆情的各类考验，同时，它们也深深地参与到舆情的制造、兴起、传播和利用的每个环节。

社会化媒体的兴起和发展促使了民众的自我表达权利意识的苏醒，也给民众网络上的自我表达提供了巨大的机会，这是一个时代的幸运。在科学技术以及经济高速发展的大环境下，人与人的关系却越来越远。人是天生的群居动物，内心深处有着极强的与人交流的天然动力，渴望了解和被了解，渴望与别人有良好的沟通。并且在整个信息爆炸的时代，人们尽可能快地找寻到或是捕捉到自己最需要的信息。当社会化媒体随着互联网的发展跟跟跄跄地走到人们眼前的时候，人们很快就发现了这些社会化媒体的巨大魅力并快速地成为它上面的信息个体源。社会化媒体的出现，打破了过去几千年来广泛存在于社会各个领域中的信息不对称①框架。

"最大的悲剧不是坏人的嚣张，而是好人的过度沉默"，马丁·路德·金说。坏人亦最怕围观，将坏人的坏事和恶行暴露在阳光下会晒掉他们欺世的伪装，将他们的本来面目彰显于世人眼前。

"关注就是力量，围观改变中国。"这是继"打酱油"后出现的又一个特色鲜明的网络文化符号。自媒体时代为每一个想要表达的人提供了有力的工具，并且，自媒体平台上也很需要每一个人发出自己的声音。

那些拿中国的民众或网民的素质普遍不高来说事的任何说辞都是不怎么光明磊落的，甚至是别有用心的。我们要有这样的一种观念，那就是群众不等于群氓，群众更不等于群羊。这是一个民智和表达意愿已然被互联网充分开启了的时代，任何忽略这个当下社会现实的人都会犯严重的错误。

在波士顿的犹太人死难纪念碑上有这么一段话：当纳粹来抓共产党人时，我保持沉默，因为我不是共产党人；当他们来抓犹太人时，我保持沉默，因为我不是犹太人；当他们来抓贸易工会主义者时，我保持沉默，因为我不是贸易工会主义者；当他们来抓天主教徒时，我保持沉

---

① 信息不对称，指参与交易各方所拥有的可影响交易的信息不同。

默，因为我是新教徒；当他们来抓我时，已无人替我说话了。①

　　网上有一句话是这么说的：一个人为钱犯罪，这个人有罪；一个人为面包犯罪，这个社会有罪；一个人为尊严犯罪，世人都有罪。大家都在同一条船上，如果有一个人绝望，那么所有的人都不安全。所以，永远不要对他人的苦难无动于衷，因为谁也无法保证下一个人不是你或我。在一个共生的政治生态当中，每一个人都不是围观者，也不是孤零零的一个个体，你可以不关心政治，政治却在时刻关心着你。自媒体平台上需要每个人的声音，需要每个人对社会的关注，任何人都不能无视别人的苦难。对于政治，如果大家都不去参与，那么，政治就成了少数阴谋家的角斗场。几个政治家的"宫廷政变"或谋划，就决定了大众生存的空间。路易斯·博洛尔说，千百年来，人类一直都在寻求自己的统治者，但是，他们寻求到的统治者往往是一些杀人不眨眼的屠夫、刽子手、狂人、大盗、伪善者、破坏者、疯子、道德败坏者和邪恶传播者。

　　人类文明在各个领域都获得了巨大的进步，不断地日趋完善，在政治领域中，欺诈与阴谋诡计仍在大行其道，人们的权利与自由仍然遭到蔑视与否定。人们陶醉在现代社会的工业进步和科学发现之中，但如果仔细考量一下现代社会的政治历史和政治现状，它就完全没有理由值得我们如此骄傲。现代社会能够在工业展览会上展出使人惊奇的机器，但是，现代社会中最大的政治机器即政府却仍然处在极度的不完善之中。正如里特烈（Littre）所说，"我们生活中的每一件事情都获得了成功，但只有我们的政治组织除外。我们的政治生活中还充满着残杀、败坏和愚昧，这些政治罪恶的存在使我们获得的所有进步都丧失了意义。"②

---

① 这段话出自弗里德里希·古斯塔夫·埃米尔·马丁·尼莫拉（Friedrich Gustav Emil Martin Niemoller，1892—1984），他是一位德国著名神学家，信义宗牧师，以反纳粹的忏悔文《起初他们》而闻名。

② 路易斯·博洛尔.政治的罪恶[M].蒋庆，王天成，李柏光，译.南京：译林出版社，2014.

古罗马历史学家塔西佗说："世界上只会有好人，而不会有好的政治制度。"在一个缺少民主自由的国家，绝大多数的人都是政治的被动者，因为他们不去关心、参与政治。但是，少数人的政治博弈之后，人们也难免不被政治所裹胁。只要生活在这个世界上，你就逃脱不了政治对你的干预或裹胁。

俄罗斯作家亚历山大·索尔仁尼琴说，人家堵住我们的嘴，不听我们的，也不来征求我们的意见。如何才能迫使他们听我们的呢？……自然的办法是把他们改选掉……但是，暴政永远不会自动放过我们，如果我们大家天天承认它、赞颂它和强化它，如果我们连它的哪怕最敏感的弱点都不肯唾弃的话。①

政党需要监督，政府需要制约，而监督制约的重要力量就是全民的有序参与。自媒体的出现是人类社会进步必然的路径选择和路径经验。自媒体平台上需要你我的声音，自媒体平台上需要正能量。

独立思考和悲天悯人的人道情怀对自媒体平台的用户来说亦是同样重要的。不管是在哪个社会意识形态下，独立思考都是一种极为缺乏的精神，也是一种难能可贵的品格。即使在民主社会中，仍然缺乏并且需要敢于独立思考的人士。在网络时代，各类信息庞杂繁冗，面对如潮水般涌来的各类信息，人们更需要保持清晰的分辨能力和真伪鉴别能力。因此，在错综复杂的信息中找寻出清晰的信息轨迹和坚持自我判断就显得尤为重要了。这是现代人应该具备的一种信息获取和甄别的分析判断能力。

伏契克的《绞刑架下的报告》中有这样的描述，当刽子手的绞索已经套到脖子上的时候，这位伟大的思想家兼战士还不忘对我们发出真诚的告诫："我是爱你们的！你们要警惕啊！"伏契克在书中怀着热爱和感激之情，谈论"狱中集体"，讲述受尽折磨的人们兄弟般的友爱具有一种向心力，能把大家凝结成一个整体。伏契克向那些经过这场灾难而活下来的人们提出一个要求：不要忘记这些好人，要热爱

---

① A.索尔仁尼琴.索尔仁尼琴：第九集[M].李国海，译.北京：群众出版社，2000.

这些为他人、也为自己而牺牲了的人。他以全部热情赞颂："每一个忠实于未来，为了美好的未来而牺牲的人都是一座石质的雕像。"伏契克也要求人们警惕那些"妄想阻挡革命洪流的腐朽过时的人"①。那些大大小小的木偶，他们是些出卖灵魂的人，用别人的生命来保持自己的地位，用别人的鲜血来填塞自己的欲壑，苟且偷安就是他们的处世哲学。

---

① 伏契克.绞刑架下的报告[M].蒋承俊，译.北京：人民文学出版社，1979.

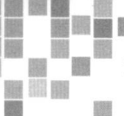

第3节

社会化媒体是谣言的粉碎机

　　网络已经成为社会治理进程中不可分割的组成部分。网络具有广泛的社会参与性和开放的信息源，打破谣言制造者刻意制造或利用信息不对称性制造的谣言，并为网络信息的比对和纠错提供了强大的过滤机制和交叉验证机制。随着时间的推移，网络谣言的虚伪面具一定会被揭穿。这是社会化媒体对谣言的天然的过滤作用。这种作用建立在绝大多数网络用户对真相的渴求、对谣言的厌恶和对造谣者的不齿之上。网络越是开放，谣言越是没有生存的土壤；网络越是开放，社会的暴戾之气和长久以来郁积的怨气也越容易被释放。故此，有人说，网络是谣言的粉碎机。对有关部门来说，网络是捕捉民意的最好的场所，也是与民众交心的最便捷的场所。同时，我们应该看到，由于各类社会现实利益的冲突，刻意利用信息不对称或制造不对称，并有意制造网络谣言是与网络社会伴生的一个必然现象。认识到这个规律，我们在面对谣言时就会多一份理性和坦然，多一份耐心和应对的智慧。

　　目前，自媒体平台上网络舆情所呈现的"井喷"态势代表了过去长期所积蓄的舆论能量的瞬时或短时迸发，它对缓解社会的整体压力有益无害。那些一个个被"极化"了的网络舆论代表着社会上的大多

数的关切，这些关切可能涉及阳光行政，可能涉及子女教育，也可能涉及住房、养老、社会福利、司法公平、社会正义等方面。

近年来，有关部门开始了一场"有组织打击网络谣言"的全民行动。这场行动有力地遏制了网络谣言的产生。但是，由于操作层对执法尺度的把握未尽恰当，亦可能使打击呈现出扩大化的趋势。这种趋势对社会化媒体的发展乃至社会的发展都是极为有害的。若社会化媒体上只有一种声音，全民步调高度一致，对社会发展有百害而无一益。从发展的意义上讲，社会多元化趋势的进程是不可逆转的，思想领域的多元化进程则更是如此。

互联网和社会化媒体的特征决定了网络上必定会呈现百花齐放、百家争鸣的态势，这是网络社会发展的趋势，更是社会进步的方向。民众的口是防不住的，也是防不胜防的，但社会化媒体并不是洪水猛兽。我们需要用更为理性的思维来分析社会化媒体的进步价值和推动社会进步的内在机制，探寻隐藏在社会化媒体发展洪流中的那些和谐的因子并加以彰显和扩大，摈弃社会化媒体发展当中的浮躁与盲动，让社会化媒体趋于理性和平和。

毛泽东曾经讲过，让人说话，天塌不下来。还要创造条件让人民讲真话，所谓"知者尽言，国家之利"①。并且，不要怕挫折，不要怕有人议论讥笑，也不要怕向我们提批评建议②。实行"知无不言，言无不尽"，"言者无罪，闻者足戒"，"有则改之，无则加勉"这些中国人民的有益的格言，正是抵抗各种政治灰尘和政治微生物侵蚀我们同志的思想和我们党的肌体唯一有效的方法。③

---

① 温家宝.讲真话，察实情——同国务院参事和中央文史研究馆馆员座谈时的讲话[EB/OL].（2011-04-14）[2013-06-18].http://theory.people.com.cn/GB/14409638.html.
② 毛泽东.毛泽东选集：第四卷[M].北京：人民出版社，1991.
③ 毛泽东.毛泽东选集：第三卷[M].北京：人民出版社，1991.

第 *4* 节

传统舆论格局的颠覆

　　1995 年 1 月，我国开始提供互联网接入服务，至今已有 20 多年的历史了。互联网被国际社会认为是继蒸汽机、电力之后人类的第三次革命，正在深刻改变着人类的生产生活方式。根据 2007 年有关组织的统计，在传统媒体中，电视收视率下降了 35%，广播收听率下降了 25%，报纸购买率下降了 18%。网络媒体已经超过报纸、杂志、图书等传统媒体对民众的影响，呈现出取代电视地位的发展势头，有望成为"第一媒体"。手机无线互联网也随着互联网的发展而飞速发展。

　　中国互联网络信息中心（CNNIC）2013 年 7 月 17 日在京发布《第 32 次中国互联网络发展状况统计报告》。报告显示，截至 2013 年 6 月底，我国网民人数达 5.91 亿人，互联网普及率为 44.1%，较 2012 年底提升了 2 个百分点。

　　截至 2013 年 6 月底，我国手机网民规模达 4.64 亿人，较 2012 年底增加 4379 万人，网民中使用手机上网的人群占比提升至 78.5%。截至 2013 年 6 月底，我国网民中农村人口占比为 27.9%，人数达 1.65 亿人，相比 2012 年略有提升，增加了 908 万人。69.5% 的网民通过台式电脑上网，相比 2012 年底下降了 1.1 个百分点；通过手机上网的网民比例为 78.5%，相比 2012 年底上升了 4 个百分点。

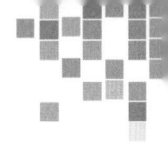

　　2013年6月，我国台式电脑上网网民的比例继续下降，手机上网网民的比例保持快速增长。截至2013年上半年，新增网民中有70.0%的人使用手机上网，手机网民成为新增网民的最大来源。在网民使用的上网设备方面，使用手机上网的网民比例增长到78.5%，而使用台式电脑上网的比例则略有下降，手机作为第一上网终端的地位更加稳固。

　　截至2013年6月底，我国即时网民人数达4.97亿人，比2012年底增长了2931万，在各应用用户增长中位居第一；使用率为84.2%，较2012年底增加了1.3个百分点，使用率保持第一且持续攀升，尤其以手机端的发展更为迅速。手机即时通信网民人数为3.97亿人，较2012年底增长了4520万，使用率为85.7%，增长率和使用率均超过即时通信整体的平均水平。

　　通过手机无线上网，特别是通过运用微博这一工具，网友可以随时随地进行信息传播，而且可以上传的并不限于文字，还可以将现场拍摄的图片、视频上传至微博，对突发事件进行"现场直播"。微博获得了越来越多的网络用户的青睐。

　　互联网正在改变着人们获取信息和传播信息的方式，并且已经由传统的被动信息接受向主动挖掘信息、传播信息的方式转变。网络的发展让普通民众从单一的信息接受方快速切换为信息的发布方，借助网络媒体的力量能够快速地影响到其他网络用户。此外，网络用户具有信息主动发送和有选择接收信息的双向特征，既可以是信息的制造方，也可以是信息的有选择的接收方或传播方。在这个信息的接收或是制造、传播的过程中，用户的个性色彩亦影响着参与制造或传播的信息。

　　网络媒体正在快速改变着这个社会的方方面面，从政府公共治理到个人生活、学习的每个层面以及个人与社会、个人与个人交往的每个细节。

　　在网络舆论发展的初期，互联网上的各种言论载体的主要运行模式是引用和转载报纸、电视等传统媒体上的报道，并对其进行补充式的传播和讨论。但是，随着近年来网络言论信息源和网民数量的增多，此前的格局早已有所改变，网络舆论通过与传统媒体的深入互动，越来越显性地在推动公共事件的发展。

在一次次热点事件的发展演变中，网络舆论发挥了巨大的作用。网络舆论倒逼传统媒体的现象让传统媒体的地位和作用遭遇了前所未有的挑战。网络舆论中的"爆料"，往往能引发传统媒体特别是都市类媒体的积极呼应，可以说，网络已经成为传统媒体选题的重要来源。传统媒体与网络媒体业已经形成了互动的新格局。

网络媒体对传统媒体形成的既竞争又融合的趋势是媒体的一次升级。这种升级对社会无疑有着极大的积极意义。传统媒体将在这种趋势下焕发出新的生机，并获得更大的发展空间。线下与线上的完美结合将是未来媒体的主要方向。

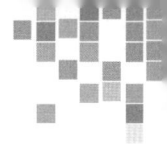

第5节

网络不是言论的自由市场

随着互联网用户的日益增多，网络舆论对社会舆论的影响越来越大，并与传统媒体舆论互动融合，在社会舆论格局中日渐占据主导地位。了解网络舆情的特点，认识其发展规律，及时有效地做好网络舆情研判，是正确开展网络舆论引导的前提。只有建立科学的网络舆情研判机制，运用合理高效的研判方法，才能使政府网络传播立于主动，反应迅捷，有的放矢，引导有力。

在我国，微博、微信等社交平台日益成为网络舆论生成的策源地、舆论传播的集散地、舆论交锋的主阵地。与此同时，我国的网络舆论越来越呈现出燃点低、噪音大、可信度差、社会心理影响面大、社会价值体系破坏力大等特点。[①]主要表现为：

1. 关注点的集中性特征。

2. 传播的快捷性和即时性特征。

3. 言论的指向性特征。

4. 社会影响的广泛性特征。

5. 专业领域的网民的先导性特征。

---

① 柯缇祖.网络舆论：民意的"自由市场" [N/OL].（2011-09-02）[2013-06-18]. http://paper.people.com.cn/rmrbhwb/html/2011/09/02/content_914123.html.

　　国内有一大批学者在研究网络舆论和网络舆情的基础理论，很多人对网络舆情的基础概念的定义亦差异甚大。也有学者将网络舆情的特点归纳为如下几点①：

　　第一，虚拟与实在相交融。网络具有众所周知的虚拟性，异于现实环境所具有的实在性。与此相联系的是网民身份的隐匿性。网民一般不易了解到发表意见的特定网民的真实姓名。但是，网络舆情却往往并不是虚无缥缈的，而是在相当程度上反映出民意、民声，或者是客观存在着颇为厚实的民意基础。

　　第二，虚假与真实相伴生。网络所具有的虚拟性和网民身份所具有的隐匿性，使网民发表意见时没有在现实环境中的种种顾忌而表现得相当自由和放松。一般而言，网民在虚拟空间的意见表达和情绪表达都有相当程度的真实性，另一方面，由于网民以隐匿的方式存在于虚拟环境之中，因此比现实生活中所受到的规制有减无增，原本应当承担的与自由相平衡的责任往往会有所缺失，不实的信息常常会不胫而走，不负责任的言论也会沸沸扬扬。

　　第三，自觉与自发相混杂。在网上发表意见的公众中，既有自觉者，也有自发者。前者有意而为，言论行为受自觉意识的支配；后者往往是"跟风派"，多半不具备自觉意识。自觉者中的有些人成为网络环境中的意见领袖，影响和引领他人意见；自发者则往往顺从于他人的意见，被他人引领。

　　第四，原生态与非原生态并存。网络舆论让人们看到了如下景观：来自四面八方的网民，共时性或者历时性地评论某些人、某些事。这可以说是历历在目的舆论和舆论形态。任何传统媒体都不可能悉数呈现社会舆论，不可能如此充分、透彻地折射出相应的舆情。当然，网络舆情也包含着一些非原生态的成分，一些网民或者组织出于某些政治目的或利益驱动，也可以运用某些手段来凸显自己的意见，

---

① 丁柏铨.论网络舆情[J/OL].（2010-04-08）[2013-06-18].http://xwjz.eastday.com/eastday/xwjz/node396859/node396861/u1a5044202.html.

甚至操纵他人。

　　第五，理性成分与非理性成分兼容。当然，这种情形在现实环境中的舆情里也有所存在，而由于网络独具的诸多特点，导致网络舆情较现实环境中的舆情在兼容方面表现得尤其明显。人肉搜索、跟帖、博客文章、微博博文等，由于得到网络隐匿性特点的支撑，都有可能造成非理性成分占据较高比例。非理性的舆论中的极端者往往混淆视听且具有极大的杀伤力，与此对应的舆情也表现出程度不等的负面性。

　　同样的，微博、论坛等社会化媒体一直受到相关互联网管理规范的约束和管理，自从实行网络实名制后，网络的理性逐渐占据了上风，成为中国社会化网络媒体的主流特征。从微博到微信，再到 IM 工具，或是移动社交应用软件，绝大多数的社会化媒体已经能够让管理者获取用户的真实信息，为有效地实施对网络及社会化媒体的管理提供了巨大的保障。但是，从某一方面讲，实名制有可能削弱用户表达的热情，亦给他们的表达带来诸多困惑。从长远讲，网络实名制对社会进步的影响所产生的作用很有可能是负面的和消极的。中国古语"水至清则无鱼"即是此道理。因此，不要过度地为了管理而削弱社会化媒体用户理性表达的热情，或是打击用户的表达意愿。但是，尽管如此，我们仍需要一个和谐、理性的网络世界，这符合管理者和社会公众的根本利益。

　　没有边界的自由不是自由，世界上永远也不存在没有约束的自由，网络世界一样，中外一样。自由的表达需要建立在有序、理性的环境下，任何非理性的表达都在损害他人的自由。同样的，民众的理性表达一定要建立在治理秩序理性、有序、合规的基础之上，没有这个基础，一切的"应然"要求或是对民众理性表达的单边期待都是虚幻的，不切实际的，也是不可能实现的。

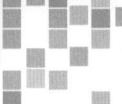

第*6*节

网络舆情的堰塞湖效应

　　网络舆情与传统媒体舆情相比，有着自身鲜明的特点。其特点既有基于网络传播的技术平台的因素，又有当下网络管理尚未规范所提供给网民传播尺度的因素，两者相复合就形成了目前网络舆情的主要特点。透过网络舆情的外在特点，深入分析其内在的传播规律，可以帮助我们更好地了解和把握网络舆情的发展和变化，洞察网络舆论生成、爆发、持续和减弱的关节点和持续期，察知影响其发生转折的舆论因子。

　　网络舆论是指公众借助网络传播工具表达自身意见、观点和诉求所形成的新媒体舆论场，它既不同于传统媒体的新闻舆论场，也不同于现实社会交往中的口头舆论场，有其自身的鲜明特点。从开放系统的视角对网络舆论的整体及其相关因子加以分析，其主要特点可以概括为六个方面，即传播爆炸性、主体隐蔽性、信源模糊性、网民动员性、意见指向性和影响显著性，其中前四个方面主要是网络舆论系统的相关因子特点，而后两个方面则是侧重于对其整体特点的分析。

　　从本质上讲，网络舆论与网络舆情都是基于网络媒体产生的。网络用户的参与传播，最终形成网络上的一个个话题和热点，当这种网络舆论的堆积达到某个程度后，即会引发有关某个话题或社会焦点的

网络舆情。因此，网络舆论与网络舆情间并无严格的区别。网络舆论是网络的大气候，而网络舆情则是基于这个基础而形成的一个个具有一定社会影响力的网络舆论风暴或网络热点，这是网络舆论演变发展并在多方社会因素和网络媒体因素综合作用下的结果。

社会化媒体平台包容了各种声音，但是，这并不意味着网络媒体是一个民意的自由市场。在网络平台上，各种观点在被自由表达的同时，也应有相应的规范约束，没有约束的自由不是自由。因为，这种无节制的自由很可能被一些意见偏颇的价值领袖或是极端意见用户所利用。

"先入为主""先声夺人"是舆论传播的一般规律，网络舆论尤为如此。一个事件发生后，最早出现的观点和意见往往具有很强的导向性，会给后来的讨论定下基调和方向。人们常常倾向于相信这些"先声"，容易认同它的价值判断，附和它的意见主张。法国心理学家勒庞认为，在某种特定的条件下，一群人会表现出非常不同于组成这一群体的个人所具有的特点，他们的感情和思想会全都转到同一个方向，他们自觉的个性消失了，形成一种集体心理。网络舆论的从众性和跟风效应尤为明显。故此，越是自由，越是开放，用户越需要有自己的判断，做到"不盲从、不跟风、不武断、不臆测"。

长期以来，由于特有的社会发展环境，当新媒体以强劲的影响力登陆到我们这个社会的时候，网络顿时呈现出一派生机勃勃的景象。在这些新媒体平台上，各种观点、各种思想、各种声音充斥，人们在沉寂了多年后发现新媒体真是个好东西，随之，那些被压抑了太久的对表达的渴望让这个媒体平台充满了各种嘈杂。新媒体平台俨然成了一个自由市场，里面的人来自四面八方，每个人都有想法，每个人都想说服别人，每个人都想让自己的声音最大化。

一个人压抑久了，就会寻找出口和泄愤的机会。大山崩塌阻塞河道最后会形成堰塞湖。当河流被山间的滚石和滑坡的石子拦住去路的时候，河水就开始囤积，忽然有一天，这个用石头砌成的围

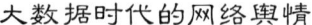
栏被炸开或是在最薄弱的坝体上出现一个能下泄的口子的时候，囤积了太久的河水就会争先恐后地从这个口子奔涌而出。新媒体平台就是社会舆论被长久囤积和阻滞后所形成的舆论堰塞湖上的一个口子。这个社会舆论的口子能够让蓄积了太久的舆论暴戾之水得到一定程度的释放，从而在一定程度上缓解社会舆论形成的堰塞湖突然决口后的破坏力，减少了社会矛盾和社会动荡的产生，新媒体平台上的网络舆论的堰塞湖效应在短期内的力量可能很惊人，但随着舆论和社会生态环境压力的不断被释放，这种力量将变得平缓和坦然，并最终回归理性和有序。新媒体的出现给这种舆论堰塞湖效应提供了压力释放的途径和条件。

第 7 节

网络舆情的主要特征

当前，网络舆论是社会现实中舆情的真实反映。随着网络的广泛普及，网络舆论已经成为社会舆论所不可或缺的重要组成部分。网络舆情的主要特征有：

第一，突发性。

网络舆情传播是指相关舆论信息在网络空间由点到面、由散到聚、由冷到热并达到质变的一个过程，也是网络舆论随时间轴线动态变化、成长的过程。与传统媒体舆情传播的线性路径和圈层式受众覆盖不同，网络舆情传播呈现的是非线性的散播路径和交叉、重复、叠加式传播覆盖，具有爆炸性传播的特点。

网络舆情的发生有时是毫无预兆的，没有一个完美的数理模型或管理模型能够预见一个个普通的网络舆论中间哪个才是引发网络震荡的定时炸弹。

在网络空间上存在的一个个舆情信息地雷或炸弹在外在或内在条件满足而被触发后，其信息传播的网络社会能量能够在瞬间得到释放，相关信息及其评论会在网络空间上快速生成并产生巨大的传播能力，这种传播甚至具有几何级数的人群传播效率和范围。这种传播力有时亦具有摧枯拉朽的神奇力量，它能够让一个网络舆情在短短几个

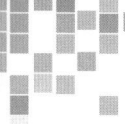

小时内传遍全球。

舆论中心的爆炸力在短时间内越强，其相应的传播力和社会关注度也最高，社会影响力也越大。并且，在网络舆情传播的过程中，网民参与性的信息和意见传播活动，使其在短时间内发生连续性爆炸效应，促使相关舆论持续升温，不断增强其舆情传播的影响力。网络舆情传播突发性的特点使其发生时通常缺乏一定的舆情征兆，导致人们对其进行预警和干预都比传统媒体更加困难，往往是在毫无准备的情况下便遭遇舆论压力和舆情困境。

作为社会公共管理机构，应充分认识到网络舆情的突发性特征，及时发现潜在网络舆论，并在这些网络舆论热点发展演变成网络舆情热点前采取措施，将许多工作做到前头，防患于未然。

第二，网络主体虚拟性。

互联网的兴起，为人们在真实世界之外构建了一个虚拟的空间。由于隐匿了姓名、形象、身份等信息，人们在网上就像穿着隐身衣、戴着假面具，现实生活中的法律法规、道德规范在网络空间的约束力大为弱化。许多人在网上发表意见时信马由缰、毫无顾忌，与现实生活中的自己形成强烈反差，他们在网上发表的言论在现实生活中既不可能去说，更不可能去做。网络空间的虚拟性造成网民的网络人格与现实人格的某种程度的分裂，也造成了网络舆论与真实民意的反差。网络舆论到底在多大程度上反映了真实的民意，在很多时候是难以做出准确判断的。在某种意义上，这很可能降低了网络舆论的决策参考价值。

在网络舆情传播中，与传统媒体具有明确的传播主体不同，网上的传播主体是模糊的，既可以明确，也可能不明确。主体隐蔽性成为网络舆情传播的重要作用因子。匿名传播为网络传播提供的一种"隐匿"机制得到广大网民的高度支持，它可以摆脱现实社会关系下的角色压力，使人们的态度和观点得到一种自由的表达和情绪的释放。不过这种自由释放也使得个体的网络言论和传播行为与所要承担的社会责任相脱离，在各种不良动机支配下会造成诸多社会问题和消极影响。

　　网络平台的匿名制是一把双刃剑。一方面，这种机制能确保社会个体得到一种自由表达和压力释放的途径，为社会弱势群体获得话语权和表达权，在一定程度上提升了社会公平程度；另一方面，这种不用承担相应社会责任的网络传播方式也为持有各种不当诉求的网络用户提供了空间，并导致社会秩序遭到一定程度的破坏甚至颠覆。在这种匿名机制下，社会个体的道德自制力就显得尤为重要。然而社会现实告诉我们，仅仅靠道德力量是无法维护网络平台这个虚拟社会秩序的。网络舆情往往借助于这种传播主体的虚拟隐蔽性，毫无顾忌地走向极端化，包括极端化的观点和情绪，使网络舆情中的非理性成分在某个时期内高于传统的媒体舆论。

　　同时，传播主体的虚拟隐蔽性也为人为制造网络舆情提供了动力和自我表达的空间。传播主体的隐蔽性不仅给网络舆情本身增加了许多复杂性因子，使得网络舆情的发展具有多变性、极端性和不确定性的特征。人们对于网络舆情的研判也常常处于不确定状态，难以分辨哪些是网民客观性的诉求反映，哪些是网络推手所策划的少数利益群体的诉求。因为网络的虚拟性特征，用户难以了解信息来源及发布者的真实身份和价值取向，故此，辨别传播信息的真实性或有效性是网络用户所要面对的第一大难题。

　　近年来，中国对社会化媒体也加强了管理，并且增加了用户的"网络实名制"环节，网络用户对信息的判断在很大程度上可以基于对信息发布者身份的了解以及对其观点和态度倾向的把握，这在很大程度上减少了网络负面舆论的传播，一定程度上从源头控制了不良网络舆论或舆论热点的形成。

　　在很多用户看来，网络舆情承载平台就是个"大字报"平台，这种认识具有相当的局限性。随着社会化媒体的发展，这个平台上用户的理性和价值判断亦会回归理性和有序。社会化媒体具有天然的比对过滤杂音的能力，这得益于绝大多数网络用户表达的理性和有序，故此，随着社会化媒体的发展，社会化媒体一定会呈现出更多的理性特质，并且，会让大多数用户寻求到共同的价值期待，有效形成社会最广泛的也是最大的共识。这也是微博更长久和最有价值的意义所在。在短时间内，微博是展现个性和差异化的平台，并且表现出较多的观念分歧，但是，从长远看，它一定是让社会个体寻求到共识并展现最大共识的平台。在这个平台上，所有的用户的价值取向会逐步趋于统一，因为微博是一个强大的思想和价值的磁场，它会强力地对每个单独存在的个体产生根本影响。我们要以更大的耐心等待微博理性和共识普遍价值的回归。多元的目的是为了展现各自的魅力和存在的价值，所有纷繁的个性展现过后，留下的一定是经得住时间和人心检验的真理。

第三，舆论信源困境。

在信息传播中，传统媒体的权威性强，但强调自上而下的"舆论导向"，不太重视体察真实的舆情民意；另一方面，网络上的观点虽然来自最基层的民间"草根"，但在网上经常出现虚假信息，网上的言论随意性强，情绪偏激，立论分析缺乏深度。两种媒体需要互动互补，交互作用。

网络传播中的信源较之传统媒体常常是模糊的，大体上有三种情形：信息内容没有确切来源，道听途说或捏造信息来源，恶意传播信源。

正是由于网络信源的模糊性，才使人们对于网络空间传播的信息内容持以较低的信任度。但是，网络传播的信息内容如果不能够得到权威信源的及时印证或澄清，或是被封堵或被以删除手段所控制，人们反而会转向半信半疑，在一些社会心理的作用下甚至持宁可信其有的态度，并引起网络舆论的热议。特别是在受众普遍存在的猎奇心理的作用下，某一问题或疑惑在没有权威信源披露准确信息的情况下，任何模糊信源的信息内容都可以成为受众的答案。这实际上为模糊信源的存在提供了客观受众基础。在目前的网络传播机制下，信源模糊的问题还不能得到有效解决，仍会长期存在下去。要解决由其造成的

传播影响，只能通过权威信源的网络发布与回应加以解决。随着传统媒体与网络的融合，信源模糊也成为一些传统媒体制造看点、吸引受众的手段，用"据说""据传"等模糊信源制作的新闻屡见不鲜，这种损害媒体公信力的做法已成为媒体报道的新公害。网络传播信源模糊的特点也给一些人出于不良动机制造谣言及传播虚假信息提供了条件，在网络舆情管理中必须对此加以重视，要通过甄别、澄清、回应、追究，以及提高网民媒介素养、认知水平和道德自律等综合性的措施，减少其传播危害。由模糊信源引发的网络舆论在整个网络舆情体系中占有相当大的比重，是网络舆情研判的重要影响因素之一。

第四，用户参与的广泛性。

网络舆情的参与者中有网络用户个体，亦有代表某种观点的力量参与其中。而用户来源亦呈现广泛分布的特征，并且，随着网络的普及和移动网络的快速发展，目前的社会化网络平台用户广泛分布在社会的各个阶层当中。

网络舆情的传播离不开网民的积极参与，通过相关评论和意见表达，网络舆情信息在传播的过程中不断被增加内容，放大传播效果。网络舆论之所以被迅速放大，除了网络传播平台自身的技术特性外，也与网民的意见参与密切关联。从舆论发生的机理上分析，仅仅是某一信息的传播是无法构成舆论的，必须有公众意见的表达，以及公众意见本身的碰撞才能形成舆论。只有人们在关注某一主题信息内容的同时，对该内容发表自己的观点和意见，形成公众观点群或意见场，这时才能称其为公共舆论。网络舆情传播既可以将舆情信息内容本身及其被关注的程度（浏览量）一同传播开来，又能够将网民意见、评论及其意见数量（发帖或跟帖量）加以传播；同时，每一个浏览者或发帖人都能够在网上即时看到自己的关注和意见参与情况所引起的网络舆情变化，也就是自身行为对网络舆情的影响。

因自身行为而引起的网络舆情变化，可以在很大程度上给个体带来一种满足感或成就感，会使越来越多的网民参与到网络舆情的传播中来，见证自身对公共舆论的作用。因此，网络舆情传播具有网民动员性的特点。此外，网络舆情所蕴含的利益诉求还会直接引起一些社会群体的共鸣，更加推动了他们通过网络平台参与公共意见的形成，加入到网络舆论的关注和评论队伍中来。网民动员性在舆情发展中具有类似"滚雪球"的效应，一方面参与的人越多，雪球就会越滚越快、越滚越大；另一方面雪球越大，越能够吸引更多的人加以关注并参与进来。网络舆情的分析与研判必须充分重视网民动员性的特点，对舆情的发展趋势做出估计。

第五，舆论目标的特定性。

由网络舆情传播所推动的公共意见除了在选题和内容上具有丰富性外，还具有较强的意见指向性，即网络舆情中所呈现的网民最热烈的关注和意见往往有着类似的主题和趋同的方向。比如，在监督和反腐败的网络舆情中，"三公"部门或单位成为重点方向。"三公"即"公权力大、公益性强、公众关注度高"。网民对"三公"部门的批评意见十分集中，只要是这些单位出现的腐败问题必定能引起强大的网络舆论共鸣。而在一些突发事件中，网民更加关注"三大"即"大官、大款、大腕"人群，也就是社会的权贵群体，对他们存在问题的质疑和所犯错误的批评最能够激起舆论反响。网络舆情的意见指向性折射出网民持有的社会认知心理，这种心理在很大程度上存在民粹倾向，与互联网的草根性密切关联。网络舆情的意见指向主要体现在网络新闻跟帖、社区论坛跟帖以及博客留言中，并且以情绪化的意见表达居多，甚至出现污辱、谩骂、人身攻击等极端言论，而网民的这种极端化的情绪往往能左右网络意见方向。在网络意见生成的过程中，网上意见领袖的作用十分明显，他们评论或发帖的意见的方向能够对整个网络舆情的意见指向产生影响。了解、掌握网络舆情意见指向性特点，相关部门可以对网络舆情的走势进行科学预判，并针对其存在的民粹心理倾向、情绪极端宣泄、意见领袖引导等影响核心要素加以干预，促进网络舆论朝平衡化、理性化、主流化方向发展，正确引导

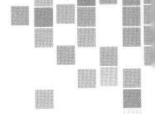

网上舆论。

第六，社会影响的广泛性。

网络媒体随着受众的普及，其自身与传统媒体的互动、融合也在不断深化，网络舆情已逐步发展为整个媒体舆情，对社会公共舆论施加广泛和持久的影响，形成这种舆情传播格局主要有两个方面的原因：

首先，网络舆论自身需要传统媒体给予认可以增加其真实性、合法性和权威性，并将传统媒体的介入情况再现到网络上来，实现网络舆情传播影响的倍增与放大。

其次，传统媒体也需要借助网络媒体覆盖用户广、受众多、传播快速、互动便捷的优势来吸引受众、拓展信源、增强时效，体现自身的话语权威和媒体的影响力，进一步增强受众的忠诚度。

在两者共同作用的推动下，网络媒体与传统媒体在舆情传播过程中日益呈现出一体化的趋势和相互融合的互动趋势，网络舆论的影响力和作用力不断得到显现和提升。

第七，网络舆情对网络用户现实社会行为的引导性。

在磁场中，每个磁性因子会因为磁场的统一作用而表现为高度的排列和顺序的一致或趋同。在网络舆论场中，网民的思维模式和判断亦会呈现出相似的特征。网民因为参与到某个舆论事件的讨论当中，会逐渐认同或是反对某种舆论的声音，并导致其判断的偏移，并逐渐迎合大多数人的声音，这种舆论的趋同价值认知会导致舆论场最终形成一个绝大多数人赞同或反对的共同态度。在这种情况下，态度的高度认同进而会导致人们行为的变化，网络舆论在此时就具有了强大的人群现实行动动员能力。这种现象就是舆论的行为引导特征。

网民对某一个热点事件在网上通过各种形式展开热议已经是人们所习以为常的形式。但从近几年的一些案例看，网民已不再满足于网上讨论，而是开始热衷于走到线下的现实空间继续关注和推动事件的发展，有了更多的现实诉求。网络舆情导致的线下行为的改变被称为"屠夫现象"。此类现象归根结底是由于网络舆情对网络用户的社会行为的强作用能力而产生的。这种从网络情绪到现实行为的能量传导关系在《大连接》一书中亦有更深刻的分析。

从人的精神世界上讲，每个人可能都有潜藏着的在社会上实现自身价值、体现自己的社会责任感的需求，可能都会有自己并不一定发觉的对生命共同体的关切和对他人苦难的悲悯心。在对个人精神需求压抑得最强烈的中国，在背负"明哲保身"的历史传统数千年的中国，民间对"哪有不平哪有我"还是有共鸣的。即使是缺乏精神信仰和人文关怀习惯的中国人，也可能会对文艺作品中一个人物的命运牵肠挂肚，对现实生活中活生生的人的苦难产生关切应该更有可能。因社会环境、人生际遇、个人能力的不同，这种需求的实现、这种心理显示的成本不同，多元需求（物质需求、权势需求、人文关怀性质的精神需求、作践和奴役他人获得快感之类的邪恶精神需求等）排序不同，人们在社会责任上和对其他生命关怀上的表现当然会大相径庭。在一定条件下，"屠夫"总会有的，但"屠夫"由谁来承担则具有偶然性。

"网络屠夫"虽然其情可嘉、其心可勉，但是其行动可归结为公民有序政治参与的初期形态，这种形态中有许多非理性和感性的因子，如果不加以规范，有可能会对现实社会带来各种各样的危害。并且，"网络屠夫"对现实社会的现有制度体系的破坏性亦值得注意。在注意"网络屠夫"对社会治理所带来的影响的时候，公共治理本身亦应与时俱进，将社会化网络纳入制度体系建设当中，并有效地利用网络的力量为治理本身服务，为民众服务，促使社会化媒体进入有序的快车道。

第八，滚雪球效应。

网络舆论的又一个显著特点：是当一个事件和议题产生后，舆论会如同滚雪球般不断衍生、聚合、裂变、扩散，其传播的速度、波及的广度和影响的力度可以呈几何级数增长。

网络舆论的扩散是多层次、多侧面的。从传播路径看，网络舆论可以由一个论坛、组群向其他论坛、组群扩散，也可以由境内网站向

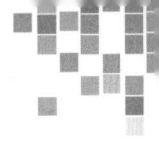

境外网站扩散，还可以由网络媒体向传统媒体扩散。从传播区域看，网络舆论可以使一个地方性议题扩散为全国性议题，使地方议题全国化、国内议题国际化。从传播走向看，网络舆论常常由小及大、由点及面，从议题本身所涉及的领域迅速向其他领域蔓延，使得对个别现象、个别案例的关注，变成更广领域、更深层次的讨论，直至上升到整个社会和国家制度层面。

　　一方面，网络舆论的扩散性使舆论具备了一定的社会动员能力。这种动员能力在抗震救灾、北京奥运、公益活动、网络求助等突发事件和重大事件或活动中体现得尤为明显。另一方面，网络舆论的扩散性也容易产生几种负面效应：一是随着一种舆论快速度、大范围、高强度地扩散，其基本信息的真实性越来越没有人去加以质疑，哪怕是谣言也会被网民信以为真并反复传播；二是随着某一热点的关注度不断上升，网民会自觉不自觉地出现认知夸大的倾向，导致集体性的认知失真、反应过度；三是一些个案容易被人借题发挥、恶意炒作，以求对现实社会形成强大的舆论压力，有的人其背后甚至隐藏着险恶的政治目的。

　　第九，藐视权威。

　　网络舆论经常呈现对正统思想观念、主流意识形态的逆反心理，表现出反传统、反主流、反权威的价值取向。这种心态的极端表现，就是对政府政策、官方言论、主流观点、社会精英、富裕人群统统持怀疑态度，怀排斥心理，宁信其错，不信其对，宁信其坏，不信其好；一些有违社会公德的人和事，在网上不仅很少受到抵制，反而受到追捧。这种极端化的心理状态，在低年龄、低学历、低收入网民身上表现得尤为明显。

　　形成这种特点的一个重要原因是网络舆论的一些参与者既缺乏必要的文化素养和思维能力又往往具有盲目自大的心理。他们习惯于采用偏执、片面、单向的思维定式来分析事件、表达观点，不能或是不全面客观地认识事物的本来面目。他们希望通过制造与主流意识相悖的话题和展现惊世骇俗的言行来吸引公众的关注，追求特立独行的满足感。

活跃在社会化媒体上的各路名人"大 V"以及各类专家们的思想也经常受到网民的严厉的批判。在社会化媒体上，没有人可以一直都稳坐在主导舆论话语权的宝座上。

第十，价值传导多样性。

社会化媒体平台用户的个人背景千差万别，其对网络舆论的态度亦体现出多样性的特点，其传递的思想、观点、理念亦具有了多元化的特征，对同一个公共事件或网络舆论的态度也存在很大的差异。一个接受过高等教育的人和未接受过高等教育的人的观察视角和判断事物的角度是不同的，一个接受过西方教育理念的人的观点和未接触过西方价值观影响的用户的观念可能也会相差甚大。支撑社会化媒体平台上的舆论观点的是每个网络参与者所具有的异于他人的价值尺度和价值观，正是这些内在的东西导致了网络舆论的纷杂多样。在这些多元化的舆论当中，有些观点是偏执的、过激的，是有违社会的公序良俗的，甚或是反动的、反社会的，这构成了网络舆情价值的多样性特征。

第十一，现实社会影响力特征。

网络民意的力量在很多事件的发展过程中得到了集中体现。网络监督、网络维权得以深化，无疑是社会民主进步的佐证。但是，在很多时候，网络除了监督事件过程、推动事件发展，还会过度发展成"绑架"媒体、煽动民愤甚至直接左右事件结果的"网络审判"，更有可能成为给当事人正常生活造成过度影响的"网络暴力"。比如，在网络上盛行的人肉搜索，既使很多败德官员被曝光丢官，也使说了一句"很黄很暴力"的未成年女孩面临前所未有的压力。

另外，网络舆情的显现，也在倒逼公共治理相关政策等传统的社会管理体系做出相应的改变。网络舆情改变了传统社会的现实管理，并对管理过程施加了明显的影响。从当前中国网络舆情的发生、发展以及对社会的影响过程，可以看出网络舆情具有强大的现实影响力特征。

第十二，羊群效应和晕轮效应。

从效用方面讲，羊群效应和晕轮效应与从众效应[①]类似。即"沉默的螺旋"理论。许多用户在网络上愿意追随"价值领袖"权威人士或机构的观点，赞同或附和这些观点并被自觉或不自觉地引导，从而放弃了应有的质疑态度或是放弃掉自己的判断原则。有时，这种从众的可能颠覆了网民自己的固有的价值判断和标准，使网民甘愿成为一个网络舆情的推波助澜者。

此类"价值领袖"可能是某个领域的成功人士，例如企业家、影视明星、学术专家、草根名人等。他们吸引众多拥趸者或拥戴者的一个重要前提，是他们本身的成功具有被社会所认可的某些特征，或者他们素以敢言或观点的另类而受到较多人的追捧。

网络用户的表达偏好符合"二八原则"的规律，即网络上80%的用户会追随20%的价值领袖的声音，并对20%的网络用户产生追随的兴趣。换言之，20%的网络用户主导了网络的声音。同时，80%的用户是沉默的个体，或者说，他们习惯于扮演被动的接受者的角色。但是，80%的用户的赞同或是反对能够决定20%的用户的声音能否被放大到足够影响现实的社会治理行为或现实的社会管理体系。这部分常常被"忽视"的网络用户即"沉默用户"，他们没有太多的声音，但却可能有着更迫切的现实需求，有着推动改变的巨大力量。这部分"沉默用户"是支撑少数价值领袖表达的最基础的土壤，是承载网络舆情冰山而隐没在海水中的巨大舆论基础及社会根基。正是这些"沉默用户"的存在和其状态促进了20%的价值领袖的显性的表达。从关注点或兴趣点角度讲，绝大部分的网络"沉默用户"更关注自身的各类权益和各类待遇，而20%的价值领袖则更关注社会环境、民生、法治、平等等更高层面的问题。经常地，20%的用户亦会关注更多的具体的社会事件，从事件本身开始，引发网络用户对社会更高层面的问

[①] 从众效应(Conformity)，又称乐队花车效应，是指当个体受到群体的影响（引导或施加的压力），会怀疑并改变自己的观点、判断和行为，从而朝着与群体大多数人一致的方向变化。也就是人们通常所说的"随大流"。

题产生更深入的思考，从而形成沉默用户与价值领袖们之间的舆论表达场的有效统一。

第十三，言论的泛自由性。

网络的可"隐匿"特性和其区别于现实的虚拟性以及网络行为追溯的困难性，导致许多网络用户在网络上的言论就具有了泛自由的特征。

网络言论的过度自由给互联网的道德建设制造了难题。据中国互联网信息中心的报告，中国网民群体——包括网络管理员在内的网民——多为30岁以下的年轻人，决定了网络更容易诱发"网络暴力"事件。网民思想认识水平的局限性使其很难在短时间内厘清事物背后复杂的社会动因和心理动因。

在网上讨论某一事件时，极端、非理性和过于主观的声音容易占据主导地位，而这种声音所形成的强大舆论压力又会反作用于政府和公共治理机构，使其在决策中陷入被动，以至于不得不在一定程度上迎合网民的期望。网上那些理性、客观的声音反而得不到支持，响应度低，甚至还会招致批评和攻击。在网络舆论的发展过程中，类似于人肉搜索等技术而引发的道德标准的讨论也是值得关注的问题。

网络表达的泛自由性并不代表网络用户在网络上可以为所欲为。网络同样需要接受现实的各类法律和公序良俗这些道德层面的双重约束。

网络从来都不是法外之地，在法治时代不可能对网络平台法外开恩。并且，从实践角度讲，各国政府对网络的管理也取得了相应的成效。对网络上的各类恶意谣言以及具有现实破坏力的信息，相关部门也逐年加大了打击的力度，并取得了一定的成效。相比对网络平台的各种阶段性的整治，公共管理部门更需要将网络纳入现实管理的规范体系当中，并形成制度性的治理体系，通过法律和制度去管理平台，形成网络上人人守法、有法可依、执法有据、惩治有度的大环境，避免在管理社会化媒体过程中过度地依赖"人治"的情况发生，保护网络大环境的健康成长，让网络造福社会。

　　第十四，现实性特征。

　　网络舆情反映时代社会特征，与现实舆情呈现出明显的强相关特征。此外，网络舆情还可以制造出"民意"效应，即通过体现和传播网民的关注度和意见参与的动态情况，呈现相关问题的舆情热度，反映出一定的民意诉求。而这种民意诉求本身又可以作为舆论内容被传播和放大，进一步增强网络舆情的影响。对网络舆情影响的评估，要持审慎的态度。网络作为一个与现实相对的虚拟空间，其民意表达在客观上也存在着虚拟性，即一部分网民所形成的网络社群可以借助网络传播平台不断放大符合自身利益诉求的意见，排斥和挤压其他人的意见空间和传播影响。

　　治理者可以借助这些网络舆情来推展某些有价值倾向的治理措施或公共政策，充分利用网络舆情强大的社会影响力。

　　舆论传播的"沉默螺旋效应"[1]在网络舆情的生命周期中有充分的显现。在一部分人的意见借助网络力量得到无限放大的同时，另一部分"不愿意或不屑于参与讨论的读者和受众，则自然而然地被排斥在网络民意之外"。因此，在认识网络舆情传播影响现实性特点的基础上，要学会构建和完善网络舆论的平衡和引导机制，促进网络舆情客观地反映公众的意见和诉求，使得网络的舆论场与现实社会的舆论场保持相对统一。

　　总之，只有充分认识和了解网络舆情的传播特点，才能对网络舆情的传播规律加以把握，进而科学地建立舆情研判体系与机制，准确地分析网络舆情的发生过程和发展趋势。

---

① 伊丽莎白·诺尔-诺依曼(Elisabeth Noelle-Neumann)在《沉默的螺旋：舆论——我们的社会皮肤》一书中，对"沉默的螺旋"理论进行了全面的论述和总结。她认为，为了防止被孤立和受到社会制裁，一般人在表明自己观点之际首先要感觉一下"意见气候"，如果自己的意见与现有的多数人意见相同或相近，便会较为大胆、积极地发表，如果发觉自己处于少数，便会迫于无形的舆论压力而趋向于保持沉默。由此，舆论的形成发展态势便成了一个"一方越来越大声疾呼，而另一方越来越沉默下去的螺旋式过程"。

第十五，磁化效应。

在一个磁场中，所有的磁性单体都会在大磁场的作用下与大磁场环境同步，并形成一个强大的新的磁场。在网络舆论的大环境下，所有自媒体个体的观点和态度以及倾向也会因受到大的舆论场的影响而产生价值和判断的趋同。这种舆论场中的个体在舆论场的外力作用下而导致的意见、观点、态度、倾向以及行为模式的趋同性即为网络舆论的磁化效应。这种磁化的舆论场即表现为网络中的舆情。在很多时候，一个强大的思想单体和富有感染力的观点能够迅速让网络用户的态度形成趋同并达到高度的共鸣，形成对一个价值的共识。磁化效应能够让网络舆情的极化趋势得到加速，这得益于网络中单独个体在一定程度上会受到从众效应或羊群效应[①]的影响。正是因为这种磁化场效应的存在，网络上的个体单元最终会被这种舆论磁场所同化，被有效地消除价值噪音或舆论杂音，并且随着时间的推移，这个舆论场的价值和判断会逐步趋于一致。

---

① 在一群羊前面横放一根木棍，第一只羊跳了过去，第二只、第三只也会跟着跳过去。这时，把那根棍子撤走，后面的羊走到这里，仍然像前面的羊一样向上跳一下，尽管拦路的棍子已经不在了。这就是所谓的"羊群效应"，也称"从众心理"。

网络舆情发展演变的动力机制

　　网络舆情学研究的最根本任务就是研究社会事件或公共事件所引发的社会舆论到网络舆论再到网络舆情以及与社会现实的互动的这个舆论演变和作用发生、发展机制中存在的那些内在的规律性。

　　各国政府的决策者已经意识到网络舆情研究在社会管理中的重要性。网络舆情依托于公共事件产生、演变和发展，并与公共事件的发展形成复杂的互动关系，直接影响公共事件的发展。对舆情发展的内在机制的研究和分析能够较有效地找寻到舆情发展中的那些起重要作用的关键因子。

　　理解了这些在网络舆情形成中间起决定作用的因子和它们的作用，可以把握网络舆情的最后走向和其社会影响力。在这些起决定作用的因子中，大众利益的普遍影响性以及关注舆论本身并推动舆论升级后潜在的利益或是权力回报，是舆论到舆情演变的最原始的推动力。改变给自身或他人带来不满情绪的社会状况，让每个参与舆论传播的人或大多数人都能从中受益，这便是网络用户热衷于参与网络舆论人际传播并助其形成网络舆情热点的功利动机。

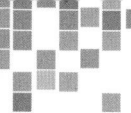

第9节

网络生态下社会民众的有序政治参与

随着社会的发展及科技的进步，网络与现实之间的界限将越来越模糊，并且，网络与现实将在某些领域中相互渗透，并实现完全的融合。社会治理与网络治理也会趋向于同步。网民的网络政治参与日益积极与全面，理性与非理性并行交织，集体极化行为时有发生，新意见群体众声哗然，网络媒体新应用层出不穷，网络用户对社会现象的关注度有了巨幅的提升。

网络的重要特性是平等性、开放性、虚拟真实，为民众通过网络舆论等手段参与政治提供了便捷的、经济的通道，使民众的有序民主参与更加畅通。网络舆论使公众获得了平等、对等、应有的知情权，提升了公众的利益和诉求的有效表达。同时，网络舆情强化了媒体对社会的监督作用。

相关部门要制定相应的制度措施来保证网络舆论的影响力，并与传统舆论圈层形成相互协同、相互制约的新舆论生态，营造出宽松、有序、和谐的网络舆论环境，提高公民的政治参与意识和民主意识。

网络舆论的参与深刻地影响到民众的政治参与，故而网络民主也成为中国民主政治的试验田和助推器。网络监督成为常态，政府与网民的互动前所未有地增多，交流与问责得到加强。网络公共事件层出

不穷，政治稳定与发展更加受到考验。

　　良好的网络舆情秩序能够有效地推动公众的有序政治参与，提升社会的运转效率，保证政治治理秩序的向善、向好发展。反之，则严重制约现实治理秩序的改善和进步，甚至阻滞社会的发展。

　　所谓网络政治，是指在互联网上客观存在的，与社会政治生活密切相关的关于政治权力、政治意识、政治体系、政治行为、政治管理、政治参与、政治发展等内容的政治现象。网络政治与现实政治既有关联又有区别。网络政治依赖于现实政治而产生并发展，并对现实政治产生重要的影响。网络政治主要通过舆论影响、现实动员以及社会参与来改变现实政治的取向和选择。

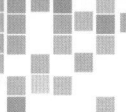

第 *10* 节

网络舆情学研究的基础理论

近年来，无论是从世界范围还是从中国本身来看，频发的金融危机、自然灾害、社会安全、公共卫生等各类突发性公共危机事件，都给中国现代化进程带来不同的影响。突发性公共危机事件具有突发性（能量聚集期的不可预测或导火索未知）、特殊性（历史上出现同类事件的概率低或规模有差别）、环境复杂性（情景应对的复杂系统机理）、演变不确定性（事件扩散、衍生、称合、转化等要素不确定）、群体扩散性（事件涉及群体和影响范围的无可限定边界）。基于上述特点，突发性公共危机事件有别于一般的突发事件。这类事件一旦发生，往往会严重威胁社会团结与稳定，已经受到社会学家与管理学家越来越密切的关注。

我国非常重视突发性公共危机事件的应急管理工作，制定了一系列的法律法规。《中华人民共和国突发事件应对法》已于 2007 年 11 月开始实施，该法明确提出"突发事件应对工作实行预防为主、预防与应急相结合的原则。国家建立重大突发事件风险评估体系，对可能发生的突发事件进行综合性评估，减少重大突发事件的发生，最大限度地减轻重大突发事件的影响"。

在网络舆情方面，国家也将网络舆论宣传的驾驭能力提升到国

家信息化发展的战略高度。应急管理和网络舆情的掌控都已经成为国家的战略需求。中办发〔2004〕32 号文件指出："要高度重视互联网对社会舆论的影响，加强网上舆情收集引导工作，准确把握社会思想动向，敏锐捕捉倾向性、苗头性问题，研究分析网上舆情的发展趋势及社会影响。"

政府管理部门作为突发性公共危机事件中公共利益的维护者和行政执法的主体，如果不能准确挖掘导致网络舆情态势涨落的深层次原因，掌握突发性公共危机事件网络舆情的涨落规律，充分做好网络舆情的日常管理及预警工作，并及时、果断、公开、透明地处置突发性公共危机事件，则有可能进一步激化社会矛盾，诱发次生舆情事件发生，并且丧失网络舆论话语权与事件处置的最佳时机，最终导致在事件处置或网络舆情引导方面陷于被动地位，不利于社会的安定和谐与良性发展。

多学科融合背景下的网络舆情管理研究，是将新闻学、传播学、管理学、社会学、计算机科学等各学科的工具和方法密切融合，在掌握各类突发事件引致公共网络舆情的规律的基础上，采用新型的研究方法和先进的技术手段来进行的。

目前针对网络舆情进行决策时，由于缺乏理论支持、技术支持和工具支撑，在应对决策中无据可依，决策手段相对混乱，决策过程缺乏系统性与规范性。针对上述情况，亟待从根本上厘清网络舆情发生、发展的规律，优化应对效果，为政府应对舆情时的决策提供支撑。

网络舆情的作用机制不是简单的、线性的作用过程。网络舆情根植于整个社会领域中，涉及社会系统中的多个主体，主体之间的相互作用过程存在多重信息反馈，是复杂的，非线性的系统。在研究这种系统时，系统论①、动力学②方法、信息论、控制论的分析模型更为适用。系统论、动力学方法、信息论、控制论中的分析模型为构建网络舆情发生、发展的研究体系提供了更系统、更全面的研究分析角度和方法。这种分析研究方法强调"系统的结构决定系统的行为"，并着眼于系统内部的物质流动、信息流动、组织结构，包括它们所形成的反馈结构，并通过这些来构造某个系统的动态模型，从而解释系统中存在的动态行为。

系统论认为，整体性、关联性、等级结构性、动态平衡性、时序性等是所有系统的共同的基本特征。这些既是系统所具有的基本思想观点，也是系统方法的基本原则，表现了系统论不仅反映客观规律的科学理论，具有科学方法论的含义。这正是系统论这门科学的特点。贝塔朗菲对此曾做过说明。英语 System Approach 直译为系统方法，也可译成系统论，因为它既可代表概念、观点、模型，又可表示数学方法。贝塔朗菲说，我们故意用 Approach 这样一个不太严格的词，正好表明这门学科的性质特点。系统论的核心思想是系统的整体观念。贝塔朗菲强调，任何系统都是一个有机的整体，它不是各个部分的机械组合或简单相加，系统的整体功能是各要素在孤立状态下所没有的性质。他用亚里士多德的"整体大于部分之和"的名言来说明系统的整体性，反对那种认为要素性能好则整体性能一定好，以局部说明整体的机械论的观点。同时贝塔朗菲还认为，系统中的各要素不是孤立地存在着的，每个要素在系统中都处在一定的位置上，起着特定的

---

① 系统论是研究系统的一般模式、结构和规律的学问，它研究各种系统的共同特征，用数学方法定量地描述其功能，寻求并确立适用于一切系统的原理、原则和数学模型，是具有逻辑和数学性质的一门科学。

② 动力学（Dynamics）是经典力学的一门分支，主要研究运动的变化与造成这一变化的各种因素。换句话说，动力学主要研究的是力对于物体运动的影响。运动学则是纯粹描述物体的运动，完全不考虑导致运动的因素。更仔细地说，动力学研究由于力的作用，物理系怎样随着时间的演进而改变。动力学的基础定律是艾萨克·牛顿提出的牛顿运动定律。对于任意物理系统，只要知道其作用力的性质，引用牛顿运动定律，就可以研究这作用力对于这物理系统的影响。在经典电磁学里，物理系统的动力状况涉及了经典力学与电磁学，需要使用牛顿运动定律、麦克斯韦方程、洛伦兹力方程来描述。自20世纪以来，动力学通常又被人们理解为侧重于工程技术应用方面的一个力学分支动力学，是机械工程与航空工程的基础课程。

作用。要素之间相互关联，构成了一个不可分割的整体。要素是整体中的要素，如果将要素从系统整体中割离出来，它将失去要素的作用。

系统论的基本思想方法就是把所研究和处理的对象当作一个系统，分析系统的结构和功能，研究系统、要素、环境三者的相互关系和变动的规律性，并以优化系统的观点看问题。世界上任何事物都可以被看成是一个系统，系统是普遍存在的。系统是多种多样的，可以根据不同的原则和情况来划分系统的类型。按人类干预的情况，系统可划分为自然系统、人工系统；按学科领域，系统可分成自然系统、社会系统和思维系统；按范围划分，系统有宏观系统、微观系统；按与环境的关系划分，系统有开放系统、封闭系统、孤立系统；按状态划分，系统有平衡系统、非平衡系统、近平衡系统、远平衡系统等等。此外，系统还有大系统、小系统的相对区别。系统论的任务不仅在于认识系统的特点和规律，更重要的还在于利用这些特点和规律去控制、管理、改造或创造一系统，使它的存在与发展合乎人的目的需要。也就是说，研究系统的目的在于调整系统结构，协调各要素关系，使系统达到优化目标。

系统论的出现，使人类的思维方式发生了深刻的变化。以往研究问题一般是把事物分解成若干部分，抽象出最简单的因素来，然后再以部分的性质去说明复杂事物。这是笛卡尔奠定理论基础的分析方法。这种方法的着眼点在局部或要素，遵循的是单项因果决定论。虽然这是几百年来在特定范围内行之有效、人们最熟悉的思维方法，但是它不能如实地说明事物的整体性，不能反映事物之间的联系和相互作用，它只适应认识较为简单的事物，而不胜任对复杂问题的研究。在现代科学的整体化和高度综合化发展的趋势下，在人类面临许多规模巨大、关系复杂、参数众多的复杂问题面前，传统分析方法就显得无能为力了。正当传统分析方法束手无策的时候，系统分析方法却能站在时代前列，高屋建瓴、综观全局、别开生面地为现代复杂问题提供有效的思维方式，所以系统论连同控制论、信息论等其他横断科学一起所提供的新思路和新方法，为人类的思维开拓了新路。它们作为现代科学的新潮流，促进着各门科学的发展。

系统论反映了现代科学发展的趋势，反映了现代社会化大生产的特点，反映了现代社会生活的复杂性，所以它的理论和方法能够得到广泛的应用。系统论不仅为现代科学的发展提供了理论和方法，而且也为解决现代社会中的政治、经济、军事、科学、文化等方面的各种复杂问题提供了方法论的基础。系统观念正渗透到社会生活的每个领域。

系统理论目前已经显现出几个趋势和特点。第一，系统论与控制论、信息论与运筹学、系统工程、计算机和现代通信技术等新兴学科有相互渗透、紧密结合的趋势；第二，系统论、控制论、信息论，正朝着"三归一"的方向发展，人们现已明确认识到系统论是其他两论的基础；第三，耗散结构论、协同论、突变论、模糊系统理论等新的科学理论从各方面丰富和发展了系统论的内容，有必要概括出一门系统学作为系统科学的基础科学理论；第四，系统科学的哲学和方法论问题日益引起人们的重视。

信息论、控制论、系统论是研究网络舆情的重要理论工具和方法论基础。

信息论，以通信系统的模型为对象，以概率论和数理统计为工具，从量的方面描述了信息的传输和提取等问题。信息论的研究领域已扩大到机器、生物和社会等系统，发展成为一门专门利用数学方法来研究如何计量、提取、变换、传递、存贮和控制各种系统信息的一般规律的科学。

控制论，是指运用信息、反馈等概念，通过黑箱系统辨识与功能模拟仿真等方法，研究系统的状态、功能和行为，调节和控制系统稳定地、最优地趋达目标。控制论充分体现了现代科学整体化和综合化的发展趋势，具有十分重要的方法论意义。

系统论则运用完整性、集中性、等级结构、终极性、逻辑同构等概念，研究适用于一切综合系统或子系统的模式、原则和规律，并力

图对其结构和功能进行数学描述。系统论强调整体与局部、局部与局部、整体与外部环境之间的有机联系，具有整体性、动态性和目的性三大基本特征。作为一种指导思想，系统论要求把事物当作一个整体或系统来考察，符合马克思主义关于物质世界普遍联系的哲学原理。

魏宏森先生在其《系统论》中立足于一般系统论、信息论、控制论、耗散结构论、协同论、超循环理论、突变论、混沌理论和分形理论等系统科学理论，探索了系统科学古今中外的四方面来源，考察了从宇宙、生命、精神、生态到社会五大系统的基本特征，概括出八条系统论原理和五条系统论规律，提出了一个完整的系统论体系。他在辩证系统观中提到的社会系统观成为研究网络舆情动力结构的重要理论依据。

系统论的基本原理有系统整体性原理、系统层次性原理、系统开放性原理、系统目的性原理、系统突变性原理、系统稳定性原理、系统自组织原理、系统相似性原理。

系统论的基本规律有结构功能相关律、信息反馈律、竞争协同律、涨落有序律、优化演化律。

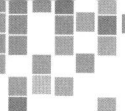

第 *11* 节

舆情发展动力耦合分析模型

　　动力学分析功能包括：正则模态及复特征值分析、频率及瞬态响应分析、（噪）声学分析、随机响应分析、响应及冲击谱分析、动力灵敏度分析等。

　　对中小问题及超大型问题不同的解题规模会影响解题效率。如在处理大型结构动力学问题时，如不利用特征缩减技术，将会使解题效率大为降低。网络舆情发生、发展离不开三要素：舆论事件、传播媒介、网络用户。深入分析此三大舆情形成、传播要素之间的互动关系是网络舆情学研究的核心问题。

　　网络舆情发生、耦合[①]互动模式如下图所示：

---

① 概括地说，耦合就是指两个或两个以上的实体相互依赖于对方的一个量度。

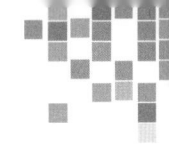

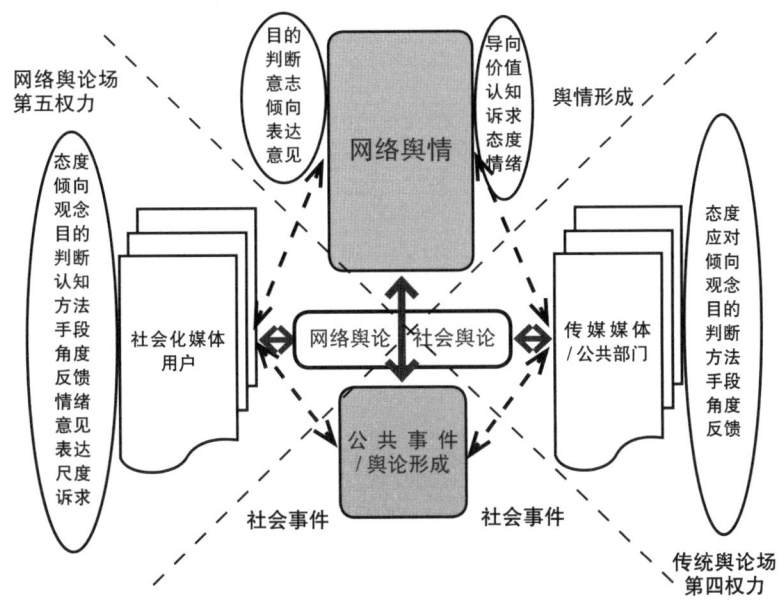

图 3-1　网络舆情发生、耦合互动模式

在一个完整的舆情发生及相互作用信息耦合系统中，公共事件、社会化媒体、传统媒体及公共部门构成了这个舆情生态系统中的重要的三要素。信息的流向也呈现出复杂的交互特征。在这些复杂的信息流向当中，网络舆情是这个舆情生态系统中最直接的外部表现。网络舆情的形成与其说是网络媒体及公共事件催生的结果，倒不如说是社会生态中各要素相互作用形成的结果。

可以看出，一个网络舆情的形成是多种变量综合作用的结果，且网络舆情具有爆发性、特殊性、环境复杂性、群体扩散性以及演变不确定性和社会影响性等特点，其中涉及的相关主体、因素、变量众多，而且变量之间的关系复杂多变。故此，舆情演化态势仅凭管理者的主观经验是难以判断的。研究分析这些环境变量之间的互动规律，对我们了解网络舆情的形成、发展与如何应对有着重要的现实意义。

第 *12* 节

网络舆情动力耦合研究方法

　　舆情生态系统中存在的耦合作用是推动突发性公共危机事件网络舆情态势演化发展的关键环节，而耦合因子之间的相互作用是在一定的非线性驱动力的作用下实现的。非线性是指个体自身属性的变化以及个体之间的相互作用并非遵从简单的线性关系。正是因为这样，复杂系统的行为是难以预测的。也正是因为这样，复杂系统才会经历曲折的进化过程，呈现丰富多彩的性质和状态。所以，研究舆情各因子间的耦合机制能够帮助了解网络舆情产生巨大社会影响力的深层次因素。也就是说，系统中各个模块之间通过非线性作用（耦合）释放出巨大的能量，耦合度的研究可以确定这种能量的大小。

　　因此，探索内源动力和外源动力之间的相互耦合关系和互动关系，并用定量方式度量耦合程度的大小，以及解释耦合强度的大小对突发性公共危机事件产生的影响，能够使决策者对网络舆情的形成有更深层次的认识。

第四章

网络舆情的传播规律

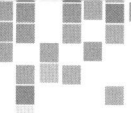

第 *1* 节

网络舆情的生长周期

网络舆情学是通过社会学、政治学、信息科学以及传播学等方法寻找到隐藏在网络舆情传播背后的规律，以期寻找舆情管理的基本逻辑范式或效应模型，把握网络舆情的传播特点和规律，在保证网络舆论的监督作用的同时，寻找到将舆情管理纳入制度的轨道上来的办法。打造和谐、理性的网络舆论大环境是研究网络舆情的最终落脚点。并且，网络舆情学要将提高公民意见表达能力与社会责任感当成构建和谐网络舆论环境的前提，将提升公共治理倾听民意的能力当作网络舆情研究的核心主旨。

在网络时代，网络作为现实社会的缩影，其上的各类网络文化现象与社会现实有着很强的相关关系，同样的，网络现象与现实又形成很强的互相促动的耦合关系，两者在线上线下彼此呼应，推动社会公共事件或网络舆情的发生、发展与蔓延。

网络舆情最初的发生往往与某一个偶然的公共事件相关联，并由此导致网络舆论的大面积兴起，最后形成具有某种倾向性或代表性的网络舆情事件。在这些容易产生网络舆情的公共事件中，公共政策制订、官员廉政水平、司法公平、社会贫富分化、民生状况等方面最容易产生突发公共事件，引发社会舆论波动，并导致网络舆情的突然发生，进而可

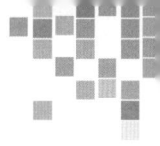

能演变为现实社会的动员能力，给社会管理带来危害。

　　大体上来说，一个社会公共事件能够演化为网络舆情的大致过程是这样的：

　　首先，从社会个体的各类遭遇开始，这类遭遇可能是某次偶发的事件。这类事件通常具有社会大众关注的基本特征，例如涉及民生、个人利益、社会公正等，此时社会舆论开始小范围形成，并形成具有一定社会影响力的初步的社会舆论。

　　其次，初步的社会舆论再经过某个节点网络用户将其传导到社会化媒体平台上，并引发网络舆论关注、发酵和网络社会情绪的大面积传播。社会大众对事件本身所涉及问题的普遍认知和价值判断得以形成，并最终导致网络舆情事件的爆发。这种由公共事件爆发引发的网络舆情若得不到合理应对，就会形成网络上的表达性对抗，进而有可能引发现实社会的群体性对抗，使得公共事件产生更大波次的社会冲击力或社会破坏力。

　　社会群体性对抗经常先期表现为网络上的表达性对抗。因此，研究发现网络上的情绪表达和各类倾向对现实公共危机管理至关重要。

　　网络舆情从情绪反应上可分为社会负效应网络舆情和社会正效应网络舆情。

　　社会负效应网络舆情发生的公共事件有以下几类：

　　——网上舆论诱发型的公共事件；

　　——现实诱发型的网络公共事件；

　　——现实与虚拟并存型的网络公共事件。

　　绝大多数社会负效应网络舆情起源的社会公共事件往往多集中在城市发展、就业、子女教育、医疗、司法公正、行政执法、官员腐败、福利保障、环境保护、食品安全等问题上。

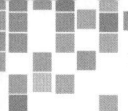

第 *2* 节

网络舆情的传播规律

互联网已成为思想文化信息的集散地和社会舆论的放大器。

社会公共事件是诱发网络舆情的信号源。据分析,任何一起社会公共事件都可能激发大量网络用户的持续关注。一般而言,能够引发网络舆情大面积爆发的社会公共事件具有普遍性的特征,并且此类特征能够在短时间内让更多的网络用户关注并对其产生情绪和心理的强烈反应。此类公共事件大多集中在社会公平、司法公正、政府公共管理或者民生等领域。

网络舆情的本质是信源具有强烈的不确定性和难以预见性,并且在信源的放大或衰减过程中经常出现受偶然因素的影响而导致的信源的突然性放大或衰减。与常规信息传播的路径相比,网络舆情的网络传播具有强烈的非常规传播的特征,其传递的信息也属于非常规信息,并且这些非常规信息经常由非常规的社会公共突发事件产生并推动。对非常规信息传播规律的研究是网络舆情研究的重点。非常规突发事件所催生并传导的网络舆情信息经常表现为负面的舆情信息。

近年来多起社会影响力较大和社会负面作用较大的网络舆情事件表明,社会现实诱发的舆情占有了更大的比例,其次是网络言论所引发的大面积舆情。西安杨达才、重庆雷政富、南京周久耕等事件,所涉及的

网络舆情均因为当事人本身的某个个人行为引发了大面积关注，并导致网民针对他们作为官员的工作作风、廉政水平和私生活的密切关注和网络"人肉"。为了平息事件，相关的纪律检查、公安、司法、检察等管理部门才对这些被网络爆料出来的信息进行立案并扩大侦查的范围，并最终发现这些涉事人员的其他更多的问题，如他们的私生活、品行、工作作风、廉政等方面的问题，甚至还有他们相关家属的、朋友圈子中的人的问题。

另外，由于网络自媒体的影响力与日俱增，许多社会公共事件借助网络媒体的助势而呈现互相推动生发的特征。此类特征在近年来所占的网络舆情事件比例有明显上升的趋势。可以预见，此类由现实公共事件诱发并借助网络媒体迅速跟进而快速形成的网络舆情事件将成为未来网络舆情发生的主要模型。

网络言论引发的大面积网络舆情在近年来也有明显的增长。某个政府官员、企业家、名人或是特定对象人群的某种观点通过网络被快速地传播，并引发众多的网络用户的主动表达。此类网络舆情发生于网络，并借由网络扩散或是消失。个别媒体记者、专家、学者在其报道的文章中或是自媒体账户上所发布的明显带有个人色彩的言论很可能因为网络用户的参与而引发大面积的社会参与，并极可能导致社会负面情绪的更为快速的传播。在网络上，因其社会身份特殊，他们自身的表达用语、表达方式、情绪发泄的过激或抱怨以及诸多用语不慎，会无意或有意地引发网络舆情的突然发生。此类人的言论很容易被认为是他们所服务的机构的立场、观点或态度，导致网络用户将他们的个人言论与其服务机构的情绪倾向、判断结合起来。

第 *3* 节

网络谣言的社会作用机制

谣言，指的是没有相应事实基础却被捏造出来，并通过一定手段推动传播的言论。在古代汉语中，谣言指流行于民间的歌谣或谚语。范晔《后汉书·杜诗传赞》中说："诗守南楚，民作谣言。"[①]

维基百科中说："一般的看法，会认为谣言是一种据称是真实但缺少证据的信息，不过，根据学者彼得森（Peterson）和吉斯特（Gist）的看法，谣言也可能是针对公众所关心的事物所提出的一种未经证实的解释或理由。进一步来说，谣言的讲谈是社会交换市场中也许廉价但却珍贵的商品。换言之，谣言牵涉到的是未经可靠来源证实的信息，但我们可以更精确地说，它是一种人与人之间口口相传但缺乏可靠证据支持的陈述或信念。"

人类社会自有信息传播以来，就从未杜绝过谣言，这与社会信息难以全面、充分、公开表达有关。即使在互联网发达的今天，人们所需了解的信息也无法全部公开或随时随地轻易获得，这是谣言得以形成和扩散传播的重要社会基础。在信息缺少足够充分、公开的情况下，类似的谣言一再出现并不奇怪。此外，在社会生活遭到人为或自然力的破坏，出现环境危机的情况下，倘若正常渠道的意见传播迟缓

[①] 范晔.后汉书[M].北京：中华书局，2014.

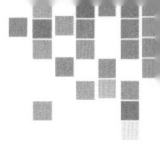

或被打断，而人们的信息需求又大于体制性渠道的消息供给，人们便会表现出惊恐或猜测的忧虑。一些观点相同的人开始就共同关心的问题聚集，互通情报，交流不安，即社会底层群众的自发活动取代了上层组织的信息传播功能，这也会促成谣言的形成。[1]

谣言的传布最初仅能以口口相传流传，互联网兴起后，电子邮件和博客等成了谣言最佳的流传平台。随着网络发展，这两者又被即时通信工具和微博等所替代。谣言的真实性往往值得商榷，有的谣言一开始就是彻头彻尾的谎言，也有原本是真实的事物，但由于在众人口中相传而偏离了最初的版本，变成了不真实的谣言。例如一个很典型的范例是，"猫在钢琴上睡着了"传话到最后变成了"猫在钢琴上昏倒了"。而在先秦的典籍《吕氏春秋》中同样有形象的描述，"夫得言不可以不察，数传而白为黑，黑为白。故狗似玃，玃似母猴，母猴似人，人之与狗则远矣。此愚者之所以大过也"，"闻而审，则为福矣；闻而不审，不若无闻矣"，"辞多类非而是，多类是而非，是非之经，不可不分，此圣人之所慎也"。[2]

1947 年，奥尔波特（G.W.Allport）和利奥·波特曼（Leo Postman）给出了一个判别谣言的评价方法：

谣言＝（事件的）重要性 × （事件的）模糊性

在这个公式中，明确指出了谣言的产生与事件的重要性和模糊性成正比关系，事件越重要且越模糊，谣言产生的效应也就越大。当重要性与模糊性的一方趋向于零时，谣言也就不会产生了。要想终止谣言的传播，就应及时披露事件的真相，即所谓"谣言止于真相"。

在现代环境下，灵活无序、多变、立体、交叉网状结构的网络传播，使谣言传播变得速度更快、作用力更强。

有些流言在传播中常常会变样，这一方面是接受者和传播者的记

---

① 伍宝.网络谣言的形成原因与应对策略[J].淮北：淮北煤炭师范学院学报（哲学社会科学版），2009：55.

② 吕氏春秋[M].北京：中华书局，2011.

忆错误所致，更重要的是各人在传播过程中有意无意地加上自己的主观色彩。另一种看法认为，在中文语义中"谣言"更具有贬义性，往往不是依据事实，而是凭空想象或根据主观意愿刻意编造的传言，制造这种传言的行为被称作"造谣"，传播这种传言的行为被称为"传谣"。由于谣言产生的根基不是以事实为依据，其真实性无从谈起，谣言往往会被真实的信息所揭露。

"凡街市无根之语，谓之谣言。上天儆戒人君，命荧惑星化为小儿，造作谣言，使群儿习之，谓之童谣。小则寓一人之吉凶，大则系国家之兴败。荧惑星，是以色红。今日亡国之谣，乃天所以儆王也。"①

谣言是某些人（或者某一个群体、集团和国家）根据特定的动机和愿望，散布一种内容没有得到确认的、缺乏事实根据的、通过自然发生的、在非组织的连锁性传播通道中所流传的信息。

谣言是对人、对事、对社会事件的一种不确切信息的传播。谣言的功能总是消极的。它可以伤害个人，伤害群体，伤害社会，伤害国家，在许多情况下，流言蜚语往往成为不诚实的人政治斗争的手段和工具；它可以使原来比较稳定的人际关系变得互相猜疑、倾轧、紧张；使原来比较稳定的社会秩序变得十分混乱，变得人心惶惶；它可以麻痹人们的思想，减弱人们的防备心理，使人不知不觉成为谣言的俘虏；它可以破坏人们的团结，削弱彼此之间的信任，制造内耗，瓦解对方的战斗力。由于它具有混淆舆论的功能，往往造成极坏的影响。

自从人类发现了通信和互联网，谣言的传播变得更为快捷，危害程度则更深，危害面则更广。网络谣言是谣言的变异形态，也是新的谣言形态，它为害更烈。

网络谣言是指通过网络介质（例如邮箱、聊天软件、社交网站、网络论坛等）而传播的没有事实依据的话语。主要涉及突发事件、公共领域、社会名流、政府要员、颠覆传统、离经叛道等内容。谣言传

---

① 冯梦龙.东周列国志[M].北京：中华书局，2009.

播具有突发性且流传速度极快的明显特征，因此对正常的社会秩序易造成不良影响。

随着互联网的快速发展，近年来网络谣言也在滋生蔓延，既有针对公民个人的诽谤，也有针对公共事件的捏造。网络谣言不仅败坏个人名誉，给受害人造成极大的精神困扰，更会损害国家形象，影响社会稳定。网络谣言的危害不容小觑，必须依法惩处。

网络是虚拟社会，它是现代社会的重要组成部分，虚拟社会与现实社会密不可分，并直接关系到现实社会的和谐稳定。网络谣言把谎言包装成"事实和真相"，将猜测翻转成"客观存在"，在网上兴风作浪，扰乱人心。如果任其横行，将会严重扰乱社会秩序，影响社会稳定，危害社会诚信。传统谣言可能"止于智者"，而网络谣言则与其有很大不同，甚或会出现"好事不出门，坏事传千里"的情形。

网络世界的态度和现实社会的态度有着高度的一致性，网络上的态度能反映现实中的态度和行为，故此，网络情绪能直接导致现实行为的改变，而网络谣言对网络用户的情绪有着直接和严重的影响。同时，网络谣言所引致的现实动员能力亦值得关注和研究。

社会各个领域都需要用法律和制度框架来保证其边界，网络社会亦是如此。现实社会需要法治，快速发展的网络也需要法治。维护网络的法治就是维护基本的社会秩序，维护人民的基本权益。我国有一系列关于互联网的法律法规，这是维护互联网健康环境的基本遵循，所有互联网站和网民都必须遵守。编造传播谣言者触犯了法律，就要受到法律惩处。这也再次提醒我们的管理者，无论是互联网站还是网络用户，都要增强法律意识，依法办网，依法上网，共同维护健康的网络环境和良好的社会秩序，将网络纳入法律和制度的框架中去，同时用法律和制度去管理网络和网络用户。

归根结底，网络谣言之所以能够广泛而快速地传播，是因为人们有对真相的渴求，亦源自谣言与真相间存在着巨大的信息不对称。由于信息来源的匮乏和单一，人们往往无从在谣言与真相间做出准确的判断。故此，网络谣言并不止于智者，而是止于信息公开。只有最大限度满足公众的知情权，网络谣言才会没有立足之地。因而，我们应当意识到，普通网络用户并不具有对网络言论或是谣言的鉴别能力，他们甚或常常将谣言当成事实或真理而加以传播。因此，在某些时候，不能粗暴地将无恶意的民众的讨论和参与当成是在有意地传播谣言。我们要本着最大的善意来分析和看待民众在社会化媒体上的各类参与行为和对虚假或恶意信源的态度。

网络谣言终归是有百害而无一益的。

打击网络谣言，人人有责。

每个自媒体用户都应当自觉承担起拒绝相信谣言、拒绝传播谣言的责任，共同维护网络环境的正常秩序。

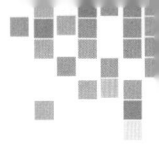

第4节

国外对网络谣言的治理策略

　　各种形式的网络谣言是世界各国政府所面临的共同问题。在打击网络谣言方面，世界各国的立场是一致的：严厉打击，绝不手软。在这一方面，各国依据本国实际，不断探索、大胆实践。总体来讲，各国打击网络谣言行动大致可以分为以下几类：政府主导型、行业协会主导型与社会公众主导型。下面以几个国家为例，分析国外治理网络谣言的经验。

　　新加坡

　　新加坡的互联网普及率很高。网络的盛行给用户带来了很多便利，也带来了网络谣言等社会问题。如何监控网络谣言，防患于未然，成为政府的一大关注点。

　　1996年，新加坡广播管理局被相关法规授权管理网络信息。2003年，根据修改的互联网相关法规，新加坡媒体发展管理局接替广播管理局履行网络信息管理的职能。该局鼓励网络行业建立自己的评判标准。如果发现网络谣言，该局会适时查处，严重造谣的个人和机构还会被以诽谤罪起诉。

美国

2010 年 5 月 7 日，美国皮尤研究中心发布的一项调查表明，有 32% 的美国青少年曾经有过被人在网上散播谣言、未经允许公布私人电子邮件、收到威胁性信息、被上传和下载令人难堪的照片等被欺凌和骚扰的经历。

为有效管理互联网，美国国会及政府各部门先后通过了《联邦禁止利用电脑犯罪法》《电脑犯罪法》《通讯正当行为法》《儿童互联网保护法》等约 130 项相关法律、法规，对包括谣言在内的网络传播内容加以规制。

美国各州、市也相继通过相关法规。纽约已通过立法惩治散布有关银行金融状况谣言的行为。2012 年 1 月 1 日，美国加利福尼亚州正式生效的一项新法律规定，校方有权将利用互联网散布谣言等"欺凌行为"的学生予以停学或开除。

印度

2000 年 6 月，印度颁布《信息技术法》，涉及刑事诉讼、行政管理等内容。2008 年孟买连环恐怖袭击事件发生后，印度对该法做出修订，规定对在网上散布虚假、欺诈信息的个人最高可判处 3 年有期徒刑，对故意利用计算机技术、破坏国家安全或对人民实施恐怖主义行为者，可判处有期徒刑直至终身监禁。

2011 年，印度再次修订《信息技术法》，重点加强对网站的规范管理，规定印度政府有关部门有权查封可疑网站和删除内容，网站则应当在接到通知 36 小时内删除不良内容，同时网站运营商还需要在声明中清楚告知用户，不得发布有关煽动民族仇恨、威胁国家团结与公共秩序的内容。2010 年 9 月起，印度政府为维护国家安全，要求对黑莓邮件、即时通信等通信软件，以及脸谱和推特等社交网络平台进行监控，并多次要求上述网络运营商协助政府删除涉嫌违法的网络内容。

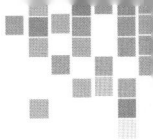

英国

在英国，谣言治理是整个社会危机管理的一部分。为此，英国在社区设立了公民咨询局，其主要职责就是向民众答疑解惑，对社会问题正本清源。

公民咨询局是政府免费提供法律咨询的机构，工作人员大多是来自社会不同领域的、具有专业知识的志愿者。公民咨询局与政府、议会等各方面联系密切，因而能保证在提供咨询时具有权威性。同时，民众通过公民咨询局还能更直接地找到相关部门，提高民众与有关部门的沟通效率，扩大知情权。

英国的实践证明，谣言控制中心或咨询中心在社会动荡、自然灾害等危机时刻能及时把真实信息传播出去，从而达到社区和谐、社会稳定的作用。在一些特殊历史时期，为确保社会稳定，北爱尔兰还曾发起过"反谣言、反恐吓"运动。

委内瑞拉

委内瑞拉饱受各种网络谣言的困扰，舆论斗争激烈。委内瑞拉总统大选期间，挑起公众不满的谎言再度回潮。

2013 年 2 月 4 日，委内瑞拉石油公司东部输油管道破裂，造成莫纳加斯州府马图林市区停水。委内瑞拉政府数日后宣布，已经对 95%的污染地区进行了清理。然而，委内瑞拉反对派控制的卡拉沃沃州随后称，中部水厂从被污染的巴伦西亚湖提取水源，经水厂简单消毒后直接向居民供水，造成委内瑞拉首都加拉加斯周边地区大面积饮水污染。卡拉沃沃州要求中央政府宣布紧急状态。一时间，反对派媒体各显神通，放大"污染灾情"。CNN（美国有线电视新闻网）西班牙语频道也加入了传播行列。

查韦斯总统将此类谣言定义为"媒体恐怖主义"。委内瑞拉检察部进行调查，要求媒体在报道此事时提供相关证据。最后，委内瑞拉检察长发表电话讲话，以确凿的证据说明供水符合饮用标准。委内瑞拉环境部部长详细介绍了饮用水处理经过，事态逐步平息。

为打击散布谣言、干扰政府行政之举，委内瑞拉政府成立了专门机构：通讯和信息部，负责新闻管理和新闻发布；国家电信委员会，管理信息传播。国会还颁布电台、电视台、电子媒体社会责任法，规范全国所有电台、电视台的行为，尤其对网络管理提出了更高的要求。此外，委内瑞拉还关闭了传播谣言的私人电台、电视台，并在国际电视台开辟专门栏目，澄清各种传闻。

西班牙

西班牙巴塞罗那市政府设立了"抵制谣言代理人"岗位，招募和培训工作人员，专门从事破除谣言和向社区邻里传播真相的工作，确保公民在日常生活或旅行途中遇到谣言也有即时辨析的途径。

抵制谣言代理人拥有全面准确的信息，这为他们破解谣言提供了基础。例如，当有人抱怨"当前享受公寓补助的都是外国移民"时，抵制谣言代理人迅速加以澄清："今天收到公寓补助的人中，外国移民的比例为 1/20。"

当前，巴塞罗那已有 350 多名抵制谣言代理人。该市的做法得到了加泰罗尼亚地区其他城市的认可，希腊和瑞士的一些城市也对此感兴趣并打算向巴塞罗那学习。

韩国

2008 年 4 月，韩国与美国就进口美国牛肉的谈判达成协议。有关美国牛肉有疯牛病隐患的传言在网络上大肆传播，韩国 MBC 电视台还制作了相关节目，导致民众开展了反对进口美国牛肉的强烈示威和集会活动，持续两个多月。韩国检方经过调查后认为，MBC 电视台制作的有关节目的核心内容是虚假的，随即对电视台相关负责人提出起诉。

同年 12 月底，国际金融危机爆发后，韩国一普通公司职员朴大成

在网上发布消息称，韩国各大金融机构发布紧急命令，禁止企业买入美元，以避免韩元过度贬值。导致韩国股市、汇市一片恐慌。韩国各大金融机构纷纷表示该消息为虚假消息，检方随后起诉了朴大成。

上述两起事件发生后，立法机关抓紧研究制订更加严格的法规，以对发布谣言者进行处罚。当前，韩国《电子通讯基本法》规定，以危害公共利益为目的，利用电子通信设备公然散播虚假信息的人，将被处以 5 年以下有期徒刑，并缴纳 5000 万韩元以下罚款。

墨西哥

2012 年，墨西哥韦拉克鲁斯州两名教师利用社交网站散布消息，称部分学校遭到袭击，学生被绑架，从而引发社会恐慌，造成该州交通瘫痪。为了打击类似的谣言，该州通过了刑法修正案：任何人以任何方式造谣称存在爆炸装置、武装袭击以及可能造成人体伤害的化学、生物或有毒物质，造成社会秩序混乱的，可处以 1 年至 4 年有期徒刑，并处罚金。

塔巴斯科州议会也通过了刑法修正条款：对利用电话或其他大众传播手段，散布虚假警报或紧急情况信息，危害社会稳定或引发社会混乱的，处以 6 个月到 2 年有期徒刑并处罚金。

日本

2011 年日本大地震发生后，关于地震及福岛核事故的各种谣言在网络上迅速流传，给国民造成极大恐慌。

日本总务省发布通知，要求"电气通信事业者相关团体"所管辖的电气通信事业者在保证报道的同时，采取为大众所知的必要措施，以消除谣言的危害。电气通信事业者相关团体包括电气通信事业者协会、电子通信服务协会、日本互联网接入商协会以及日本有线电视联盟等。

日本是注重行业协会组织的国家，各企业都要加入到行业所在的协会之中，并听从各行业协会的指令。在电话、电视、网络等领域也有各自的行业协会。行业协会大都归总务省管辖，总务省通过对行业协会发布通知，从而间接地管理电话、电视、网络等，防止谣言的传播。

澳大利亚

澳大利亚是世界上最早对互联网进行完善管理的国家之一，而打击、防范网络谣言则是其互联网管理的重点内容之一。

澳大利亚对网络管理的法规由政府、行业和受众代表共同制订。澳大利亚网络服务提供商与政府传播和媒体管理局签署协议，保证不传播谣言、垃圾邮件等。传播和媒体管理局还向网络服务商提供过滤软件，以保证协议的有效执行。

法国

谣言的危害让法国人震惊。2011 年 9 月 30 日，法国各地数百名中学生冲上街头，抗议教育部门取消一个月的假期。法国教育部门表示从来没有过这样的决定。原来，只是在教育部会议上，曾有人提出将学校假期缩短 15 天，结果被讹传并导致抗议活动。

针对各种谣言，法国一些网民和记者自发成立了"停止传谣"等辟谣网站。该网站的主页上写着："本网旨在利用网络提供真实信息，替代那些口口相传的虚假信息。请速将您认为是谣言的信息告知我们，如果核实确为谣传，本网即会刊登。"

第5节

贝叶斯网络模型在网络舆情预测中的应用

贝叶斯的方法是基于贝叶斯定理①而发展起来的用于系统地阐述和解决统计问题的方法。完全贝叶斯分析（Full Bayesian Analysis）包括数据分析、概率模型的构造、先验信息和效应函数的假设以及最后的决策。贝叶斯推断的基本方法是将关于未知参数的先验信息与样本信息综合，再根据贝叶斯定理得出后验信息，然后再根据后验信息去推断未知参数。

贝叶斯网络是一种概率网络，或称因果网络。它是基于概率推理的图形化网络，而贝叶斯公式则是这个概率网络的基础。贝叶斯网络是基于概率推理的数学模型。所谓概率推理就是通过一些变量的信息来获取其他的概率信息的过程。基于概率推理的贝叶斯网络(Bayesian Network)是为了解决不定性和不完整性问题而提出的，它对解决复杂设备不确定性和关联性所引起的故障有很大的优势，在多个领域中获得了广泛应用。贝叶斯理论是处理不确定性信息的重要工具。作为一种基于概率的不确定性推理方法，贝叶斯网络在处理不确定信息的智能化系统中已得到了广泛的应用，已被成功地用于网络舆

---

① 贝叶斯定理，或称贝叶斯推理。在18世纪由英国学者贝叶斯（1702—1761）提出。

情监测及预警、统计决策、专家系统、学习预测、医疗诊断等领域。这些成功应用充分体现了贝叶斯网络技术是一种强有力的不确定性推理方法。

贝叶斯网络又称信念网络 (Belief Network) 或有向无环图模型 (Directed Acyclic Graphical Model)，是一种概率图形模型，借由有向无环图 (Directed Acyclic Graphs, or DAGs) 中得知一组随机变量 $\{X_1, X_2, \ldots, X_n\}$ 及其 n 组条件概率分配 (Conditional Probability Distributions, or CPDs) 的性质。举例而言，贝叶斯网络可用来表示网络舆情和其相关公共事件间的概率关系。在已知某种症状下，贝叶斯网络就可以被用来计算出发生网络舆情事件的概率。

一般而言，贝叶斯网络的有向无环图中的节点表示随机变量，它们可以是可观察到的变量，抑或是隐变量、未知参数等。连接两个节点的箭头代表此两个随机变量是具有因果关系或是非条件独立的，而节点中变量间若没有箭头相互连接一起的情况就称其随机变量彼此间为条件独立。若两个节点间以一个单箭头连接在一起，表示其中一个节点是"因 (Parents)"，另一个是"果 (Descendants or Children)"，两节点就会产生一个条件概率值。比方说，我们以 x_i 表示第 i 个节点，而 x_i 的"因"以 p_i 表示，x_i 的"果"以 c_i 表示。

依照先前的定义，可以得知：

$P_2 = \{X_4, X_5\}$, $C_2 = \{X_1\}$, $P_4 = 0$, $C_4 = \{X_2, X_5\}$, $P_1 = \{X_2, X_3\}$, 以及 $C_2 = 0$

在大部分情况下，贝叶斯网络适用于节点的性质属于离散型的情形，且依照 $P(X_i|P_i)$ 的条件概率写出条件概率表 (Conditional Probability Table, or CPT)，在此条件概率表的每一行 (Row) 列出所有可能发生的 P_i，在一列 (Column) 列出所有可能发生的 X_i，且任一行的概率总和必为 1。写出条件概率表后就很容易将事情条理化，且轻易地得知此贝叶斯网络结构图中各节点间的因果关系。但是条件概率表也有其缺点：若是节点 X_i 是由很多的"因"所造成的"果"，如此一来条件概率表就会变得在计算上既复杂又不便使用。

　　贝叶斯网络能够利用简明的图形定性地表示事件之间复杂的因果关系或概率关系，在给定某些先验信息后，还可以定量地表示这些关系。网络的拓扑结构通常是根据具体的研究对象和问题来加以确定的。目前贝叶斯网络的研究热点之一就是如何通过学习自动确定和优化网络的拓扑结构。条件独立性假设是贝叶斯网络进行定量推理的理论基础。有了这个假设，就可以减少先验概率的数目，简化计算和推理过程。贝叶斯网络的条件独立性假设的一个很重要的判断依据就是著名的分隔定理（D-Separation）。该定理即：设 A、B、C 为网络节点中三个不同的子集，当且仅当 A 与 C 间不存在以下情况——所有含有聚合弧段的节点或其子节点是 B 的元素，其他节点不是 B 的元素——的路径时，我们称 B 隔离了 A 和 C，记为 <A|B|C>D。能同时满足以上两个条件的路径叫作激活（Active）路径，否则叫作截断（Blocked）路径。这个判断依据指出，如果 B 隔离了 A 和 C 时，那么可以认为 A 与 C 是关于 B 条件独立的。

　　有了条件独立性假设就可以大大简化网络推理计算。但是，与其他形式的不确定性推理方法一样，贝叶斯网络推理仍然需要给出许多先验概率。它们是根节点的概率值和所有子节点在其母节点给定下的条件概率值。这些先验概率可能是由大量历史的样本数据统计经分析而得到的，也可能是由领域专家根据长期的知识或经验总结而给出的，或者根据具体情况而于事先通过假设给定。贝叶斯网络推理算法可以分为精确算法和近似算法两大类。

　　从理论上来讲，所有类型的贝叶斯网络都可以用精确算法来进行概率推理。但 Cooper 指出，贝叶斯网络中的精确概率推理是一个 NP 难题（指还未被证明是否存在多项式算法能够解决的问题）。对于一个特定拓扑结构的网络，其复杂性取决于节点数。所以，精确算法一般用于结构较为简单的单联网络（Single Connected）。对于解决一般性的问题，我们不希望它是多项式次复杂。因而，在许多情况下都采用近似算法。它可以大大简化计算和推理过程，虽然它不能够提供每个节点的精确概率值。

通过提供图形化的方法来表示和运算概率知识，贝叶斯网络克服了基于规则的系统所具有的许多概念上和计算上的困难。贝叶斯网络与统计技术相结合，使得其在数据分析方面拥有了许多优点。与规划挖掘、决策树、人工神经网络、密度估计、分类、回归和聚类等方法相比，贝叶斯网络的优点主要体现在以下几个方面[①]：

第一，贝叶斯网络使用图形的方法来描述数据间的相互关系，语义清晰，易于理解。图形化的知识表示方法使得保持概率知识库的一致性和完整性变得容易，可以方便地针对条件的改变进行网络模块的重新配置。

第二，贝叶斯网络易于处理不完备数据集。传统标准的监督学习算法，必须知道所有可能的数据输入，如果缺少其中的某一数据输入就会使建立的模型产生偏差。而贝叶斯网络的方法反映的是整个数据库中数据间的概率关系模型，缺少某一数据变量仍然可以建立精确的模型。

第三，贝叶斯网络允许学习变量间的因果关系。在以往的数据分析中，当一个问题的因果关系存在较多干扰时，系统就无法做出精确的预测。而因果关系则已经包含在贝叶斯网络模型中。贝叶斯方法具有因果性和概率性语义，可以用来标示学习数据中的因果关系，并根据因果关系进行学习。

第四，贝叶斯网络与贝叶斯统计相结合，能够充分利用领域知识和样本数据的信息。贝叶斯网络用弧来表示变量间的依赖关系，用概率分布表来表示依赖关系的强弱，将先验信息与样本知识有机结合起来，促进了先验知识和数据的集成。这在样本数据稀疏或数据较难获得的时候特别有效。

一般情况下，构造网络舆情贝叶斯网络有三种不同的方式：

其一，由舆情领域的研究专家确定贝叶斯网络的变量（也称为

---

① 张兵利，裴亚辉.贝叶斯网络模型概述[J].电脑与信息技术，2008，16（5）：41-42.

影响因子）、节点，然后通过专家的知识来确定贝叶斯网络的结构，并指定它的分布参数。此时，贝叶斯网络完全是在专家的指导下进行的，模型的构建对专家的依赖程度较高，从而使得所构建的网络模型与在实践中积累的数据和经验有可能出现较大的偏差。

其二，由舆情领域的专家确定贝叶斯网络的节点，通过大量的训练数据来学习贝叶斯网络的结构和参数。这种方式完全是一种数据驱动的方法，具有很强的适应性，人工智能、数据深度挖掘技术、大数据分析技术和机器学习技术的不断发展，让这种方法成为可能。如何从数据中自动学习贝叶斯网的结构和参数，已经成为贝叶斯网络研究的热点。

其三，由舆情领域的专家确定贝叶斯网络的节点，通过专家的知识来指定网络的结构，并通过机器学习的方法从数据中学习网络的参数。这种方式实际上是前两种方式的折中。在变量之间的关系较明显的情况下，这种方法能大大提高学习的效率。可以看出，在由舆情领域的专家确定贝叶斯网络的节点后，构造贝叶斯网络的主要任务就是学习它的结构和参数。很显然，贝叶斯网络的学习结构和参数不是完全独立的。一方面，节点的条件概率在很大程度上依赖于网络的拓扑结构，另一方面，网络的拓扑结构直接由联合概率分布的函数来决定。

为使贝叶斯网作为知识模型得到广泛应用，在学习过程中寻找到一种最简单的网络结构是非常必要的。这种简单的结构模型就是稀疏网络。它含有最少可能的参数及最少可能的依赖关系。根据构成贝叶斯网络的节点变量是离散的变量且取有限个值、连续的变量、既有连续变量又有离散变量的三种不同情况，贝叶斯网络的类型可以分为离散型、连续型、混合型三种。

近年来，贝叶斯网络的理论研究的重点集中于贝叶斯网络的结构学习和参数学习方面。结构学习是指对于每一特征节点找到除根节点之外的所有父节点，参数学习是指在已知结构的基础上获得上述参数的估计。当在贝叶斯网络中把其中代表类别变量的节点作为根节点而把其余所有变量都作为它的子节点时，贝叶斯网络就变成了分类器。贝叶斯分类器的分类原理是通过某对象的先验概率，利用贝叶斯公式计算出其后验概率，即根据该对象属于某一类的概率，选择具有最大后验概率的类作为该对象所属的类。简而言之，贝叶斯分类器其实是最小错误率意义上的优化。目前研究较多的贝叶斯分类器主要有四种，分别是 Naive Bayes、TAN、BAN 和 GBN。

应用贝叶斯网络分类器进行分类主要分为两个阶段。第一个阶段是贝叶斯网络分类器的学习，包括结构学习和 CPT 学习，即从样本数据中构造分类器；第二个阶段是贝叶斯网络分类器的推理，即计算类节点的条件概率，对分类数据进行分类。这两个阶段的时间复杂性均取决于特征值间的依赖程度，甚至可以是 NP 完全问题，因而在实际应用中，往往需要对贝叶斯网络分类器进行简化。根据对特征值间不同关联程度的假设，可以得出各种贝叶斯分类器，Naive Bayes、TAN、BAN、GBN 就是其中较为典型、研究较深入的贝叶斯分类器。

贝叶斯网络分类器是在具有模式的完整统计知识条件下按照贝叶斯决策理论进行设计的一种最优分类器。分类器是对每一个输入模式赋予一个类别名称的软件或硬件装置，而贝叶斯分类器是各种分类器中分类错误概率最小或者在预先给定代价的情况下属于平均风险最小的分类器。它的设计方法是一种最基本的统计分类方法。

网络舆情环境的复杂性决定了贝叶斯分类器做出各种判定时的风险是不一样的。将重点网络舆情误判为一般网络舆情的风险就比将一般舆情误判为重点网络舆情的可能性更大。因此，在贝叶斯分类器中引入了风险的概念。在实际应用中根据具体情况决定各种风险的大小，通常用一组系数 C_{ij} 来表示。C_{ij} 表示分类器将被识别样本分类为 ω_i，而该样本的真正类别为 ω_j 时的风险。设计最小风险分类器的基本思想是用后验概率计算将 × 分类为 ω_i 的条件风险

$$b = c + a = \int_{\mathrm{n}}^{i} (\dot{c} + \dot{a})\, \mathrm{d}i$$

比较各 $R_i(\times)$ 的大小，与最小值对应的类别是分类的结果。评

价这种分类器的标准是平均风险，它的平均风险最小。在实际应用时，后验概率是难以获得的，根据模式类别的多少和 C_{ij} 的取值方式，可设计出各种分类器，例如模式为两类时，判别函数为：

$$g_1(x) = (C_{21}-C_{11})P(x|w_1)P(w_1)$$

$$g_2(x) = (C_{12}-C_{22})P(x|w_2)P(w_2)$$

如果选择 $C11$ 和 $C22$ 为零，$C12$ 和 $C21$ 为 1，它就是两类最小错误概率分类器。实际上，最小错误概率分类器是最小风险分类器的一种特殊情况。

设计贝叶斯分类器的关键是要知道样本特征 x 的各种概率密度函数。条件概率密度函数为多元正态分布是被研究得最多的分布。这是由于它的数学表达式易于分析，在实际应用中也是一种常见的分布形式。

第五章

网络舆情监测平台的功能及应用

第1节

借助技术手段进行网络舆情发现、分析的必要性

随着互联网在全球范围内的飞速发展，网络成为反映社会舆情的重要载体之一。在采集网络舆情信息时，选择信息来源非常重要，因为某些网站会在报道内容或者转载内容时有不同程度的迁就、迎合网民不健康需求的倾向。有些商业网站迫于盈利压力，放松内容管理，将色情、暴力、低级趣味的新闻、专题进行报道或转载，而有的网站则热衷于在论坛和新闻跟帖中连篇累牍地炒作负面报道。其中不乏以点带面、攻击司法不公、专挖社会阴暗面等的有害信息。所以，在采集信息时需要对信息来源进行标记，以防止之后分析舆情的片面化。

网络环境下的舆情信息的主要来源有政府网站、门户网站、社会新闻评论、BBS、博客、聚合新闻 (RSS)、微博、微信、即时通信平台等。可以看出，网络舆情表达快捷，信息多元，方式互动，具备传统媒体所无法比拟的优势。由于网上信息的量十分巨大，仅依靠人工方法难以应对网上海量信息的收集和处理，需要加强相关信息技术的研究，形成一套自动化的网络舆情指标体系和分析体系，及时应对网络舆情，由被动防堵化为主动梳理、引导。网络舆情最快速、最真实地反映了社会各个层面的舆情态势，成为社会舆情动态的实时晴雨

表，对社会产生的影响力越来越大，受到国家管理者的高度重视。但是，网络所具有的特性又带来了一系列的消极影响。一些网民通过网络散布谣言、披露别人隐私、进行偏激和非理性的谩骂与人身攻击，此外，西方各种势力也借助网络对我国发起"和平演变"攻势。

利用互联网的海量信息资源对可能蕴含着某种社会安全危机的敏感性、苗头性的网络舆情信息进行挖掘、分析、监测和预警，为国家管理者把握社情民意、辅助正确决策提供科学的参考，是社会化网络媒体这一新兴媒体所面临的严肃课题与严峻挑战。网络舆情综合信息的挖掘和获取是网络舆情研究的难点和创新点所在，而且是网络舆情安全的整体态势分析和预警的基础。

传统网络舆情管理的弊端是：覆盖应用范围窄；"灭火式"舆情处理，缺乏主动应对措施；不支持海量数据采集；网络安全技术单一；突发事件应对迟缓；缺乏针对性的研判分析；主要依靠人工完成。

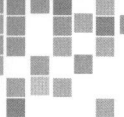

第 *2* 节

建立网络舆情指标体系的现实意义

网络舆情汇集和分析工作的生命周期，是指从决策产生对网络舆情信息的需求开始到分析结果被决策者利用的整个过程。此生命周期随着新需求的产生而不断循环。其中，需求和利用是生命周期的起点和终点，其中间环节包括工作规划，汇集、整理和评价，分析、预警、报送和反馈等，它们共同构成了网络舆情信息汇集和分析工作的主体。

在更普遍的意义上，网络舆情信息的需求可以概括为对若干主题的实时监控，针对通过网络舆情表现出的公共突发事件，进行 24 小时全天候信息采集、整理和分析，及时掌握网上的舆情动向。利用计算机采集、分析整理信息的过程，也就体现了设立指标体系的价值。

指标是在评价某些研究对象时确定的评价依据和标准，包括指标名称和数值。指标体系是由一些相互联系、相互补充的指标组成的统一整体，反映了综合状况。指标体系以多指标、多层次的方式揭示事物之间的关联性和系统性，将一个复杂的问题分解成多个相联系的部分，通过研究各部分之间的关系就能透彻认识整体，并准确定位关键制约因素。

建立网络舆情指标体系的现实意义有：

1.完整的指标体系可以指导网络舆情的监控工作，并可根据指标

来明确网络舆情信息采集的来源、范围和方向。

2.指标体系涉及整个网络舆情的生命周期，有助于全面了解网络舆情的发展状况，挖掘出有价值的信息，并及时通过预警指标判断出网络舆情的潜在问题。

3.指标体系的设立，使得网络舆情的信息判断更加客观，定性分析和定量分析相结合可以实现综合分析，直观地展现复杂问题，强化对网络舆情形势的把握。

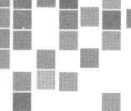

第*3*节

网络舆情的评价、分析指标体系

    网络舆情形成是刺激—反应的过程。[①]普列汉诺夫认为，公众意见的历史发展和整个人类历史一样，是有规律的过程。作为公众情绪、态度和意见的舆情，从形成到结束都处于动态的变化过程，必然要遵循某些规律来运行。在已有的研究中，学者们对非常规突发事件网络舆情热度的产生、形成、高涨、消亡过程的认识是非常模糊的。多数学者对舆情的演变规律以定性研究为主，较少学者用定性分析与定量分析相结合的方法对舆情热度的涨落规律和原因进行探究。

    在理论研究中，将定性研究与定量研究相结合，能够更充分地对研究对象产生更加全面和深刻的认识。

    网络舆情的评价和分析已成为政府、学者乃至社会普遍关注的现实问题。建立合理、可测的舆情发现、分析指标体系是衡量舆情热度的基础。指标体系构建的科学性直接关系到舆情热度的评价效果和普适性，从而关乎舆情引导的有效性。构建指标体系能够将各种相互联系的统计指标构成一个可测的有机整体，同时也说明了研究对象的各方面具有相互依存和相互制约的关系。科学地选择指标维度可以对舆

---

① 张一文，齐佳音，方滨兴，等.非常规突发事件网络舆情热度评价指标体系构建 [J].情报杂志社.2010（11）：71.

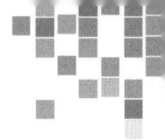

情热度给出综合有效的评判，更深刻地认识舆情热度涨落规律，明晰深层影响原因，为舆情发展阶段的划分、舆情的控制提供依据。

非常规突发事件的作用机理是指事件由发生到平息所经历的一系列相互作用过程。某些非常规突发事件经由网络传播形成社会热点，在互联网的作用下演变成公共事件，其社会影响力极大，造成或有可能造成社会危害，需要采取应急处置措施。

社会突发公共事件所引发的网络舆情的发生发展一般有以下几个过程：

第一，非常规突发公共事件的发生。将近年来热点网络舆情事件进行分类排序分析可以看出，网民最关注的非常规突发事件类型依次是政府管理、突发安全事故、突发自然灾害、公共卫生事件、食品安全事件、社会道德、教育、官员言行、文化、娱乐、体育、经济、民生、司法以及名人舆情等。当事人或其他网友在网上针对某非常规突发事件进行披露，引起网民关注与讨论，事件开始在网络上传播。

第二，非常规突发事件经由网络传播不断放大，网民情绪、意见不断高涨，影响越来越大，形成公共事件。政府的介入虽然在一定程度上披露了事件的相关信息，但网络舆论并不能因此得到平息。网民大量参照借鉴同类事件，追溯类似事件的根源，进行深度的讨论和反思，甚或会引发次生公共事件和次生网络舆情，并且亦极有可能形成对现实社会或公共政策的强烈的批判或是演变成现实社会中的对抗和冲突。

第三，事件引起社会普遍关注，政府甚至高层领导深度干预，相关部门高调解决，事件在网络上渐趋平息。一些事件刚发生时一般只是局部现象、个别言论甚至是普通的民众纠纷，在网络不发达的背景下，只会形成局部影响。但由于网络社会的到来，网络可以快速并迅猛地放大这些事件的社会知晓度和社会影响力，加速其传播，从而使一个小的偶然的公共事件演化成大的网络舆情，并有可能与公共事件形成互相推动的效果，导致更大的公共事件的发生，影响社会的安定。在此过程中，政府相关部门经常由于应对不及时、不科学、不主动，或者缺少有效的网络舆情预警管理措施和必要的信息化管理手段而造成舆情处置被动，导致政府机构公信力降低、形象受损，并严重影响社会的稳定与和谐。

对网络舆情的常规评价应从事件的社会冲击力、网民的推动力、媒体的引导力、政府干预处置应对能力、外部环境作用力这五个维度进行分析。网络舆情按照社会破坏力程度可分为高、中、低三种评价标准。社会破坏力包括对政府管理手段、执政水平和能力、社会诚信、社会公平、道德体系等方面的破坏。这种破坏更多地表现为对社会民众价值观念和思想观念的冲击和破坏，从而动摇民众对社会的信心，引发社会价值观的分裂和紊乱，严重的还能导致社会的崩溃或加速社会的崩溃。

第*4*节

网络舆情管理系统应该具备的功能

网络舆情管理系统应该具备的功能有：

第一，舆情分析引擎。

这是舆情分析系统的核心功能，包括以下功能：

——热点话题、敏感话题识别。可以根据新闻出处权威度、评论数量、发言时间密集程度等参数，识别出给定时间段内的热门话题；利用关键字布控和语义分析，识别敏感话题。

——倾向性分析。对每个话题和每个发信人发表的文章的观点、倾向性进行分析与统计。

——主题跟踪。分析新发表文章、帖子的话题是否与已有的主题相同。

——自动摘要。对各类主题、各类倾向能够形成自动摘要。

——趋势分析。分析某个主题在不同的时间段内人们所关注的程度。

——突发事件分析。对突发事件进行跨时间、跨空间综合分析，获知事件发生的全貌并预测事件发展的趋势。

——报警系统。对突发事件、涉及内容安全的敏感话题及时发现并报警。

——统计报告。根据舆情分析引擎处理后的结果库生成报告，用户可通过浏览器浏览，提供信息检索功能，根据指定条件对热点话题、倾向性进行查询，并浏览信息的具体内容，为决策提供支持。

第二，网络数据自动搜索功能。

现有的信息采集技术主要是通过网络页面之间的链接关系从网上自动获取页面信息，并且将链接关系不断向整个网络扩展。目前，一些搜索引擎使用自动抓取技术对全球范围内的网页进行检索。舆情监控系统应能根据用户的信息需求设定主题目标，使用人工参与和自动信息采集相结合的方法完成信息收集任务。

第三，数据清理功能。

对收集到的信息进行预处理，如格式转换、数据清理、数据统计等。对于新闻评论，需要滤除无关信息，保存新闻的标题、出处、发布时间、内容、点击次数、评论人、评论内容、评论数量等。对于论坛 BBS，需要记录帖子的标题、发言人、发布时间、内容、回帖内容、回帖数量等，最后形成格式化信息。在条件允许时，可直接针对服务器的数据库进行操作。

网络舆情分析系统的核心技术是舆情分析引擎，其最主要的技术包括文本分类、聚类、观点倾向性识别、主题检测与跟踪、自动摘要等计算机文本信息内容识别技术。其中基于关键词统计分析方法的技术相对比较成熟，但在有效性方面还有很大的提升空间。这些技术一向是国内外信息工作者所关注的领域。文本检索会议 (TREC)、情报检索专业组会议 (SIGIR)、文本检测与跟踪会议 (TDT) 等都是展示此类技术最新研究成果的最主要的国际会议和论坛。

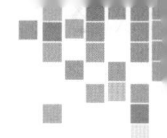

第 5 节

网络舆情发现

对网络舆情信息挖掘的关键就是要发现"社会民众关心的是什么，议论的是什么，满意的是什么，不满意的是什么"。基于这样的目的，应着重从以下几个媒体通道，对网络舆情信息进行挖掘和分析。

一、对中央重大政策和改革措施的出台所引发的舆情，以主流媒体、政府重点新闻网站如中国政府网、中国人大网、中国政协网、新华网、人民网、中国网、光明网、中国日报网、央视国际网、中青网、中国经济网等为主要挖掘渠道。

二、对与社会民众切身利益相关性较强的政策、法规，容易引发群众的思想波动和不满情绪而引发出的舆情，以权力部门如工商、公检法、税务、教育、城建等的相应网站为主要挖掘渠道。

三、对国内外要闻、重大事件的跟踪报道、热点评论等，以网站如新浪、搜狐、网易、腾讯、凤凰等的新闻为主要挖掘渠道。

四、对社会热点问题以及突发事件，以虚拟社区的热门板块和 BBS 跟帖如天涯社区、红网论坛、人民网强国论坛、猫扑网、人人网、高校 BBS 等网络社区为主要挖掘渠道。

五、小道消息、谣传、各种 SNS 用户高度互动及活跃的社会化媒体经常成为舆论的集散地，蕴含着带有明显倾向性、苗头性和极强针对性的舆情信息，并能通过转载而快速扩大影响。对此类网络舆情，应以个人微博、博客、播客等社区为主要挖掘渠道，如在新浪微博、搜狐微博、腾讯微博、凤凰微博、和讯微博以及新浪博客、博客中国、搜狐博客、百度贴吧、IM 即时通信工具平台和手机 SNS 无线应用等诸多产品去挖掘网络舆情信息。

六、社会思潮以及理论动态舆情，以学术类理论网站和社科类言论网站为主要挖掘渠道，如中国学术论坛、国学网站等。

从这些网络舆情传播媒介载体中挖掘出有价值的网络舆情点是网络舆情信息挖掘的关键。挖掘网络舆情信息内容时应把握舆情的几个维度：热点、焦点、兴奋点、波动点、重点和诱发点。

一、舆情热点。国家重大政策的调整如国务院机构改革、计划生育政策调整、税收政策调整等会对社会的方方面面产生影响并成为互联网上的热点话题。对这些舆情热点进行深入挖掘，能看出社会民众对国家治国方针的态度导向。

二、舆情焦点。与群众切身利益密切相关的事件大多会成为舆情焦点。舆情的本质是民众自身利益的诉求和表达。互联网因具有交流门槛低、受众主动性强的特点，使得民众情绪借助网络渠道进行宣泄，从而引起更多人的共鸣。教育、医疗、就业、资源与能源使用、三农、社会保障、安全生产、社会治安、社会发展观、和谐社会和反腐倡廉是民众关注的主要内容。这些话题或相关事件容易在网络上出现大量采访、报道、分析和评论，应着重挖掘这些舆情焦点内容。

三、舆情兴奋点。舆情变化的走势是舆情分析的关键所在。由于舆情的变化具有层次性和区域性，且经历从量变到质变的过程，因此必须高度关注舆情信息发生的初期：处于潜伏期且异常活跃的负面舆情信息一旦迅速爆发出来，便会给社会带来不好的影响。舆情兴奋点侧重于对小道消息和流言（闲话性、侵权性和恐慌性流言）的信息挖掘，以防止其层层扩大，造成不好的社会影响。

四、舆情波动点。国家重要改革措施的出台与社会民众预期的落

差是舆情的波动点。由于民众所处的社会地位和环境不同而会产生各种各样、褒贬不一、观点不同的评论，形成了呈现胶着态势的舆情波动。

五、舆情重点。为了准确把握社情民意，国家管理者有其舆情关注的重点。重点工作、经济工作等是国家管理者关注的重点所在，因其政治相关度比较高；娱乐新闻、体育新闻等政治相关度相对较低的内容则不是舆情重点。

六、舆情诱发点。通过媒体炒作和民众关注、转载而形成的舆情信息，因任何网络上星星之火都有可能形成网络舆情的迅猛燎原之势。这正是网络舆情形成周期中的"强蝴蝶效应"作用的结果。弱小的信息在网络媒体这张巨大的网状传播场中的传播范围有可能在瞬间被无限放大，这种强蝴蝶效应能够让网络媒体平台上的任何弱小的声音在短时间内得到迅速放大，进而发展成网络舆情热点或社会关注焦点。这是社会化媒体中强传播平台所具有的强传播效能所决定的。

所谓"牵一发而动全身"很形象地说明了社会化媒体平台最大的传播特点。在这个网状结构中，任何个体的行为都有可能对整个舆论生态圈产生重大的影响，并且能够将情绪和意见迅速传导到网络上的每个节点，造成全网的震动。这种以人作为每个节点上的震动源很可能将某个个体节点上的独立事件、独立遭遇、个体情绪迅速上升为一个网状体上群体的共同心理和共同情绪，并引发网络上全局性的关注、参与和动员。

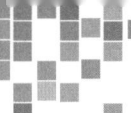

第 *6* 节

舆情收集的基本原理

随着信息传播速度的加快，在互联网上每天产生的新信息量已可用 EB[①]来计量。在海量的数据信息中，对我们有用的信息却少之又少。如何解决在庞大的数据信息中提取出有意义的信息是大数据的具体研究目标，也是舆情信息收集的关键。完全依靠人工搜索，不仅人力投资大，而且找到的舆情信息不够准确，出错率、漏帖率高。通过对网络舆情信息进行自动化、智能化采集，在节省时间的同时也能够精准找到高热度舆情信息。

网络舆情监测系统是通过网络爬虫技术抓取互联网上的信息（按照一定的规则，自动、实时抓取互联网上海量最新信息的程序或脚本），将抓取到的信息进行分析和判断，再把这些基础信息纳入到舆情监测分析、预测系统中进行舆情模型分析。这就是网络舆情收集的基本流程。

---

① EB，一个二进制数字序列，在计算机中作为一个数字单元，一般为8位二进制数，换算为十进制。最小值0，最大值255。

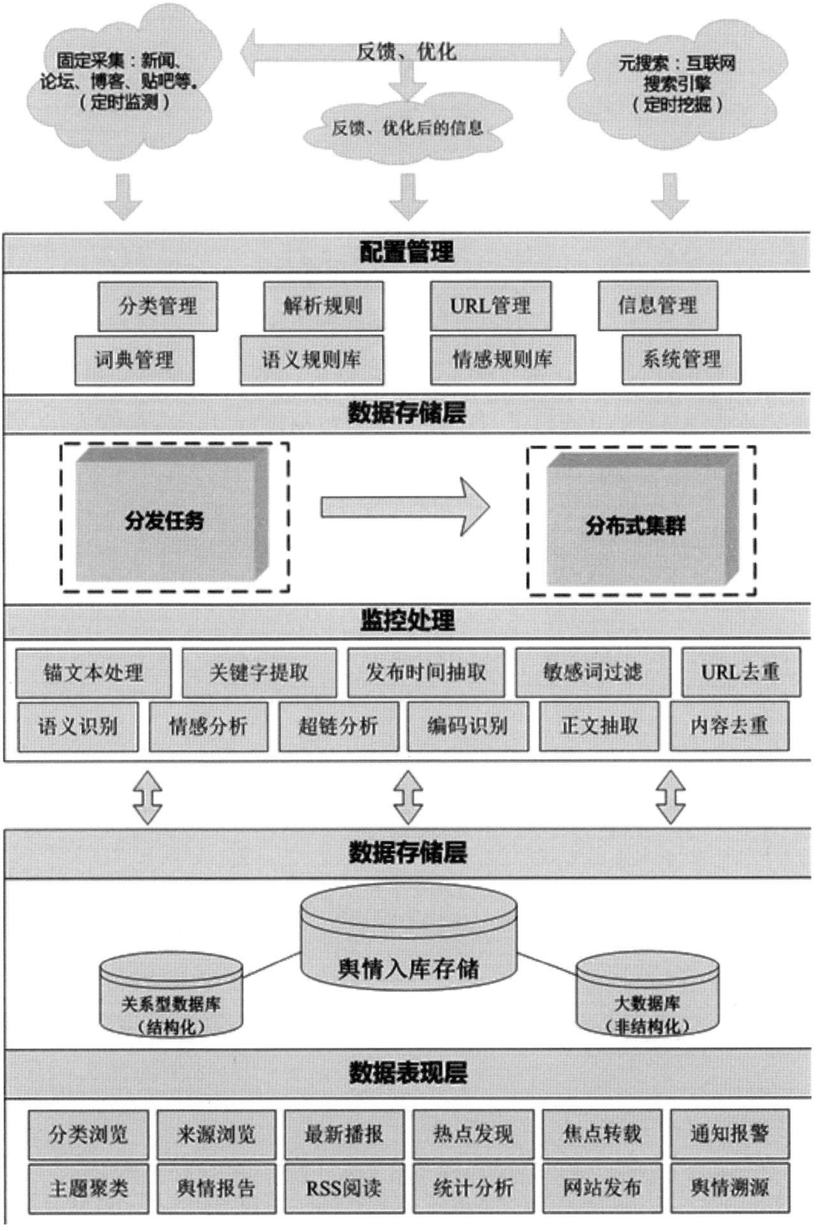

固定采集：新闻、论坛、博客、贴吧等.（定时监测）

反馈、优化

反馈、优化后的信息

元搜索：互联网搜索引擎（定时挖掘）

配置管理

| 分类管理 | 解析规则 | URL管理 | 信息管理 |

| 词典管理 | 语义规则库 | 情感规则库 | 系统管理 |

数据存储层

分发任务　　　　→　　　　分布式集群

监控处理

| 锚文本处理 | 关键字提取 | 发布时间抽取 | 敏感词过滤 | URL去重 |

| 语义识别 | 情感分析 | 超链分析 | 编码识别 | 正文抽取 | 内容去重 |

数据存储层

舆情入库存储

关系型数据库（结构化）　　　大数据库（非结构化）

数据表现层

| 分类浏览 | 来源浏览 | 最新播报 | 热点发现 | 焦点转载 | 通知报警 |

| 主题聚类 | 舆情报告 | RSS阅读 | 统计分析 | 网站发布 | 舆情溯源 |

图 5-1　舆情自动化收集流程示意图

　　网络舆情监测系统一方面要对新闻、论坛、博客、贴吧等进行定时监测，也需要通过元搜索技术，对多个搜索引擎同时进行检索操作，在元搜索的过程中，找到固定采集中被漏掉的网站，经反馈、优化后将此前被漏掉的网站归类到固定采集网站类别并进行定时监测。监测采集到的信息数据要经过配置管理、数据存储、数据监控处理等步骤，将数据进行过滤或纯净化处理。处理后的数据存储数据库，其中结构化的数据库存入关系型数据库中，非结构化的数据库存入大数据库中。存储后的数据通过表现层，将数据予以分类展示、分析、聚类等，可以将数据多格式地导出，也可以通过不同载体将数据信息进行自动传输，如将高舆情值的信息用短信、邮件、微信等方式自动发送给相关部门。

第7节

舆情自动化收集技术原理

社会化网络承载的舆情隐藏在海量的社会化信息当中，建立自动、快速的发现和收集机制是非常重要的。发现和收集舆情信息的系统性、科学性、可靠性及可操作性原则在企业和政府层面都显得尤为重要。要保证信息收集快速、准确、全面三点原则。

快速，即能够迅速地在信息的海洋中发现有价值的舆情信息并加以提取；

准确，即能够精准判断哪些信息属于要发现的有价值的舆情信息，这就要求系统具备相当强大的学习能力和信息处理能力；

全面，即能够最大限度地捕捉社会化网络上的舆情关键特征，发现潜在的任何舆情存在，全面发现网络上的舆情线索。

监测资源管理

大数据时代的到来，使得传统的存储系统已经满足不了现在用户的数据存储需要，因此存储虚拟化①技术应运而生，云存储已经成

---

① 存储虚拟化(Storage Virtualization)。最通俗的理解就是对存储硬件资源进行抽象化表现。通过将一个（或多个）目标（Target）服务或功能与其他附加的功能集成，统一提供有用的全面功能服务。典型的虚拟化包括如下一些情况：屏蔽系统的复杂性，增加或集成新的功能，仿真、整合或分解现有的服务功能等。虚拟化是作用在一个或者多个实体上的，而这些实体则是用来提供存储资源或服务的。

为未来存储发展的一种趋势。云存储具有更少的安全漏洞，而且提供的安全性水平比一般的数据中心所能提供的安全水平要高，更适合数据的存储。对于网络舆情监测平台来说，由于互联网监测对象不断扩大，需要"关注"的链接可达上万个，通过多台机器进行信息采集与运算就不可能达到分钟级响应。监测平台通过"云计算"技术在互联网不同位置可任意部署监测工作站 PC 机，这些监测工作站由多台并行冗余的服务器进行命令与任务协调、协作监测任务，从而实现非重点网站的定时信息采集、重要网站及链接的 7×24 全天候监测。并根据网页及链接的重要度，采用智能机器人从云端下载资源库的办法，做到对最重要的网站进行分钟级的采集和更新。

页面抓取

网络舆情监测系统能够采集和监测到互联网上所有的静态网页和动态网页公开信息。新增页面可以通过元搜索技术、深网技术等进行全网采集。通过各种优化技术，对新增和实时采集的信息响应时间不应超过 60 分钟，采全率应大于 95%。

定向抓取

并行协同抓取 html 网页文件。网页中采用的是 html 语言，虽然html 语法本身是结构化的，但由于标识可以自由使用，最终很难从html 源码中抽取出结构化的内容。监测系统在采集的时候用结构化采集技术对非结构化的网页数据进行结构化的信息抽取和数据存储，满足多维度的信息挖掘和统计需要。对各类网页进行标引，确定抽取字段标识（首、尾标识），并且对收集到的信息进行预处理，如格式转换、数据清理、数据统计。对于新闻评论，需要滤除无关信息，保存新闻的标题、出处、发布时间、内容、点击次数、评论人、评论内容、评论数量等。可采集地方论坛、全国知名论坛、国外相关论坛（需要开通 VPN 进行访问）、国内新闻门户、BBS、博客、微博、留

言板、社区的信息。所有分析出来的结构化数据全部通过大数据库系统进行存储与索引。

元搜索[1]抓取：固定网站监测总会漏掉一些新增加的网站信息，通过元搜索技术输入单个侦测词调用搜索引擎，初步符合后进行逻辑匹配，若匹配结果的 URL（统一资源定位符）不在资源库，则添加以丰富资源库。

元搜索技术

通过中文语义特性并结合信息结构特点而构成的专门搜索技术，具体来说是通过对搜索引擎提供的搜索接口，进行关键词自动搜索，通过全文搜索的结果进行全文检索、语义识别。并且可以实现调用多个搜索引擎统一搜索，整合信息，批量处理，并能导出结果。它集成了不同性能和不同风格的搜索引擎并发展了一些新的查询功能。查一个元搜索引擎就相当于检索多个独立搜索引擎。进行网络信息检索与收集时，元搜索可指定搜索条件，从而既提高信息采集的针对性又扩大了采集范围的广度，提高了信息搜索的精准度，是一种精准搜索技术。通过元搜索技术，能够实现全网采集。

抓取中的关键技术

信息抓取过程中会遇到各种问题，如网页的反爬虫技术、URL 去重、深网技术 (Deep Web) 挖掘等。在抓取网页内容的过程中经常会出现，由于多次访问其地址遭到 IP 封堵，利用伪造请求包技术，以不同的 IP 地址访问、抓取信息，破解其反爬虫技术。

采用文档"指纹"的文本查重技术，支持海量数据的信息查重。利用相似性检索技术，检索给定样本的文本，在文本集合中查找出与之内容相似的其他文本。在实际应用中，找出信息内容几乎相同的文

---

[1] 元搜索又称，多搜索引擎。通过一个统一的用户界面帮助用户在多个搜索引擎中选择和利用合适的（甚至是同时利用若干个）搜索引擎来实现检索操作，是对分布于网络的多种检索工具的全局控制机制。

章，实现对信息的消重；根据文章主题相似性，形成专题报道、背景分析等等。采用网页自动去噪技术，去除网页中正文之外的边栏、广告栏、标题栏、浮动广告栏等"噪音"信息内容。网页内容智能提取技术能有效地提取网页中的有效信息，区分网页中的标题、正文等信息项，并对内容具有连续性的多个网页内容进行自动合并、网络论坛信息自动提取等。过滤比率不低于90%，重复率不超过1%。

整个Web可以分为浅网（Surface Web）和深网（Deep Web）两部分。浅网是指通过超链接可以被传统搜索引擎索引到的页面的集合，深网是指不能被传统搜索引擎索引到的内容。通过浅网可以挖掘到37%的Web信息，通过深网可以挖掘到63%的Web信息。利用深网技术可以挖掘到更多搜索引擎索引不到的内容，让信息抓取得更全面、具体、准确。

内容解析

根据规则从网页中获取链接，将这些符合规则的链接存放在专门的链接表中，再由解析程序从链接表中获取链接，并根据其在网上获取的内容进行解析。监测系统能对采集的信息进行精准的数据抽取，对于新闻网页，可以解析出来源作者、发布时间、新闻标题、新闻作者、新闻正文等元数据；对于论坛帖子可以解析出发帖人、发帖时间、帖子主题、帖子内容、点击数、回复数等元数据；对于微博信息能解析出微博博主、发微博时间、微博主题、内容、转发量、评论等元数据，支持RSS解析。解析出的主要信息放在一个主表中，帖子内容存放在内容表中，帖子作者存放在作者表中，解析出的词语放在一个表中，匹配的关键词放在另一个关键词表中，各个单位的都通过主表去关联获取想要的信息。对采集到的所有信息原数据按照一定的格式进行存储，并建立信息唯一标识号码。可根据一定的规则对符合信息条件的网页进行快照，保存网页的原貌，并能够对快照图片文件进行管理（删除、转贮等）。

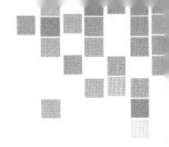

网络监测平台配置自动识别语言和网站编码，包括中英文及中文繁体，支持 UTF-8、GB2312、Big5、GB18030 等各种编码。目前网站应用 UTF-8 格式居多，一些不规范的网站虽然设置 UTF-8，但实际使用的却是其他的编码格式。有的网站显示乱码，需要转换成对应的编码格式再进行信息的抓取。

监测关键词

关键词检索技术实质是对数据库信息内容预先进行加工，即对文献内容全面地分析，将那些出现在文献的标题、正文、摘要中能反映文献主题概念具有实质意义的词语抽取出来进行标引，通过文献标引来揭示文献内容，进行信息资源定位。用户根据自己的信息需求，利用系统提供的关键词检索入口，输入自己选定的关键词，系统按照用户的查询指令查找符合条件的对应内容，并把检索结果组织起来提供给用户。网络舆情监测系统需要预先设定监测关键词，再将关键词与系统解析过的信息进行匹配，如果符合就保存到大数据数据库中，如果不符合就舍弃。

文本情感分析

社会民众通过网络所表达的群体性的情绪、态度、意见与要求等形成了网络舆情，分析当前网络的舆情动态，对网络的热点、焦点与敏感话题及时做出反应，合理甄别引导，提高处置网络突发事件的能力和监管能力，是分析网民情感的目的。在网络舆情监控分析与预警方面，网络舆情信息获取的快与准、内容分析的确定性、舆情研判的准确性、舆情响应的及时性、信息跟踪的全面性等目标是网络舆情分析研究的重中之重。

舆情监测分析的核心技术在于舆情分析引擎，涉及的最主要的技术包括文本分类与聚类、主题检测与跟踪、观点倾向性识别、自动摘要等计算技术。迄今为止，国内外所从事的网络文本倾向性分析研究

工作可归纳为以下几个方面：

（1）客观性分类：从 Web 上获取的评论文档按照类型和风格的不同区分为主观和客观两类，其结论是基于词性标注的特征选择方法比词袋方法效果好。

（2）词的极性判别：即通过分析带有语气词的特征来判断词的极性。

着重研究倾向性主客观过滤技术和观点极性、强度、情感分析判别技术：研究网络环境下倾向性特征词的特点和类型，并进行语气极性判别和标注，从而构建一个面向互联网的倾向性语气词典，建设一定规模的标准数据集，为中文倾向性分析的深入研究和公开评测提供支持。经过倾向性剖析能够明白网络传播者所蕴含的感情、态度、观念、立场、企图等客观反映。比方新浪网的"新闻心情排行"将用户阅读新闻评论时的心情划分为八个层次。对舆情文本停止倾向性剖析，实践上就是试图用计算机完成依据文本的内容提炼出文本作者的情感方向的目的。

大数据技术

大数据技术的意义不在于数据信息量的庞大，而是对庞大数据中有意义的信息进行专业化的处理。

数据库（Data base）指的是以一定方式储存在一起、能为多个用户共享、具有尽可能小的冗余度、与应用程序彼此独立的数据集合。简单来说是本身可视为电子化的文件柜——存储电子文件的处所，用户可以对文件中的数据运行新增、截取、更新、删除等操作。数据库有很多种类型，从最简单的存储有各种数据的表格到能够进行海量数据存储的大型数据库系统，都在各个方面有广泛的应用。

数据库的基本结构分三个层次，反映了观察数据库的三种不同角度。以内模式为框架所组成的数据库叫作物理数据库；以概念模式为框架所组成的数据库叫作概念数据库；以外模式为框架所组成的数据库叫作用户数据库。数据库不同层次之间的联系是通过映射进行转换的。具

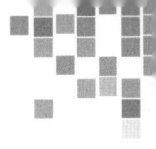

有实现数据共享和减少数据的冗余度、数据的独立性、数据实现集中控制、数据一致性和可维护性、故障恢复等主要特点。

近年由于网络的发展，网络的传输速度发展远远大于硬盘的读取速度，Hadoop 提供了一个可靠的共享存储和分析系统，其核心 HDFS 实现存储，另一个核心 Map Reduce 实现分析处理。在处理海量数据的同时，Hadoop 表现出高可靠性、高扩展性、高效性、高容错性等优点。

Hadoop 跟传统的关系型数据库实现原理不同。举个例子，我们想通过字典查一个字，可以一页页浏览查找，也可以通过字典的索引，先找到要查字的页码，然后找到这个字。两种方法都可以找到要查的字，但是利用索引的方法更加节省时间，Hadoop 的实现原理和利用字典索引查找某个字或词是一样的原理。

Hadoop 的另外一个特点就是利用集群。由于数据量越来越大，超巨型的计算机、服务器较昂贵，一般小公司硬件方面满足不了，就从软件方面想办法。为了存储大量数据，只能通过集群来实现。集群是一组相互独立的、通过高速网络互联的计算机，它们构成了一个组，并以单一系统的模式加以管理。一个客户与集群相互作用时，集群像是一个独立的服务器。Hadoop 就需要建立在不同集群的计算机上，通过网络进行相互之间传输数据。随着信息量的增加，还可以进行扩充，这就是集群的扩展性。

Hadoop 的另一特性是高容错性。Hadoop 能够自动保存数据的多个副本。如果当前网络不够稳定或其中的几台机器网络断掉，Hadoop 自动检测网络情况，如果网络不同，自动将数据分发到其他的机器上，这就是 Hadoop 的高容错机制。

HBase 是基于 Hadoop 上实现的 NoSQL 数据库。常见的 NoSQL 数据库还有 MogoDB、OceanBase、Membase 等。这些数据库数据结构很简单，采用键值对形式（key:value），并利用倒排索引的算法来提高性能。

Oracle、MySQL、SQLServer 属于关系型数据库，同类比较常见的数据库还有 DB2、Sysbase。Oracle 的性能较突出，支持的数据量较大，但其不是开源的，价钱也相对较高。传统的数据库越来越支撑不了超大的数据库，MySQL 已经渐渐被开发者放弃。对比 Oracle 的高价格，Hadoop 是开源的，选择用 Hadoop，项目的软件成本会大大降低。

大数据可视化分析技术

可视化是数据描述的图形表示，旨在一目了然地揭示数据中的复杂信息。成功的可视化的美丽之处不仅在于其艺术的分析数据，也在于其通过对数据细节的优雅展示，能够有效地产生对数据的洞察和新的理解，并且能够传递更多、更丰富的信息。事实上，图形是数据发现应用的理想架构。首先，图论分析能够让我们轻松探索不同数据之间的联系和关系；其次，图论分析能够让我们在分析过程中进行定义和重新定义分析方法，灵活地处理新的、不同的数据类型和数据量。

图论分析技术更适合对社会化媒体的传播趋势、传播路径进行实时的跟踪分析，对社会化媒体的各类数据深度挖掘、分析以及对公共安全事件的预测能力，并且可以借此构建整合视频、音频、图形、指纹、掌纹、人脸图像、签名等一系列信息的生物信息识别系统。

微博监测技术

在无法获得微博平台接口的情况下，采用模拟用户操作浏览器，以名人微博为采集入口点，利用微博上的人际关系网络，进行海量人物信息的发现和采集，及时发现微博上的舆情线索和传播渠道。

第 *8* 节

网络舆情分析模型

　　网络舆情监测系统应具有专业的分析功能，对抓取到的数据进行分析和处理，经过复杂的算法，得到相应的分析结果。

　　根据舆情管理系统的需求，舆情分析系统应采用先进的数据采集、数据挖掘、中文分析处理等技术，实现全网监测、人物监测、地点监测，实时定点采集网页、新闻、论坛、博客、贴吧、微博、微信公众号、手机 app 等新闻源的内容，在第一时间发现相关的互联网信息，挖掘舆情热点，并自动跟踪和预警。舆情分析系统可有效地帮助政府掌握社情民意、企业掌握当前动态，把握网络舆情，提高政府和企业的管理水平以及应对突发事件的能力。

　　首先，在舆情分析过程中应分析信息的来源，包括信息的来源网站、来源网站的重要度、发布作者、发布作者的影响力、发布载体、地区分布等。对于论坛类别上的信息，应注意发布的板块和评论情况，对于微博、博客，要关注作者的影响力和文章的转发量评论量。

　　其次，在舆情分析过程中要对关键词进行分析，通过对关键词的监测，能够间接观测网友的情感和态度。在分析关键词的时候，要分析关键词所属的类别，有针对性地归类，并报警通知、帮助解决该舆情信息背后的问题，如监测到"地块"这个关键词，会归到国土资源部门的相关信息类别中，如出现相关的舆情信息，国土部门就需要做出响应。在舆情分析时也要注意不同关键词之间的关系，通过关键词关联关系分析出信息背后的规律。

再次，对抓取到的数据分析其总体数量变化情况，一段时间（一周、一个月）内的信息数量的变化，高、中、低相关的舆情数量的变化，舆情值高低的变化、不同载体的信息数量的变化等。通过数据反映出信息的变化趋势，也能够监测出舆情信息的严重程度。最后，在舆情分析时要对单一事件进行专题分析，分析事件的起源、经过、发展和网络媒体的转载、评论等情况，并分析网友的背景和态度。

监测系统基于对信息抓取的全面、数据抓取的准确，网络舆情分析模型能够对舆情信息进行专业、科学、系统的分析。做舆情分析是为了发现问题和解决问题，通过分析模型，可以将问题细分，缩小问题的范围，让问题在最短的时间展示出来。网络舆情分析模型的意义有：第一，能够快捷、客观地将数据进行分析处理，并直观地以多种形式加以展示。第二，通过数据分析，发现信息和信息之间的一些规律和趋势。第三，观察事件发展规律，及早地进行预测和应对准备，并对相关政策等进行检验和改进。第四，当遇到同类别的事件时，做好归档的舆情信息可以作为第一手的参考资料。

网络舆情管理自动化平台的基本逻辑框架和功能

通用的舆情管理平台的功能模块包括数据的自动采集，自动的热点分析、敏感追踪以及情感判别等辅助手段。网络舆情分析实际上是结合业务需求，由舆情危机公关专家和业务专家密切配合，从社会环境、政治背景、时空背景以及历史经验进行综合分析解读的行为。当然，在实际操作中几乎没有两份相同的舆情分析报告，也不可能实现系统的自动舆情分析。

网络舆情采集信息与分析管理平台的总体架构由 B/S 结构组成，采用基于 J2EE 环境 SOA 架构应用集成技术：系统的底层为数据管理层，通过对互联网进行动态监测、URL 去重、结构化内容分析、网情内容分类与索引等技术采集网络舆情基础数据，并建立起网络舆情信息库、敏感词库和采集解析规则库等相关分析组件；系统的中间层则是通过管理各类信息数据，采用成熟的内容管理技术、知识管理技术、发布技术等通用技术对信息内容进行挖掘，建立起网络舆情重要度、行业关联度、时间与空间分布度的三维信息空间数据；系统的上层则是通过外部信息与分析管理平台建立起网络舆情处置业务应用的平台。

监测系统需基于 Web 技术开发，在 PC 服务器及其兼容机上运行，应在 Windows、UNIX、Linux 等操作系统上运行。经过专业人员部署后，各类浏览器均可使用和管理监测系统。

监测系统应使用分布式部署，支持负载均衡的服务器部署方式，并可以支持 MySQL、SQLServer、Oracle 等主流数据库。

在软件架构方面，遵循面向服务软件开发的理念。在软件开发时采用模块化的架构设计。在开发过程中保证模块和模块之间的接口尽量少而简单，以有利于功能的修改和组合，实现应用系统的高内聚、低耦合性。在开发过程中也要确保各个服务之间的独立，保证在修改一项服务时不会影响到其他服务的功能。

网络监测平台上重点信息要在第一时间清楚地表现出来，分析图表要准确、科学、合理，设置功能要灵活。具体表现在以下几个方面：

1. 页面显示。展示出最关注、最需要的信息。可以根据不同单位的需求对信息进行自定义分类展示。

2. 舆情信息。监测的信息要全面，信息抓取的规则要科学，避免漏帖、重复帖出现。舆情信息列表应该将信息的各种条件清楚地展示出来。可以按照舆情值的高低、来源网站的重要程度、来源网站的不同类别、自定义主题事件等方式进行展示。在展示信息时，允许按照时间、网站重要度、网站类别等筛选信息。

3. 舆情分析。要分析出网站的热度排行、主题事件的热度排行、关键词的热度排行，微博、论坛、帖子等的最新情况、最新转发数量、评论数量等信息；要对信息的来源进行分析，分析来源网站情况、来源作者情况、网络载体、地区分布、一段时间内来源信息数量的变化情况；对信息内容加以分析，分析信息涉及关键词的情况、信息的总体类别的情况、网友观点、多维度分析信息的趋势和发展、信息关联关系、作者关联关系等；针对某一个专题事件进行分析，要分析信息的媒体曝光情况、传播范围情况、事件发展情况、网友情绪态度、网友信息和相关信息等。

4. 常规报告。报告可以自动生成，允许手动修改，并允许以不同种格式导出。报告的形式应多样化，如日报、周报、月报、年报、专题报等。报告的内容应简明扼要。

5. 报警功能。网络舆情监测系统应具有报警功能，报警功能可以采取短消息、电子邮件、弹窗报警、在线即时聊天工具实时报警等多种方式。

6. 系统功能设置。应能设置系统监测的关键词、所属类别、关注网站、关注作者，设置系统信息分类、控制参数情况，管理系统的栏目、菜单、单位信息、用户权限、主题事件等。

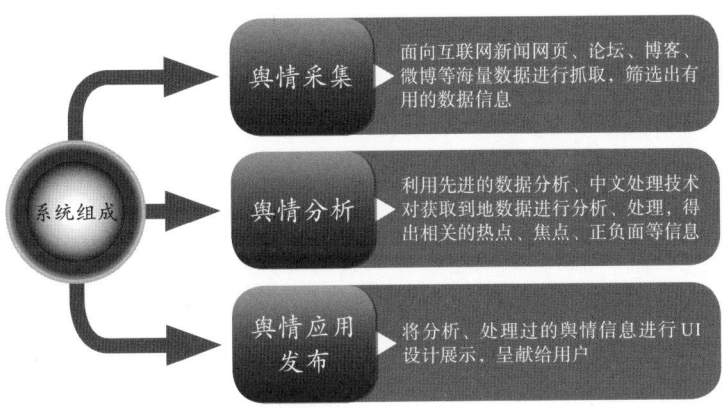

图 5-2　网络舆情管理的系统组成

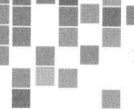

第 *10* 节

网络舆情监测管理平台的价值

社会在整体进步，社会矛盾、个人意见在扩张，偶发事件也在不断发生。随着信息传播技术的发展和普及，人们越来越熟悉网络，更加会利用网络，在网络上发帖、爆料、转载、评论等的行为都会引发社会舆论，煽动公共情绪，影响人们的行为方式、价值取向和生产生活，进一步地影响到国家的政策决策和法律变革。所以，及时、有效、科学地控制网络舆情是保证社会稳定和谐的一个重要因素。应用网络舆情监测管理平台，可以有效、科学、及时监测网络舆情的发展动态。

网络舆情监测管理平台的主要价值有：

1. 省时：抓取互联网上的相关信息更加迅速。网络舆情监测管理平台上使用相应的抓取技术和关键词检索技术，能够有针对性地抓取到有用的信息，并依据信息舆情值的高低将帖子进行排序。在短时间内利用网络舆情监测管理平台可以收集到更多的有用信息。智能化代替了人工搜索，使得发现高舆情值信息更加快速，也为相关部门处理争取到更多的时间去解决和应对该舆情信息。

2. 省力：第一，网络舆情监测管理平台的硬件设备投资较少。网络舆情监测管理平台最低限度上只需要一台服务器和一台前端展示的

电脑。借助硬件设备投资就可以代替大量人工搜索的工作，节省了人力资源成本。第二，自动分析大量的舆情信息。利用网络舆情监测管理平台可以对大量的数据进行智能分析和研判，自动生成相应的分析图表，帮助庞大的数据信息进行分析和理解。第三，自动生成舆情报告。采集到的信息可以通过分析数据结果进行分类，并能自动生成舆情报告。

3. 及时：网络舆情监测管理平台可以利用后台设定报警条件，通过短消息、电子邮件、即时聊天工具、自动弹窗等方式，让用户在第一时间内收到高危的舆情自动报警信息。

4. 专业：网络舆情监测管理平台在数据分析、关键词、舆情的发展趋势、历史舆情事件等方面具有专业的分析团队，能够提供更加专业的分析和预警信息。专业的归档和整理，可以在出现类似事件时帮助提供迅速解决的办法，使公共情绪降温。

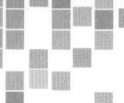

第 *11* 节

网络舆情管理系统体系构建

　　随着云计算时代的到来，许多应用系统得以借助云计算平台实现高效的部署和应用，并且，在极大程度上缩短了部署的时间周期，降低了建设成本，同时也提升了服务效率和服务品质。SaaS[①]服务模型的出现彻底改写了网络服务以及网络应用的模式。易观国际认为，无论 SaaS 还是 PaaS[②]，它们所代表的云计算这种全新和领先的互联网应用交付模式终将走向未来，在未来十年里 SaaS 将成为互联网的主流应用形态，为互联网的移动化和社会的发展提供强大支持。

　　SaaS 服务模式与传统许可模式软件有很大的不同，它是未来管理软件的发展趋势。

　　相比传统服务方式，SaaS 具有很多独特之处：SaaS 不仅减少了或取消了传统的软件授权费用，而且厂商将应用软件部署在统一的服务器上，免除了最终用户的服务器硬件、网络安全设备和软件升级维护的

---

① SaaS(Software as a Service 软件即服务，或 Security as a Service 安全即服务)是一种通过互联网提供软件的模式。用户不再购买软件，而改向提供商租用基于 Web 的软件来管理企业经营活动，且无须对软件进行维护，服务提供商会全权管理和维护软件。对许多小型企业来说，SaaS 是采用先进技术的最好途径，它消除了企业购买、构建和维护基础设施和应用程序的需要。近几年来，SaaS 的兴起已经给传统套装软件厂商带来极大的压力。

② PaaS 是 Platform as a Service 的缩写，意思是平台即服务。

支出，客户不需要除个人电脑和互联网连接之外的其他 IT 投资就可以通过互联网获得所需要的软件和服务。此外，大量的新技术提供了更简单、更灵活、更实用的 SaaS 服务获取方式。

另外，SaaS 供应商通常是按照客户所租用的软件模块来收费的，用户可以根据需求订购软件应用服务，而且 SaaS 的供应商负责系统的部署、升级和维护。而传统软件供应商通常是在买家一次支付一笔不菲的费用后才能使用软件。

云计算是 Grid 计算（广义的基于 SOA 的）和 SaaS 技术融合、提升和发展后的产物。

首先，SaaS 不是云计算，云计算也不等于 SaaS。SaaS 是云计算上的应用表现，云计算是 SaaS 的后端基础服务保障。其次，云计算将弱化 SaaS 门槛，促进 SaaS 发展。云计算将软件应用直接剥离出去，将平台留下，做平台的始终做平台，做云计算资源的人专心做好资源的调度和服务。SaaS 服务商只需要关注自己的软件功能表现，无须投入大量资金到后端基础系统建设。最后，云计算系统建立起来之后 SaaS 将获得跨越式的发展，云计算将大力推动 SaaS 发展。

根据 NIST 的权威定义，云计算有 SPI 即 SaaS、PaaS 和 IaaS 三大服务模式，这是目前业界最为广泛认同的划分。PaaS 和 IaaS 源于 SaaS 理念。云计算三种服务模式是从用户体验角度出发的，三者都试图去解决同一个商业问题——用尽可能少甚至是为零的资本支出，获得功能、扩展功能、服务和商业价值。

1.SaaS：提供给客户的服务是运营商运行在云计算基础设施上的应用程序，用户可以在各种设备上通过客户端界面访问。消费者不需要管理或控制任何云计算基础设施，包括网络、服务器、操作系统、存储等。

2.PaaS：提供给消费者的服务是把客户采用开发语言和工具（例如 Java、python、Net 等）所开发或收购的应用程序部署到供应商的云计算基础设施上去。客户不需要管理或控制底层的云基础设施，包括网络、服务器、操作系统、存储等，但客户能控制部署的应用程序，也可以控制运行应用程序的托管环境配置。

3.IaaS：提供给消费者的服务是对所有设施，包括处理器、存储、网络和其他基本的计算资源的利用。用户能够部署和运行任意软件，包括操作系统和应用程序。消费者不管理或控制任何云计算基础设施，但能控制操作系统的选择、储存空间、部署的应用，也有可能获得有限制的网络组件（如防火墙、负载均衡器等）的控制权限。

第 *12* 节

SaaS 体系的优势

对政府机构或企业来说，部署 SaaS 服务的优点在于：

第一，从技术方面来看：政府机构或企业无须再配备 IT 方面的专业技术人员而又能得到最新的技术应用，满足政府机构或企业对信息管理的需求。

第二，从投资方面来看：政府机构或企业只需以相对低廉的"月租费"方式投资，不用一次性投资到位，不必占用过多的资金，从而缓解政府机构或企业资金不足的压力。其次，不用考虑成本折旧问题，并能及时获得最新硬件平台及最佳的应用或服务解决方案。

第三，从维护和管理方面来看：由于政府机构或企业采取租用的方式来进行物流业务管理，不需要专门的维护和管理人员，也不需要为维护和管理人员支付额外费用，在很大程度上缓解了政府机构或企业在人力、财力、物力上的压力，使其能够集中人力财力对核心业务实现有效的运营。

SaaS 服务提供商为中小企业搭建信息化建设所需要的所有网络基础设施及软件、硬件运作平台，并负责前期的实施、后期的维护等一系列所有服务，企业无须购买软硬件、建设机房、招聘 IT 人员，只需在前期一次性支付项目实施费和定期的软件租赁服务费后即可通

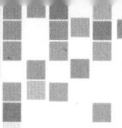

过互联网享用信息服务系统。服务提供商通过有效的技术措施，可以保证每家企业的数据的安全性和保密性。企业采用 SaaS 服务模式在效果上与企业自建信息系统基本上没有差别，但使企业节省了用于购买 IT 产品、技术和维护运行的大量资金，且能使企业方便地利用信息化系统，从而大幅度地降低了中小企业信息化的门槛与风险。

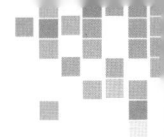

第*13*节

选择 SaaS 服务提供商需要注意的几个方面

选择 SaaS 服务提供商时，需要注意的方面有：

第一，安全性。一个安全、可靠的网络舆情系统对网络舆情的及时捕捉和响应具有重要的意义。网络舆情管理服务的安全包括网络舆情管理平台上的数据安全和应用安全，亦包括使用该平台的所有用户信息的安全，确保其操作是可追溯的，并有完善的角色、权限等安全管理功能。

第二，基于 B/S 结构的服务体系。完全基于 Web 的解决方案的 SaaS 网络舆情管理平台能够让用户快速进行部署和应用。浏览器已经成为大多数用户的上网入口程序，故此，在各类浏览器或跨平台使用不同浏览器时使用网络舆情 SaaS 服务体系可以更便于产品的推广和使用。

第三，网络舆情 SaaS 服务提供商的经验。网络舆情服务提供商的网络舆情研究的成果积累以及网络舆情 SaaS 运用维护平台的经验至关重要。

第四，升级周期。使用 SaaS 解决方案的优点之一是能够获得自动升级的便利。升级可确保用户总是使用最新版本和最新功能。这种升级应当不需要任何追加费用，也根本不需要用户重新培训员工。这意味着即使部署了新功能，它们对用户开展业务的方式应当没有任何影响。

第五，集成能力。服务提供商提供的 SaaS 解决方案能与用户现有的软件系统集成，从而可以让数据在软件之间自由进出。构建网络舆情系统与其他电子政务系统或办公自动化系统的协同机制，将网络舆情管理纳入政府的电子政务建设应用体系中去，充分发挥网络舆情平台的作用。

第六，备份。为了应对平台可能出现的数据丢失或人为损坏，网络舆情管理系统应建立完善的容灾备份机制，确保平台上的应用和数据能够随时被修复。

第七，数据分析。为提升网络舆情的使用效率和效能，网络舆情系统要能做到快速、及时、准确地发现舆情，并对舆情的发生、发展以及未来的可能走向进行自动研判。这就要求网络舆情管理平台采用高效的分布式计算和存储技术，提升系统的舆情搜索发现功能以及舆情数据的汇总分析功能。

第八，应用的可扩展性。可扩展性能够确保用户的需求被不断满足并得到很好的支持。

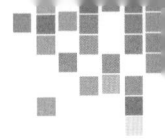

第*14*节

SaaS系统的安全

　　"中小型企业必须非常谨慎地挑选供应商以存储他们的宝贵数据。"分析机构IDC（国际数据公司）的分析师劳拉·杜波伊斯（Laura DuBois）表示。这位分析师一直关注在线存储服务以及SaaS领域的发展动向。她在一篇文章中曾表示，由于在线存储服务来势汹汹，IDC甚至没有为其准备好一个相应的分类方法。

　　在利用SaaS提供的便捷应用服务的同时，隐藏在这种服务模型背后的信息安全问题亦不容忽视。长期以来，人们对云计算平台上遇到的诸多安全问题的困扰在SaaS上同样存在。安全服务平台本身的安全问题值得各方给予足够的关注。在云计算应用中，密码管理不当和不安全协议威胁都将会对部署的系统安全或数据安全造成损害，严重的或可导致业务数据的泄露。由于SaaS模式一般是基于一个瘦型或Web客户端，或一组Web服务，因此大多数威胁都被留给了供应商。而事实上，供应商处理了几乎所有的威胁性问题。

　　在一个典型的SaaS应用中，可能导致安全风险的因素如下：用户登录系统环节的安全风险，使用不安全的协议和基于Web应用缺陷，不安全的证书。

　　密码失效是攻击者获得信息的首选方法，而容易被猜到的密码则是其主要攻击目标。其次，使用不安全协议的应用往往会使数据暴露给数据传送沿途的任何人，例如远程访问的 Telnet、文件传输的文件传输协议（FTP）、用于邮件的邮局协议（POP）与互联网消息访问协议（IMAP）以及基于网络访问的超文本传输协议（HTTP）均有数据泄露风险。云应用是远程定义数据和配置应用，因此需要基于网络协议功能的通信支持，但是当供应商配置的应用使用不安全的协议时，就可能产生数据泄露问题。这意味着应用会在客户端和服务器之间使用不具保密性和完整性的协议传递信息。管理好系统身份认证证书，使用适当的协议保护数据和证书，避免引入安全漏洞，将有助于安全地实施 SaaS 解决方案。

总之，尽管围绕 SaaS 应用安全的争论还没有停止，但是这并不妨碍这种应用模型的如火如荼的发展态势。无论企业或政府机构的管理者愿不愿意，在未来 SaaS 服务都将是应用提供的典范和趋势。

第 *15* 节

舆情管理体系的生命周期

第一阶段　网络舆情实施准备阶段

介入的角色：业务专家、舆情专家。

舆情实时监测范围调研。

舆情敏感点调研。

舆情关注源的权重因子分析。

第二阶段　网络舆情监测阶段

介入的角色：网络挖掘系统。

网络舆情实时监测重点范围，确保速度与响应。

网络舆情元搜索敏感点，确保覆盖面，不留死角。

第三阶段　网络舆情辅助分析阶段

介入的角色：网络挖掘系统。

热点发现、话题追踪、倾向性分析、舆情搜索、自动生成网络舆情简报。

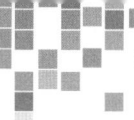

第四阶段　网络舆情解读阶段

介入的角色：网络舆情阶段分析团队。

利用辅助工具，进行舆情解读分析。

舆情专家最终出具解读报告。

第五阶段　网络舆情公关阶段

危机公关建议报告。

辅助实施部分的疏导工作。

发帖机器人。

推荐并评审舆情危机公关的文章。

推荐舆情危机公关的传播途径。

推荐专业危机公关公司进行辅助等工作。

第六阶段　网络舆情后续跟踪阶段

评估危机公关成效。

积累舆情危机案例库。

第六章

政府部门的网络舆情管理

　　网络舆情管理就是建立起网络舆情监测、发现、应对的一套制度体系和应急体系。世界各主要发达国家都建立了基于网络的网络舆情管理制度及体系。

　　当前我国网络舆情的影响日益巨大，甚至成为各级政府的决策参考依据。但当前我国的网络舆情管理仍不完善：管理主体不到位、管理机制不完善、网络舆论监督法律法规不完善。如何正确地引导网络舆情已经迫在眉睫。本章从确立政府主导地位，健全管理机制、建立健全网络法律体系，重视"意见领袖"（Opinion Leader）三个方面探讨网络舆情管理。

　　网络舆情管理是一个动态的、日常管理的过程。舆情危机爆发后的工作只是网络舆情管理工作的一个方面，其中大部分的工作需要在管理过程中及时掌握网络舆情发展的动态，及时发现可能引发大规模网络舆情的苗头，及时地给予合理的处置，将网络舆情的危害降低到最小。所谓的网络舆情管理要做到"防患于未然"。在实施舆情管理时，要做到主动、及时，应对措施得当，这就是政府舆情管理工作的核心原则。

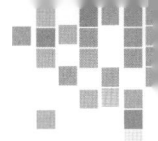

第 *1* 节
我国网络舆情管理现状

我国网络舆情管理中仍存在一些问题，主要表现在：

第一，管理主体不到位，管理机制不完善。党和政府应该是网络舆情的管理主体，而自网络快速发展以来，网络舆情的管理仅仅停留在行业和网民自律的基础上。在目前我国网民的年龄结构中，年轻人占绝大多数，年轻网民的情绪比较容易走极端。从文化层次看，网民中高中（或大专）以下的人数占绝大多数，文化层次相对较低。在网上因发言者身份隐蔽，缺少细致的规则和有效的监督，网民的意见难免带有强烈的感情色彩，网民对事件的评论也并非是完全客观、全面、系统的。因此，网络舆情管理仅依赖于行业自律或网民道德修养，已无法从根本上保证我国网络发展的需要。网络舆情的管理主体与理论研究是网络舆情管理机制确立的前提，网络舆情所反映的问题则是其管理机制确立的依据。由于当前我国网络舆情管理的理论研究刚刚起步，再加上管理主体缺位等原因导致网络舆论管理机制极不完善。网络舆情可以以惊人的速度传播，能够在短时间内引起数以万计的网民共鸣，具有极强的渗透性和集群效应。这就迫切要求明确网络舆情管理的主体，充实网络舆情的研究理论，尽快完善网络舆情的管理机制。

第二，网络舆论监督的法律法规不完善。

网络的开放性、虚拟性和隐蔽性等特点使网络成为一个自由宣泄的空间，那些情绪化的意见很容易导致侵权行为、违法行为的产生。国务院新闻办在 2000 年 4 月成立网络新闻宣传管理局，并在各地设立网络新闻宣传管理处对网络舆论进行管理。信息产业部（2008 年 3 月 11 日改组为中华人民共和国工业和信息化部）及地方也有包括信息发布、信息内容审核、用户备案等内容的网络安全管理制度。《全国人大常委会关于维护互联网安全的决定》《互联网站从事登载新闻业务管理暂行规定》等一系列互联网管理的法律法规也为清理网络舆论中的不良现象提供了法律依据。但目前国内尚未有一部明文规定的专项法律出台，各项现有制度都还有待完善，法律规章也尚存在诸多不完善之处，刑法及知识产权法中的相关法律规定也不够清晰明确，有关网络舆论监督的法律法规建设在总体上还不够适应互联网发展进程。

为此，需要确保以下几个方面：

1. 尊重群众言论自由是前提。

2. 善于沟通是关键。

3. 健全完善国家基础制度设施是重点。

4. 修复政府公信力是核心。

第三，政府部门缺乏系统的、规范的舆情应对和预警应对流程体系。

应该看到，许多地方政府机构面临突发网络舆情时经常顾此失彼，缺乏系统的处理流程和舆情应对措施，从而错失舆情应对的最佳时机，导致舆情处置的被动，并造成难以挽回的社会影响，对社会、政府和民众产生极大的负面影响。

第2节

网络舆情的应对措施及传统管理的不足

面对网络舆情的严峻挑战，相关管理部门要做到以下几点：

第一，第一时间了解到"与我相关"的重大事件，这是舆情管理最重要的基础。

第二，准确地收集到"我最需要"的舆情信息，并进行科学的分析。

第三，做到不留死角地在全网监控这些舆情信息，对重要的信息不漏报。

第四，防止网上的有害信息泛滥传播和舆情失控，第一时间及时有效地组织应对，避免舆情扩大，防止舆情失控。政府相关部门对舆情信息应正面应对，切忌"犹抱琵琶半遮面"式地应对，对涉及舆情的相关信息及时予以公开。

第五，追溯网上重点舆情信息的传播途径。

第六，预判舆情信息的未来走势。

第七，有效引导并对网络舆情危机积极化解。

在传统的网络舆情管理工作中，许多机构预先设定关键词列表，并指派专人定期或不定期地利用搜索引擎、站内搜索工具或平台对信息按照关键词进行手工搜索。认为通过这些方法即能掌握网络上的舆情线索的看法是不正确的。这类被动的舆情管理方法会遗漏或错失重

大的网络舆情。究其不足，有以下几点：

第一，网络舆情搜索发现技术落后，时效性不强。

第二，网络舆情线索发现不完整，不能实时追踪舆情的最新发展。

第三，无法有效组织力量和有效应对重大舆情，导致网络舆情处理的被动，使得舆情扩大化，并造成更大的社会负面影响。

第四，不能充分利用网络舆情管理专家系统的知识库，舆情预警和应对缺乏科学的应对体系和应对策略。

第五，无法借助自动化平台对海量社会化媒体平台上的各类信息进行有效的检索和综合研判。

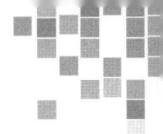

第 3 节

网络舆情管理的两种观点和处置误区

网络舆情的规范化管理和法制化管理是实现社会治理与社会化媒体良性互动的基本保证。认识网络舆情的特点和规律，是构建社会主义和谐社会、提高公共管理水平和提高执政能力的新课题。

网络舆情形成后，与现实社会中的舆情交替传播，相互影响，对社会生活中的方方面面产生深远影响。网络舆情对公共决策、民主政治、社会治理、民生服务、社会环境的公平、公正等方面产生正面或负面的影响。

1. 网络舆情管理的两种观点

关于政府是否应当管理网络舆情有两种较为对立的观点。一派专家认为网络舆情不该管理，主要原因如下：

第一，从技术上来讲，网络舆情的内容本身很难掌控，如谁发布信息，谁接收信息，落实到具体对象上十分模糊，难以管理。

第二，从网络发展的角度来说，在网络正处于蓬勃发展的阶段时，对网络舆情加以控制等于限制网络的正常发展，不利于这一新生事物的发展，因此应该给网络舆情以更宽松的发展环境。

第三，从网络舆论控制技术来看，通过内容分级、过滤等手段完全可能解决网络舆论管理问题。在此情形下政府对网络舆情再去加以管理则显得没有必要。

习近平在全国宣传思想工作会议上强调了网络舆论管理的重要性和意义，对网络舆论的管理提出了更高的要求。他说，正面宣传关键是要提高质量和水平，把握好时、度、效，增强吸引力和感染力，让群众爱听爱看、产生共鸣。提高质量和水平，把握好时、度、效。这一重要论述深刻把握了网上舆论工作的规律性，是我们用好网络这一阵地、做好网上舆论工作的基本要求。我们要摸透网络传播"时、度、效"的规律，对接网民心理与需求，创造网民喜爱的表达方式，真正成为运用现代传媒新手段、新方法的行家里手，不断提高网上舆论信息的吸引力和感染力。

实行网络舆情管理，要求舆情管理机构及时发现网络舆情并做出反应，正确引导网络舆情，提高网络舆情应急管理能力和科学地把握、了解网络舆情传播规律。

网络舆情管理评估指标体系是网络舆情分析、监管与预计的重要体系保障，在整个网络舆情的管理策略中占有极其重要的地位。通过网络舆论管理评估指标体系，采取相应的疏导、抑制、治理等措施，将重大舆情危机控制在安全的警戒线之下，可以防止负面网络舆情对社会构成损害。同时，通过该基础平台可以了解社会各阶层民众的心声，为制订国家战略、政策和公共治理提供科学的依据。

有学者认为，当今社会尚还缺乏一个能充分容纳民意表达的平台，民意很难通过正式的制度渠道进入公共政策和公共事务的决策和裁判。因此，互联网在中国得到迅速普及之后，由于它的传播特性，便自然而然地成为公众发表言论、表达意见、释放情绪的便利通道，同时也出现了网络媒体上的"舆论监督"比传统媒体的"舆论监督"来得更猛烈、更尖锐的局面。

另一派学者认为，对网络舆情应加以引导和控制。他们思考的出发点有以下几个方面：

第一，舆情舆论与流言近在咫尺，对流言不加引导可能会导致流言发展成舆论，对制定公共政策造成误导。

第二，网络舆情通常以个人的观念和信念为基础，有时会以情绪化的形式表现出来，需要向公众化方向引导。

第三，网络舆情往往经过由潜舆情到显舆情的过程，而且在形成显舆情之后还会不断整合与同化。如果对潜舆情和显舆情加以引导，会有利于向有益的、促进社会和谐的方向发展。

网络舆情虽然具有一定的社会心理基础，并具有一定的公共性，却并不一定代表了公众的意见。政府到底是否应该干预网络舆情，这一问题在理论界一直因国情和文化背景的不同而见仁见智。但是，在实践中没有哪个国家的政府真正放弃了对网络舆情的管理，所不同的只是在管理方式上是实行直接管理还是实行间接管理。

2. 处置网络舆情应消除的误区

网络作为一种利益表达渠道，其影响力与日俱增。一些地方官员对网络舆情的处置存在误区，主要表现有：

第一，放不下"架子"。一些地方官员对网络的特点仍然认识不清，对网络舆情危机常常摆出一副高高在上的姿态，结果把自己摆到了民意的对立面，舆情事件越处理越被动。

第二，简单地对网络舆情实行删、堵、封、禁。网络舆情危机爆发后，许多地方官员首先想到的就是删帖和堵塞言论，殊不知网络传播点多面广，一删了之的做法显然是行不通的。粗暴处置网络舆情的方法很可能引发更大的网络舆情反弹，并有可能引发严重的公共事件和现实冲突。也有许多地方官员认为，不回应、不上网、不发声即为应对网络舆情的万全之策。这种做法会导致错失处置网络舆情的最佳良机，使网络舆情对社会各方面产生严重的负面影响。

第三，错失处置时机。发现网络舆情后，及时、合理地处置方为上策。有资料显示，在网络舆情初发的头几个小时内，一旦遇到节点型的外部因素干预，网络舆情可能会有突然爆发的趋势并导致相关信息急速地向全网扩散；相应地，若能合理、主动、科学地应对网络舆情，就能有效化解网络舆情的爆发态势，降低舆情承载的负面情绪，缓解网络用户的不良情绪，将舆情危机爆发的可能降至更低的水平。

第四，被动应对网络舆情，仓促发布结论。如果地方官员应付式地应对网络舆情，在真相没有调查清楚前就急于发布结论，转移舆论焦点，非但不利于引导舆情，反而会引发群众的更多质疑和不满。对网络舆情需要采取严谨、科学、实事求是的态度。在面对舆情时，任何轻率的、不负责任的或是对抗式的回应都有可能激发起更大范围的舆情传播。

第4节

舆论引导与网络舆情管理

网络舆情的发展对社会管理模式提出了空前的挑战。

利用政府公信力，塑造权威的舆论引导能力，发挥主导力，营造健康的网络文化影响力，成为网络舆情治理的根本出发点。胡锦涛2008年在纪念《人民日报》创刊60周年讲话时指出："互联网已成为思想文化信息的集散地和社会舆论的放大器，我们要充分认识以互联网为代表的新兴媒体的社会影响力，高度重视互联网的建设、运用、管理，努力使互联网成为传播社会主义先进文化的前沿阵地、提供公共文化服务的有效平台、促进人们精神生活健康发展的广阔空间。"

在进行舆论引导和实行网络舆情管理时，通过培育优秀的网络文化去营造良好的网络舆论环境，不断提高网络用户自身的信息素质，传播优秀的网络文化。

第一，要传播主流意识形态和文化价值观，将中国传统文化和主流文化转化成群众喜闻乐见的网络文本，并运用多种形式将文化的元素渗透到诸如动漫游戏、网络广告、网络教育、网络旅游等产业中去。

第二，要大力发展中文网站，充分发挥中国文化对世界的影响力，提升我国在全球网络空间中的信息传播能力及我国在国际舆论中的竞争力。

第三，网络用户是网络舆论的主体，因此提高公民的信息素质和社会责任感是帮助网络用户远离不良信息、构建和谐网络环境的前提。提高信息素质，做网络的理性使用者是当前对我国公民的一项新要求。

传统媒体应学会应对网络时代，将自身的传统舆论引导能力向网络舆论引导能力拓展。

故此，传统媒体还应当认识到：

1. 坚持执政为民立场，首先要显示出对事情的关心（CAP 原则：关心、行动和观点）。

2. 允许说错话，不能说假话，必须说真话，最怕不说话。

3. 讲话黄金法则：倒金字塔原则和"369"原则。

4. 知之为知之，不知为不知，坚持已知的事实。

5. 您要表达的是一个准确的意思，并非一定要是准确的语言。

6. 寻求第三方（专家、学者或协会、社团等其他社会组织）支持，向媒体和公众解释有关情况。

第 5 节

网络舆情管理制度体系的建立

网络舆情管理的三个科学阶段：第一阶段，舆情监测要发现得了；第二阶段，舆情解读要分析得清；第三阶段，舆情公关要处理得好。

网络舆情管理制度体系的建立，分为操作层面和制度层面的工作。

在操作层面，应从以下几个方面加大工作力度。

第一，成立舆情管理部门。建立并完善网络新闻发言人制度。整合各相关部门职能，成立舆情管理工作领导小组，深入研究网络舆情发展规律，加强互联网建设，进一步强化党务政务信息公开，了解网络社情民意，鼓励网民建言献策，解决网上信访问题。

第二，加快互联网平台建设。加强官方媒体网站建设，使其在网络舆论引导中发挥主导作用。特别是要加快本地政府网站、重点新闻网站建设，扶持和培育属于本地的网络论坛、网络贴吧，用当地主流网络媒体规范当地网民行为。需要指出的是，这里的互联网建设包括手机无线互联网建设，从发展趋势看对其不应忽视。

第三，加强"网上信访"工作。要把处理"网上信访"纳入重要工作日程，安排专职人员收集网上有关信息，供有关领导参阅，作为领导决策和改进工作的一个重要的民意渠道和信息来源。必要时建

立责任部门答复机制，及时在网上公布信访问题的处理结果，以正视听，以解民怨。

第四，强化法律和技术监管。网络舆情宜疏不宜堵。但对网民恶意传播一些明显违反宪法和法律，危害国家整体利益和社会公众利益，侵害个人权利的违法行为，要通过技术手段和法律规范双管齐下，坚决遏制有害信息的传播。

在制度层面，应着重做好以下工作：

第一，确立政府主导地位，建立和完善网络舆情管理机制。在网络信息传播渠道多元化的今天，仅依靠行业自律和网民自律已完全不能满足现实的需要，在面对网络舆论时基层政府官员又习惯于向公众封锁消息或一味回避，这只会让小道消息、社会谣言占据信息传播的主渠道。因而，党政机关各级领导应充分认识到网络舆情的强大威力，肩负起网络舆情管理的重任，有效回应并及时纠正网络舆论发展中的不良倾向，使互联网真正成为传播社会主义先进文化的新途径、公共文化服务的新平台。此外，良好的管理需要良好的机制来保证。要加强网络舆情管理，还应建立和完善网络舆情管理机制。

第二，建立和完善网络舆情监测体系。一方面，建立网络舆情权威监测网站，使用一定的监测软件对主题网站进行跟踪监测，提取与事件相关的舆情信息，然后分析舆情信息的时间与空间分布情况，再通过多种手段和渠道进行正确的舆论引导。另一方面，根据先进省（市）的经验和做法，建议各级政府成立网络舆情管理工作领导小组，建立网络舆情信息工作联席会议制度；由政府相关部门牵头，建立专门的"网络舆情内部信息系统"。各职能部门属于网络舆情信息工作联席会议的成员单位，由专职或兼职人员承担起本部门内的舆情监测任务，24小时不间断地对重点网站的舆情、重点论坛进行日常监测。

第三，建立和完善网络舆情预警体系。针对可能出现的各类型危机事件，制订比较详尽的判断标准和预警方案，以做到有所准备，

一旦危机出现便有章可循。同时，网络监察部门密切跟踪网上的舆情动态，及时搜集社会不公平、腐败等容易引发公众舆论的信息，保持对事态的第一时间获知能力。一旦出现苗头即与舆论危机涉及的相关政府部门保持紧密沟通，判断危机走向，对应对预案进行适当修正和调整，以符合实际所需。

第四，建立健全网络法律体系，依法治网。法律是社会关系的调节器，为促进网络舆论监督的健康有序开展，大力加强网络舆论监督的法律法规建设已显得非常迫切。首先，构建网络舆论监督的法制规则，做到依法治网，保证网络经济的健康发展，保障人民的财产免遭网络侵害，有效打击、遏制网络犯罪。这就要求针对网络舆论监督的侵权、犯罪的立法要相对完整、系统、全面，自成体系。其次，网络法律体系要能与原有的其他法律、法规相协调和互为补充，综合整理现有的法律资源，适当强化法律规范的韧性，清楚网络舆论监督的法律责任，明确监督主体的权利及义务。

第五，重视网络"价值领袖"（Value Leader）作用。"价值领袖"又称舆论领袖或意见领袖，通常指在信息传递和人际互动过程中的少数具有影响力、活动力的人。这些"舆论领袖"往往一方面能够体察民间草根的声音，另一方面，他们关心时事，能够理解中国经济、社会、政治问题的特殊复杂性，有自己的独立观点并善于表达自己。他们的观点往往能够左右网民的判断并最终引导网络舆论的走向。目前很多大型论坛都注意培养论坛的"舆论领袖"，将其代表性的言论置顶和加精，利用他们的威望来强化舆论效果。政府也可以借鉴此种方法，通过恰当的方式与网络"舆论领袖"进行沟通，引导他们理解党和政府的方针政策，理解政府解决种种复杂问题的基本思路和实际操作，从而达到强化主流言论、孤立非主流言论的目的。这样，通过网民引导网民，用网民自己的声音引导、感染网民，实现网民自我教育、自我引导，往往能够达到事半功倍的效果。

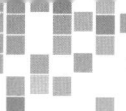

第 *6* 节

网络"大 V"的特点及积极引导

　　网络中高链接和高点击的网络信源枢纽节点的存在，颠覆了人们"平等网络空间"的乌托邦幻想。它让我们意识到，网络能量的不均衡分布是个已经存在的事实。拥有众多关注者的网络名人或"网络大V"有能力在网络中掀起网络舆论的巨浪。

　　各社会管理机构要适应网络时代的种种对传统社会管理体系思维的冲击，从社会良性发展以及为民众提供更优质的服务角度去观察和研究网络舆情，并制定切实可行的网络舆情管理办法。网络舆情并不可怕，它恰恰反映了社会民众期望改变的心声，尊重网络舆情就是尊重这个社会中的广泛的关切。一个诚信为民、廉洁为公的治理秩序是不怕来自网络舆论的质疑或反驳的。只有认真听取网络上的意见，将其作为提升自身服务水平的动力，才能更好地处理政府与公众的关系，拉近民心，提振整个社会对未来社会治理的信心。这对重塑整个社会的价值观和抵御负能量价值观弥散所带来的种种负面社会现象有着巨大的益处。

　　认真研究网络舆情的发生、发展规律，并将其作为重要的民情民意收集平台，充分利用网络媒体的特点做好新时期网络舆论的引导工作成为各级负责宣传或网络舆情管理的相关部门的第一要务。习近平曾强调，要把网上舆论工作作为宣传思想工作的重中之重来抓。他

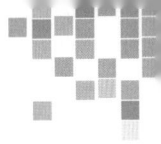

说，当代信息传播技术迅猛发展，以互联网为代表的新兴舆论阵地已经成为宣传思想工作的主要战场。这就要求我们对网络媒体的发展态势有深刻认识和准确把握，做到因势利导，扬长避短，管好用好新媒体，抢占舆论先机，打好新媒体的主动仗。

对网络舆情的任何极端的处理方法都是不可取的，同时我们还要时刻警惕妖魔化社会化媒体用户以及网络"大 V"们的种种倾向和思维。站在"大 V"们身后的是社会化媒体平台上时刻关注我们这个社会并身在其中的众多自媒体用户。这些具有相当大的舆论影响以及舆情制造和引导能力的"大 V"自媒体用户有着广泛的社会信息关系和认同度。他们的观点和价值能够影响更多的人，他们的观点和价值倾向本身就代表着广泛的社会民意。故此，评价他们的价值需要我们具备敏锐的历史观和发展观。中国的"大 V"这个群体的主流值得肯定，这些处于网络舆论核心圈层的价值领袖的正向能量需要认可，他们是我们这个社会向善和发展的重要推动力。对于网络"大 V"这个群体中出现的问题要用发展的眼光去评判，承认他们对社会进步的作用和价值，切忌一叶障目，视网络"大 V"为洪水猛兽。对待网络言论，我们需要再多一些宽容和平和，做到"闻过则喜"，如此一来，网络对于我们的社会来讲就是一个"镜子"。任何时候，我们都要正面照照我们自己，正面倾听来自网络上的声音，让网络舆论为我们的治理服务。我们要时刻警惕在治理网络过程当中的种种过激倾向和做法，用更加宽广的胸怀去正面迎接网络带给我们这个社会的种种挑战。

网络用户的主流是心系社会发展，期望这个社会变得更美好、更和谐的一个群体，他们的价值和倾向亦会为社会治理带来种种的启示和巨大的推动。尽管社会化媒体用户的网络语言可能经常呈现某些极端的情绪表达，但在任何时候，我们都不能给这个群体简单地套一个"网络暴民"的帽子。一分为二、实事求是地分析这个群体，对其因势利导，改善并提升政府的服务水平和社会管理水平，如此才是科学的态度和做法。

　　"千人之诺诺，不如一士之谔谔"见于《史记·商君列传》，是策士赵良对秦相商鞅的谏言。赵良要投到商鞅帐下，提出了一个条件"终日正言而无诛"，就是整天说真话但不能被打击报复。赵良还举了前代的两个典型例子，周武王身边不乏谔谔之士，最后能够成就大业；殷纣王周围都是趋炎附势之徒，最后亡国亡身。商鞅欣然接受了这个条件，并且进一步引申出"貌言华也，至言实也，苦言药也，甘言疾也"的道理。不过，后世对此理解最透彻的，就是唐太宗李世民和魏徵了。

第7节

网络舆情管理的制度体系建设

随着互联网等各种新媒体手段的飞速发展和手机、移动设备的广泛应用，网络日益成为反映社会舆情的主要载体和窗口，尤其是微博、网络社区、论坛、博客、微信公众号等社会化媒体平台具有传播速度快、隐蔽性强、不易控制等特点，随时都有可能形成重大舆情危机突发事件。面对新形势，相关政府机构要认真研究网络舆情的发生、发展及传播规律，构建切实可行的、有效的网络舆情管理体系，正确、及时地引导网络舆情，同时要注重网络舆情管理法律法规体系建设，将网络舆论纳入社会管理的有效范围内，让网络舆情成为社会管理的有力的舆论抓手，并从中掌握社情民意，更好地服务社会、服务民众。

第一，准确认识网络舆情的社会与价值意义，让网络舆情助力社会发展。充分认可网络舆情在社会管理中的意义，将网络作为政府搜集社情民意的重要平台，尊重网络平台上的表达多样性，鼓励民众积极参与社会管理。同时，将网络举报线索纳入官员纪律检查、干部管理和干部考评任用、反腐线索收集的重要渠道，努力营造政府接受全社会监督的网络舆论氛围。从制度层面构建网络反腐体系、网络监督体系、网络民情民意收集体系和网络社会服务体系。建立网络民意和

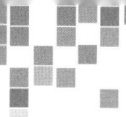

网络表达的公开、透明、有序的网络环境，鼓励民众有序参与社会管理和政治表达，推动社会的健康、良性、和谐发展。在时机成熟时，可制定《网络舆论社会监督管理法》，将网络舆论的监督权力用法律形式固定下来，推动中国网络舆论管理立法的进步。

第二，加强网络舆情的日常管理体系建设，注重舆论舆情的引导。组建网络舆情管理的日常机构和长效管理机构，由其专门负责舆情收集、舆情发现、舆情分析以及网络舆论的引导工作，加强网络舆情管理队伍的专业化、规范化、正规化建设，认真研究、应对网络舆情和网络平台的各类舆论现象，管好网络舆论和网络舆情，为社会的良性、有序、和谐发展保驾护航。

第三，完善网络舆情的预测及应急体系建设，保证应急效率。建设完善、科学的网络舆情发现、预测平台，及时应对可能引发大范围社会负面情绪的舆情事件及负面情绪的蔓延，确保网络环境的理性和有序。

第七章

网络舆情预警及应急管理

　　目前各类舆情监测管理机构提供的舆情管理系统一般缺少可靠的预警功能。然而，根据手上所掌握的资料，科学地利用数学分析模型来较准确地对网络舆情的未来发展和冷却走势进行预判，对许多网络舆情职能部门来说是不可或缺的。所谓网络舆情预警，是指通过对网络舆情的态势进行连续的不间断的信息采集、动态监测评估，并运用综合分析和建模分析技术，对当前网络舆情做出评价分析并预测其发展趋势，对舆情态势做出等级预报。网络舆情预警的意义在于及早发现危机的苗头，对可能引发的社会现实危机的走向、后果、程度大小、影响范围、作用时段等进行判断，以便各职能部门提早做好应对危机的准备。

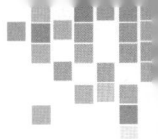

第 *1* 节

网络舆情危机应对

　　应急管理是为应对特重大事故灾害的危险问题而提出的。应急管理是指政府及其他公共机构在突发事件的事前预防、事发应对、事中处置和善后恢复过程中，通过建立必要的应对机制，采取一系列必要措施，应用科学、技术、规划与管理等手段，保障公众生命健康和财产安全；促进社会和谐健康发展的有关活动。危险包括人的危险、物的危险和责任危险三大类。人的危险可分为生命危险和健康危险；物的危险指威胁财产安全的火灾、雷电、台风、洪水等事故灾难；责任危险是产生于法律上的损害赔偿责任，一般又称为第三者责任险。危险由意外事故、意外事故发生的可能性及蕴藏意外事故发生可能性的危险状态构成。而网络社会中舆情爆发的危险在于它能瞬时破坏人们原有的价值体系和思想体系，淆乱社会心理和价值判断，造成社会组织单元或人与人之间的隔阂和不信任，并可能引发群体间的冲突与对抗，导致负面情绪的快速蔓延，并且，此类舆情危机有可能引发严重的颠覆行动或暴力行动。

应急管理包括预防、准备、响应和恢复四个阶段。尽管在实际情况中这些阶段往往是重叠的，但它们中的每一部分都有自己单独的目标，并且成为下一个阶段内容的一部分。而网络舆情应急管理包括舆情发现、舆情发展趋势研判、舆情作用后果分析、舆情社会影响评价、舆情引发的社会危机应对、舆情灾害修复等内容。其中，网络舆情应急管理的核心是网络舆情引发的社会危机应对。

"居安思危，预防为主"是网络舆情应急管理的指导方针，其中"危"即"危机"。

危机，亦作"危几"，指潜伏的祸害或危险。赵至《与嵇茂齐书》有"常恐风波潜骇，危机密发。"①《宋书·范泰传》有"如此，则苞桑可系，危几无兆。"②唐刘言史《观绳伎》诗有"危机险势无不有，倒挂纤腰学垂柳。"③

预防在应急管理中有着重要的地位。古代的先哲们在总结历史经验的基础上，提出了许多精辟的思想。《诗经》里有"未雨绸缪"的告诫；《周易》中有"安而不忘危，存而不忘亡，治而不忘乱"的思想；《左传》里有"居安思危，思则有备"的警句。《孙子兵法》讲得更明白，认为"百战百胜，非善之善者也；不战而屈人之兵，善之善也"。孙子提出："上兵伐谋，其次伐交，其次伐兵，其下攻城；攻城之法，为不得已。"④应急管理也是同样的道理，最理想的境界是少发生或不发生突发事件，不得已发生了突发事件就要有力、有序、有效地加以处置。平时重预防，事发少损失，坚持和贯彻好这个方针是十分重要的。

危机是突然发生或可能发生的危及组织形象、利益、生存的突发性或灾难性事故、事件等。《现代汉语词典》（第7版）中对危机的解释为"潜伏的危险"，《韦氏大词》典中对危机的解释是"可能变好

① 萧统.文选[M].北京：中华书局，1997.
② 沈约.宋书[M].北京：中华书局，1974.
③ 全唐诗[M].上海：上海古籍出版社，1986.
④ 孙子兵法[M].陈曦，注释.北京：中华书局，2011.

或变坏的转折点或关键点"。1972年，危机研究先驱者查尔斯·赫尔曼在《国际危机：从行为研究角度考察》一书中这样定义危机：危机是威胁到决策集团优先目标的一种形势，在这种形势中，决策集团做出反应的时间是非常有限的，且形势常常向令决策集团惊奇的方向发展。约翰·贝拉米·福斯特[①]认为，危机有四个显著的特征：急需快速做出决策、严重缺乏必要的训练有素的员工、相关物资资料紧缺、处理时间有限。而乌里尔·罗森塔尔[②]认为，危机能够对一个社会系统中的基本价值及行为准则构架产生非常严重的威胁，并在时间压力及不确定性很高的情况下，公共管理者需要在面对这类事件时做出及时、准确的决策。而劳伦斯·巴顿[③]认为，危机是指能引起潜在的负面影响的、具有不确定性的大事件。美国著名公关专家罗伯特·希斯认为危机应从以下角度定义：危机反应时间有限，必须马上决策，信息不可靠或不确定，应对危机所需人力、物力超过实际可得。危机管理学者斯格(Seeger，1998)在《组织、传播和危机》一书中指出，危机能够带来高度不确定性及高度威胁，是一种一种特殊的、不可预测的非常规事件或一系列事件。C.F.赫尔曼[④]认为，危机是指一种情境状态，在这种形势中，决策主体的根本目标受到威胁且做出决策的反应时间很有限，其发生也出乎决策主体的意料。凯瑟琳·弗恩-班

---

① 约翰·贝拉米·福斯特（John Bellamy Foster），美国俄勒冈大学社会学教授，任《每月评论》杂志主编，当代西方马克思主义生态学理论的代表人物。其主要著作有：《脆弱的星球》(1994，1999)、《马克思的生态学》(2000)、《生态危机与资本主义》(2002)。约翰·贝拉米·福斯特因《马克思的生态学》(*Marx's Ecology*)而闻名于世，他在这部著作中更正了大家对马克思的误解，即马克思没有"遭遇"环境局限这一问题。

② 乌里尔·罗森塔尔(Uriel Rosenthal)，1945年6月19日出生，莱顿大学公共管理系教授。

③ 劳伦斯·巴顿(Laurence Barton)，美国人，是危机管理方面的权威，他毕生致力于研究职场危机产生的原因及解决方案。曾任摩托罗拉公司负责危机管理工作的沟通与公共事务副总裁，在世界范围内协助处理超过1200件突发事件，为英国石油、福特汽车、迪士尼、耐克、本田汽车等世界知名公司制订危机管理程序或提供咨询，并在超过60家饭店或赌场的关键时刻提供协助，著有《组织中的危机》等书。

④ C.F.赫尔曼，著有《国际危机：行为研究视角》。

克思①说，危机是对一个组织、公司及其产品或名声等产生潜在的负面影响的事故。里宾杰却认为，危机是对企业未来的获利性、成长乃至生存发生潜在威胁的事件。我国学者许文惠认为，危机是一种系统的失衡现象，其本质是由于利益不一致、矛盾、冲突等导致的紧张状态。而薛澜认为，危机是一种决策情势，在此情势之中，社会管理组织所推行的社会基本价值和行为准则架构面临严重威胁，而危机所具有的不确定性让决策者形成了高度的紧张及压力，为使组织能够在危机中存续，尽力将危机所造成的损失和危害降到最低限度。

舆情危机的四大特点：

第一，意外性或不确定性。危机爆发的具体时间、实际规模、具体态势和影响深度是无法预测的。

第二，聚焦性。进入社会化媒体快速发展的信息时代，危机的信息传播比危机本身的发展要快得多。媒体对危机来说，就像大火借了东风一样，其推波助澜的作用非常明显。

第三，破坏性。舆情危机经常具有"出其不意，猝不及防"的特点并在瞬时爆发，而且无论什么性质和规模的危机都必然不同程度地给社会或组织机构造成破坏，并造成社会心理的混乱和恐慌。此外，由于决策时间以及决策时所掌握的信息非常有限，往往导致决策失误，从而带来无可挽回的损失。

第四，紧迫性。舆情危机一旦爆发，其破坏性的能量就会被迅速释放，并呈快速蔓延之势。如果不能及时控制，危机会急剧恶化，影响面扩大，容易使社会信心遭受更大创伤，并严重损伤政府的形象和公信力。

---

① 凯瑟琳·弗恩-班克思（Kathleen Fearn-Banks），华盛顿大学（西雅图校区）传播学专业教授，拥有25年以上传播学研究经历，是华盛顿大学学生事务委员会、美国剧作家协会、电视艺术科学研究院成员。此外，她还是《洛杉矶时报》的专栏作家和新闻记者，负责全国广播公司系列剧、特别报道和电影的全国性宣传活动长达20年。班克思的代表作有《非洲裔美国电视的历史词典》（*The Historical Dictionary of African American Television*）、《危机传播》（*Crisis Communications*）等。

　　加强网络舆情应急管理体制，提高预防和处置网络突发舆情事件的能力，是关系国家经济、社会发展全局和人民群众生命财产安全的大事，是构建社会主义和谐社会的重要内容；是坚持以人为本、执政为民的重要体现；是全面履行政府职能，进一步提高行政能力的重要方面。通过加强网络舆情应急管理体制，建立健全社会预警机制、突发网络事件应急机制和社会动员机制，可以最大限度地预防和减少突发网络舆情事件及其造成的社会损害，保障公众的生命财产安全，维护国家安全和社会稳定，促进经济、社会全面、协调、可持续发展。

　　网络舆情的应急管理机制，是指政府管理部门及其他相关职能机构对网络舆情尤其是负面舆情的监测、预警与控制，从而实现有效化解网络舆论危机的目的。它包括监测管理、预警管理、舆情应对三个环节。

　　监测管理环节：有关人员和系统对网络舆情的内容、走向、价值观等方面进行密切关注，将最新情况及时反映到有关部门。

　　预警管理环节：对内容进行判断和归纳，对这些正在形成、有可能产生更大范围影响的舆论进行筛选，为接下来可能发生的网络舆情走向做好各种应对准备。

　　舆情应对环节：当网络舆论变为现实的网络舆情危机事件后，有关政府部门采取的具体行动，研判如何化解危机、消除不良影响。

　　这三个环节有机组合，从整体上构成了网络舆情的联动应急机制。在网络舆情的应对机制的三个环节当中，有效地发现舆情并对舆情的未来走向做出科学的评估是网络舆情应对的重要基础，对网络舆情的预警起着至关重要的作用。针对网络舆情的发展走向以及可能产生负面效果的各个方面部署有效的预防措施，是网络舆情应对的重要工作内容。

　　网络舆情应对包括两个方面：首先，对网络舆情所承载的民情、民意实行有效的应对，并对网络舆情所反映出来的问题加以合理的解决是网络舆情应对的重要基础。其次，在网络舆情发生时将舆情可能对社会造成的更多的负面影响降到最低限度，并对舆情的次生危害进行有效的防范和处理。

网络舆情应对并不是某些机构或某些个人所认为的将负面舆情加以堵截、删除或屏蔽。这种生硬的网络舆情处置方式只能激发更大的舆情，或是让网络舆情在面对不通畅的上升渠道后又去寻求更大的突破点，进而产生更大的新的舆情集结，导致更大的舆情爆发，不利于社会的稳定、和谐，不利于社会的发展、进步。同时，也要认识到，网络舆情的根本应对之策并非是用各种手段将反映问题的所谓网络"始作俑者"挖出来然后制止舆情传播，亦非粗暴地对所有网络舆情进行"打击"或是"反击"。凡此种种，都是在网络舆情应对处置过程中应当加以避免的。

在采取网络舆情应对措施的时候，应时刻牢记"为人民服务"这一宗旨，努力解决民众呼声最高的问题，并时刻将这一宗旨贯彻到网络舆情应对的每个环节中去。如果本着有错必改、知错就改、闻过则喜的态度，网络舆情必会成为我们提升服务能力、提高社会管理水平的有力推动力。如此，网络舆情才会回归到它们正常的位置，才能发挥其正常功能，与社会发展共生、共济，并成为社会进步的重要参与力量。

因势利导的舆情应对管理思维就是扬正气，促和谐。相关部门应充分认识网络舆情的正向力量并高度重视，将网络舆情纳入舆情管理的重要日程当中。

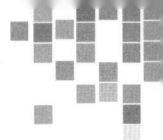

第*2*节
构筑网络舆论安全高边疆

随着信息化和网络技术的发展及应用，互联网作为一个世界性的信息分享平台，它承载了大国间博弈和对抗的主要任务。依托网络平台而开展的舆论战争、心理战争、法律战争、货币战争、网络安全战争等新形态的战争已经全面、悄然开打。

舆论战争，是指战争双方依据传播学原理，利用电视、广播、网络、报刊等大众传媒，有计划、有目的地向受众传递经过选择的信息，宣扬己方对特定事件的立场、观点和看法，阻断、瓦解和反击敌方的舆论攻势，从而影响受众的情感和行为，引导社会舆论、影响民意归属，造成有利于己的舆论态势。

心理战争，是指战争双方依据心理学原理，以特制信息为武器，运用多种手段，改变敌方的认知、情感、意志和行为，摧毁敌方抵抗意志，弱化敌方作战能力，巩固己方心理防线，力争以小的代价换取大的胜利而展开的对抗活动。

法律战争，是指战争双方依据国内法、国际法，特别是战争法或武装冲突法，通过各种形式揭露敌方违法行为，夺取法理优势，争取国际政治和道义支持而展开的有利于己、不利于敌的法律对抗活动。

货币战争[①]，是指国家之间金融和货币实力的对抗与较量。

古人云，兵马未动，粮草先行。这是古人在战争管理上的智慧总结，打无准备之仗注定是要败北的。在数字化时代或信息化高度发达的时代，国家之间的冲突将首先表现为国家文明形态、文化以及互联网能力或信息化能力之间的较量。未来的战争一定是依托信息化这种核心能力展开的。互联网成为文明冲突、文化冲突最前沿的阵地，其次才是国家之间的热兵器的冲突与较量。

最高明的战争是不需要通过暴力冲突和流血手段就达到自己的政治、经济或领土等的目的。军事上的无为不是真的无为，而是通过非暴力手段来使国家利益最大化。楚汉相争时的"四面楚歌"就是一个经典的案例。以我们今天的眼光来判断，这是相当有智慧的信息战策略。唱"楚歌"乡音就足以摧毁敌方将士的意志和斗志，这就是"不战而屈人之兵"战略思想的最好应用，中国人的祖先在舆论战方面的研究博大精深。国外军方最近几年也在进行这方面的研究，然而，他们的研究是基于某一技术上的，更贴近于战术运用，如具体的信息安全攻防战、货币金融武器的定向爆破等等，以达到某一相对单一的目的。舆论战影响的是敌我双方的心理以及敌我双方社会的民众心理，可以说，舆论战是心理战的重要组成部分。它是军事斗争的最高形态，我们应在继承先人思想的基础上结合实际情况再加以创造和创新。心理战即运用心理学的原理、原则，以人类的心理为战场，有计划地采用各种手段，对人的认知、情感和意志施加影响，在无形中打击敌人的心志，以最小的代价换

---

① 宋鸿兵是"货币战争"一词的首创者。宋于2006年最早提出"货币战争"概念，其代表作品《货币战争》《货币战争2：金权天下》《货币战争3：金融高边疆》《货币战争4：战国时代》《货币战争5：山雨欲来》系列丛书已被翻译成法语、俄语、波兰语、韩语、日语、越南语等多种语种持续畅销海外。书中最早提出的"剪羊毛""次贷地震""金融海啸""金融高边疆""中国大妈"等词汇皆成为社会流行词汇。

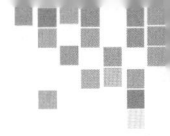

取最大的胜利和利益，如通过宣传等方式从精神上瓦解敌方军民斗志或消除敌方宣传所造成的影响。心理战是用心理干预的方式进行的战争高级形态。

历史上曾有一些军事家论证过精神因素和心理现象与军事的关系，也注意研究在作战中如何运用心理因素等问题。1879 年心理学学科的诞生，为心理战提供了理论支柱。第一次世界大战的战争实践催生了心理战。在第二次世界大战期间，心理战得到了长足发展。20 世纪 50 年代初，西方一些国家相继成立了心理战学校和心理战中心，心理战又有了新的发展。20 世纪 80 年代以来，世界上不少国家都组建了心理战专业部队和指挥机构。在海湾战争、科索沃战争、阿富汗战争和伊拉克战争中，心理战得到了广泛实施。心理战的战略地位越来越受到世界各国的重视，随着高技术战争的发展，心理战的运用范围趋向多元化，手段趋向多样化，所用战争器材趋向智能化，实施人员趋向专业化，并且心理战的信息传播越来越依赖于大众传媒和社会化媒体。

心理战运用的心理学原理主要有注意律、需要律、错觉律、思维定式律、从众心理律、逆反心理律等，借助的媒介主要有传单、书报、广播、电影、电视、通信、网络等，手段主要有威慑、谋略、佯动、伪装、欺诈、恐吓、诱惑、收买、谣言、宣传、网络运用等。

心理战被广泛运用于政治、经济、外交、文化、宗教、商业、体育等多个领域。心理战既可用于军事活动，又可用于非军事活动；既可用于战时，又可用于平时；既可用于敌方首脑人物、决策者、指挥人员，又可用于普通士兵和民众。

心理战的目的有三个：一是最大限度地争取盟友，孤立对方，置对方于心理弱势和劣势；二是在本民族、本国内部赢得民心民意，形成同仇敌忾的强大气势；三是以正义之师的形象激励参战人员的斗志和士气，造成官兵的战场心理优势。许多时候，心理战能解决常规战争所解决不了的问题。第二次世界大战后，心理战的地位迅速得到提升，西方人国将其列为国家安全战略的四大支柱之一，把心理战视作"执行国家安全政策的一种战略手段"。

通过网络制造各种舆论，并充分利用各类舆论鼓舞己方人们团结对外和瓦解敌方士气的方式即网络舆论战。从严格意义上讲，网络舆论战属于心理战的一部分。在现代社会，网络舆论将承载更多的国家之间的心理战较量，这些较量即网络舆论战的表现。

维基百科对心理战的定义是：使用诸如宣传或其他心理手段，影响各方观点、情绪，并达到自己的目的。可以看出，网络舆论战是充分利用网络进行宣传以影响社会或世界舆论，用舆论影响自己内部、外部或敌方的心理，从而达到"不战而屈人之兵"的目的，用最小的代价换取最大的胜利。

但是，"不战而屈人之兵"说的是不战而胜敌，并不是说不备战而胜。想取得战争的胜利恰恰需要充足地备战，同时要善于利用舆论战，以强大的经济和军事优势迫使敌人屈服。舆论战的取胜要建立在战争能力的不断提升和强大的军事基础上，否则，舆论战就成了无本之木、无源之水，其作用亦相当有限。

舆论战经常表现为在公开媒体或社会化媒体上国与国之间诸多观点、态度和情绪的表达和较量，其意图是证明自己的正义、无辜或通过互联网等平台表达某种倾向。舆论战可能承载了军事、外交、经济、文化等的诸多信息。

在互联网这个前沿阵地上，战争将首先表现为舆论能力的互相影响与对抗。各国将通过互联网充分展现其发动或即将发动的战争的正当性和正义性，以最大限度地博取世界舆论的同情与支持。我们要充分认识到未来战争形态的这些特点，未雨绸缪，做好网络前沿阵地的网络舆论对抗准备。要迅速培养一支有未来视野、熟悉网络舆论攻防战的网络舆论作战队伍，提升国家的网络舆论作战能力，为国家的和平稳定发展创造安全的国际舆论外部环境和内部环境。

战争的胜负体现不一定非要在战场上，国家之间网络舆论的领先和完胜能够有效地抵御或避免战争，此之谓"故上兵伐谋，其次伐交，其次伐兵，其下攻城；攻城之法，为不得已"。不费一枪一弹，通过网络舆论战达到瓦解敌方士气，削弱其有效战斗力，迫使拿枪的敌人放下武器，这也正是孙子说的"是故百战百胜，非善之善者也；不战而屈人之兵，善之善者也"①。

信息化条件下的未来战争将更多地表现为国与国之间的网络信息安全攻防战、货币金融战、生物基因战，而网络舆论战又是在这些没有硝烟却破坏力极大的新型战争全面开始之前最先交火的阵地战，可谓"兵马未动，舆论先行"。

信息化条件下的战争与传统战争的最大区别是，信息化条件下战争的开始经常毫无征兆并且经常是隐性而不易为大多数人所察觉的。这才是此类隐形战争的可怕之处。主导者发起的此类战争能迅速地瓦解对手的士气，摧毁其社会的信任基础，破坏其国内的社会管理体系，使战争的对手丧失后续的民众支持，从而瓦解其发动或进行战争防御的能力。

信息化条件下的战争，可以有效减少战争的成本和人财物的无谓损失。为此，需要制定网络舆论战的长远战略规划和攻防策略，确保在信息化条件下让网络为国家安全服务。对此，国防大学的戴旭认为，网络将成为大国间博弈对决的主战场。戴旭认为，十八届三中全会提出"确保国家网络和信息安全""创新发展军事理论""构建中国特色现代军事力量体系"，决定设立国家安全委员会，这是党中央从新时代的政治、技术特点和国家安全战略全局出发做出的重大安排。随着互联网和空天技术的普及，传统的领土、领海、领空的国防概念早已被全面突破，由战略心理战演化而来的信息思想战已登上历史舞台。战争再也不仅仅是常备军之间的攻防较量，网络安全已超越军事安全，成为国家、民族生存和发展所要注意的常态问题。因此，

---

① 孙子兵法[M].陈曦，译注.北京：中华书局，2011.

更新安全观念,跟上时代步伐,就成为当务之急。他还认为,世界进入网络新媒体时代,美国有了更便利的技术手段和更明显的战略优势,将网络作为大国博弈对决的主战场,将信息思想战作为战胜对手的主战样式水到渠成。在利用推特等网络社交工具成功操作中东"茉莉花革命"之后,美国已找到了一种不需要大规模动用传统军事力量就可以达到战略目的的最好的"战争"方法。由于不必使用核武器和常规军力,美国的战略东移虽然宣称是"预防",其实是一种空前的涵盖政治、经济、文化和军事的全方位、立体性大进攻战略。为此,戴旭建议:"中国应该像重视领土、领海和领空主权一样,重视思想文化主权和新形态的信息思想战,尽快组建中国新媒体特殊部队。"①

近些年来,网络战进行得如火如荼,国家之间的信息化较量早已开始。一些国家也组建了相应的网络信息战和舆论战部队,以应对他国的各类网络攻击(包括舆论攻击)。同时,国与国之间也相互渗透,暗中较劲,大打信息情报及网络宣传舆论战,甚至指派间谍发动网络争斗,并根据目标需要进行定向渗透、单点攻击或重点收买,发现并培养甚至资助一批所在国的网络"打手""买办""替身"或利益代言人,以便分工合作、里应外合。"第五纵队"之说一时浮上水面。

二战前夕,西班牙叛军首领佛朗哥在德国纳粹势力支持下进攻马德里市。当记者向佛朗哥发问"用哪支队伍去打马德里"时,他手下的人员代他回答说:"第五纵队。"而当时佛朗哥手下只有四个纵队,"第五纵队"指的是潜伏在马德里市区的内奸。之后,"第五纵队"这个词开始流传开来,成为"内奸""内线"和"特工"等的代名词并沿用至今。种种迹象表明,"第五纵队"亦活跃在互联网上。

---

① 戴旭.新战争形态:信息思想战隐然成形[N/OL].中国国防报,(2014-01-02)[2014-06-18].http://www.wyzxwk.com/Article/guofang/2014/01/312217.html.

美国学者塞缪尔·菲利普斯·亨廷顿[①]（Samuel P. Huntington，1927—2008）在《变化社会中的政治秩序》一书中说："对一个传统社会的稳定来说，构成主要威胁的并非来自外国军队的侵略，而是来自外国观念的侵入，印刷品和言论比军队和坦克推进得更快、更深入。"面对这种新型的现代战争方式，我们需要时刻警惕对中国有野心的那些国家的文化霸权以及文化入侵。不幸的是，在过去的二十余年里，这种新形态的战争已然通过互联网这一平台在我们身边打响。在未来十年到二十年，这场战争还将进行得更为惨烈。

为了适应这种新型的战争形态的需要，国家需要建立一支强大的网络舆论战争部队。这支部队要能够快速、有效地应对网络上的任何敌对势力所发起的舆论攻击，警惕文化入侵，切实维护国家的信息舆论安全，培养强大的国家舆论制造能力和舆论控制能力，构筑国家舆论高边疆[②]，维护国家的舆论生态安全，为社会发展提供一个和谐的舆论环境。

---

① 塞缪尔·菲利普斯·亨廷顿是美国当代著名的国际政治理论家，同时也是一名持保守观点的现实主义政治理论家。早年就读于耶鲁大学、芝加哥大学和哈佛大学，1951年23岁时即获哈佛大学博士学位，并留校任教长达58年，先后在美国政府许多部门担任过公职或充当顾问。《变化社会中的政治秩序》是其理论的奠基之作，《文明的冲突与世界秩序的重建》一书使他闻名于世。

② 高边疆战略是一种军事理论，是星球大战计划的理论基础，是美国空间战略的基石。"高边疆"一词最初是在1980年由美国总统里根的国家安全顾问、前美国国家安全委员会特种计划室主任丹尼尔·格雷厄姆提出来的。在罗纳德·里根总统基金会的帮助下，格雷厄姆组建了"高边疆"研究小组，这个小组包括30多位著名的科学家、经济学家、空间技术专家和军事战略家。网络舆论高边疆是指国家对网络舆论的强大制造能力和管理能力。

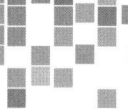

第 *3* 节

网络舆情预警方法研究

　　网络舆情预警是指在网络舆情发生、发展、演变以及产生现实影响之前所采取的一系列应对措施，或者在舆情发生过程中对舆情走向以及可能由其造成的一系列后果做出的评估和分析，以及采取的必要的、有效的行动。这些措施包括跟踪、原因分析、阶段评估、舆论引导、现实干预等环节。网络舆情预警是舆情管理的重要环节，而舆情预警方法的研究能够为舆情应对提供准确的参考和效果评价。网络舆情预警能够为政府或社会机构及时、有效地应对、化解网络舆情危机提供科学的、理论角度的参考。

　　网络舆情预警是政府或社会机构危机管理应对的重要组成部分。从系统观角度讲，所谓危机是"国家间关系的转折点或者决定点"，危机的出现改变或破坏了系统当前的平衡，从而引起系统内部和外部产生互动的现象。还有人从控制论角度研究危机，认为危机是一种系统的失控现象，即当系统受到外部环境或者内部因素变化的影响时无法保持稳定而出现了失控和变态现象。这种外部或内部因素的影响被称为干扰力量，它与维持系统正常运行的力量相冲突。在网络媒体深

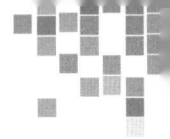

度介入危机事件发展的现代环境下，具有强大人际交互能力和传播能力的网络媒体成为不可忽视的外部环境和影响危机发展的重要因素。利用各种媒体进行公共危机信息传递和沟通是未来危机研究的重点。网络媒体在未来必将成为一种最有效的危机信息沟通工具，它能够辅助政府或机构进行危机应对。

因此，对网络媒体平台上诸多诱发和推动网络舆情的因子以及其余外部环境因素的系统性、规律性的分析就成为网络舆情预警方法研究的重点关注任务。

系统动力学[①]研究方法强调系统的结构决定系统的行为，其研究方法关注系统内部的物质流动、信息流动以及系统的组织结构和反馈结构，并且，通过这些因素来构造某个系统的动态模型，从而解释系统中存在的诸多动态不确定性。它适用于处理对研究结果的量化要求不高但极具复杂性的社会科学领域的问题研究。它是一门研究整个社会领域中存在多重信息反馈、非线性系统并且通过计算机模拟而实现的理论与方法。它适用于解决周期性和长期性的问题以及适用于研究样本或数据不足的问题。

系统动力学研究主要由因果反馈、积累、流图、延迟、仿真语言构成。它本质上是一种带有延迟的一阶差微分方程，同时它也是一种理论和实际相结合的建模方法。一般来讲，网络舆情预警主要是用系统动力学模型来研究突发公共事件所导致的网络舆情态势的发生、发展规律，最大限度地剖析各个因素之间的作用关系以及系统演化规律。

通过一系列的分析方法，可以总结出网络舆情发生、发展的几个显著过程，即显现期、成长期、演变期、爆发期、降温期、长尾期等六个阶段。通过模型和实证发现以下几条规律：

第一，网络舆情热度变化趋势是：第一到第四天时舆情热度急速上升，第三天到第四天达到最大值，其后，舆情热度开始逐步下降，

---

① 系统动力学（System Dynamics）出现于1956年。创始人为美国麻省理工学院（MIT）的福瑞斯特（Forrester）教授。

到第十天的舆情则开始趋于平稳。纵观网络舆情的典型阶段可以看出，网络舆情呈现出非常清晰的"酝酿期、初现与发展期、形成与外显期和消亡期"四个阶段。

第二，推动网络舆情发生、发展、显现的活跃文章总数和文章总评论数量呈偏峰分布，并且在舆情发生一至三天内处于急速上升期，随后数量逐渐下降，从第十五天开始，数量趋近为零。

第三，与网络舆情有关的新闻数量在第一至三天处于爆发期，第四天开始回落，并且，官方新闻数量总数周期滞后于网络新闻数量周期，到第六至七天时数量才会达到高峰，显现出明显的滞后性特征。[1]

通过调整政府公信力，例如提升或降低公信力参数，能够明显看出政府公信力和舆情的传播具有明显的线性相关性，即政府公信力提高能有效地阻遏负面网络舆情的传播效率，提高政府公信力对政府调控舆情有正面的积极作用。政府在面对网络舆情时所秉持的积极、正面的态度是政府合理处置公共事件、网络舆情并对网络舆情能够进行有效引导的重要保证。政府较高的公信力能够在很大程度上平复网民的情绪，对负面舆情的传播和社会负面情绪具有强大的抑制作用。公共事件的敏感度越高，与其对应的网络舆情态势就越高。因此，当公共事件发生后，政府需要在第一时间给予关注并及时回应，以免网络舆情态势进一步恶化并引发次生舆情事件。网络用户的质疑度高低和网络舆情的态势发展呈现明显的正相关关系。

在近阶段，国内社会化媒体上容易形成高危舆情的高敏感度公共事件的类型可以简要列举如下：

第一，社会公共安全事件：包括突发重大自然灾害、卫生事件、重大治安事件、恶性刑事案件、安全生产突发事件等。这类事件往往有可能导致人员的重大伤亡。

第二，政府及官员相关事件：政治事件、政府部门行为失当、外

---

[1] 张一文.突发性公共危机事件与网络舆情作用机制研究[D/OL].北京：北京邮电大学，2012-05-01[2013-06-18].http://cdmd.cnki.com.cn/Article/CDMD-10013-1012499233.htm.

交事件、官员贪腐败德事件、侵犯公众利益和民生权利、涉及社会公平正义以及公检法等权力部门的公共事件、公众土地和财产权相关事件、对弱势群体权益侵害、官员违纪违法网络举报线索、暴力执法、法律量刑或惩戒明显不当等。

第三，社会环境相关事件：教育、医疗、养老、住房、就业、物价、食品安全等。

第四，其他社会事件：包括环境、税收、可持续发展、娱乐以及文化名人相关事件等。

这些敏感、高危事件源的总体关注方向为社会公平、司法公正、吏治清廉、弱势群体权益保护等方面。凡以上几类相关领域的舆情都有可能发展成为席卷社会化媒体并引起传统媒体跟进的网络舆情事件。这类公共事件导致的网络舆情的快速传播对社会造成的负面影响亦极其严重。它不仅会削弱政府的公共管理能力，降低政府的公信力，并且会阻滞社会普遍价值和社会共识的形成，破坏社会的正常心理秩序，严重的还可能引发现实的冲突和对抗。故此，应当对此类网络舆情的产生、传播、发展予以高度的重视，并在第一时间加以合理的应对。

舆情预测中量化的数据分析模型建立起来有一定的困难。但是，通常的网络舆情预测自动化模型会从舆情所反映的公共事件本身的社会敏感度、公共事件的破坏力、事件社会影响面三个维度以及在某一个时段内参与舆情传播的媒体数量、参与传播人数、传播人群的情绪倾向等方面的定量和定性指标来综合评价。

一般来说，评价一个网络舆情的发生、发展以及传播走势主要从以下几个指标来构建指标体系和预测模型。也有学者认为，因为不可能对舆情的各类要素进行科学的量化和评测，因此，主张用经验决策代替机器的计算决策，并在机器预测的基础上与现实舆情经验相结合，不断调整算法，使得舆情预警算法尽可能逼近现实，并在此基础上生成舆情管理智库，为新的公共事件提供特征比对库，并对新的舆情发展趋势及可能造成的社会危害做出相对准确的预测。

典型的舆情分析及预测指标体系如下：

一级指标：包括媒体特征、信源属性、社会敏感度、社会心理因素四个方面。

二级指标分解如下表所示：

一级指标	二级指标	三级指标
媒体特性 A1	事件社会影响范围 事件现实破坏程度 事件敏感度 事件传播力	事件造成的危害程度 事件持续时间及发生的周期 政府处理过程满意度 政府应对处理结果社会满意度 事件当事者态度 当事者对政府处理的满意度 事件处理的效率、公平、公正评价 次生公共事件发生的可能性 事件扩大化倾向判断
信源属性 B1	网民参与广泛度 网民情绪倾向 网络用户行为强度	—
社会敏感度 C1	媒体报道数量 媒体舆论引导能力 媒体公信力 媒体立场公正程度	—
—	政府危机公关能力 政府应急处置能力	—
社会心理因素 D1	政府公信力 社会化网络情绪 国际社会大气候	—

第4节

网络舆情是一壶烧开的水

　　陆毅在图书中引证说，"一壶已经烧开的水，如果还使劲捂着盖子，结果只能是连壶底都被烧穿；而盖子一揭，尽管可能会烫着自己的手，但沸腾的民意也就会变为蒸汽慢慢消散"。[①]"现在的领导，第一是不愿说，第二是不敢说，第三是不会说。与其晚说，还不如早说；与其让其他人说，不如我们自己说；与其让外面人说，不如让自己人说；与其让外行说，不如让内行说；与其让一般人说，不如我们领导干部特别是高层领导亲自来说。"[②]

　　实践证明，利用好互联网可以极大地提升政府的执政能力和为社会提供服务的能力。在互联网上，民众的各种意见可以自由地表达。一方面，基层群众能把遇到的苦和乐集中反映在网络上，小到生产生活，大到时事政治，都会有所反映。另一方面，在互联网上表达意见不需要署名，不需要真实身份，相比一些面对面的汇报会、座谈会等公开交流形式，让人减少了思想顾虑，网民可以最大限度地表达自己真实的想法。基于以上因素，从主流媒体和官方媒体收集到的网络民

① 陈毅.风险、责任与机制：责任政府化解群体性事件的机制研究[M].北京：中央编译出版社，2013.
② 韩菊芳.提高执政者与媒体打交道的能力[J].群众，2009（5）.

意看，绝大部分贴近事实真相，党和政府可以足不出户，不用"微服私访"就可以了解到相对真实的社情民情，大大提高了调查研究工作效率，已经成为新形势下领导干部开展调查研究的重要方法。在 2010 年 1 月 1 日出版的新年第 1 期《求是》杂志上，胡锦涛发表了重要文章《努力开创新形势下党的建设新局面》。文中提到"'工欲善其事，必先利其器。'科学方法的运用对提高党的建设水平至关重要"，"各级干部要学习和熟悉信息网络，善于运用信息网络，提高运用信息网络进行引导和管理能力"。

地方的发展必须有智力、有智库，才能实现科学决策、科学发展。这个智力既有官方智库，也有民间智慧。俗话说"人民群众的智慧是无穷的"，民间智慧自古以来就是我国智慧的重要来源。只有充分尊重人民群众的主体地位和首创精神，真正坚持一切为了群众、一切依靠群众，真心实意地吸纳群众智慧，才能够获得源源不断的智力支持和力量源泉。2008 年 6 月，胡锦涛在人民网强国论坛和网民在线交流，听取网友的意见和建议。2009 年 2 月温家宝在"两会"前也在中国政府网和网民对话，直接听取网民对应对国际金融危机的建议以及其他方面的意见。2009 年，西安市政府为了更好地为民服务，于 9 月初至 10 月底开展"问计于民"活动，公开收集群众对西安下一年发展建设的建议和意见。据西安市政府"问计于民"活动官方网站统计，不到一个月的时间，网站就收到建言近 4000 条，点击达 8 万人次。

网络舆论监督是网民依托互联网平台并通过网络语言或其他方式对所关心的公共事务、公众人物、价值观念、意识形态等话题发表意见的舆论监督形式。网民通过网络舆论对党和政府的各项工作开展监督是大势所趋，势不可当。我们必须深入研究网络舆论的新特点，努力适应网络舆论监督的新要求。

习近平在中央网络安全和信息化领导小组第一次会议上强调，网络信息是跨国界流动的，信息流引领技术流、资金流、人才流，信息资源日益成为重要生产要素和社会财富，信息掌握的多寡成为国家软

实力和竞争力的重要标志。信息技术和产业发展程度决定着信息化发展水平，要加强核心技术自主创新和基础设施建设，提升信息采集、处理、传播、利用、安全能力，更好惠及民生。

第一，及时发现舆情、掌控舆情，掌握舆情爆发的关键因素。网络舆情具有传播快速的特点，某一事件一经发生，往往几分钟后就有网民将相关信息发布在网上，十几分钟后就有网站转载，几个小时后网上讨论就可能达到高潮。因此，必须及时监测网络媒体议论的焦点和热点问题，特别是涉及本地的人和事，要在第一时间了解事件真相，查实网络舆论追问的核心问题，争取主动，抢占网络舆情制高点。

第二，随时追踪舆情发展动态，对舆情可能的传播路径进行分析。网络舆论事件发生后或者在处置过程中，地方主流媒体保持沉默的过程正是导致谣言扩散的过程。网络舆论热点特别是公共突发事件形成后，必须密切关注事前、事中和事后等关键节点上的舆情走向，在官方媒体（政府网站、报纸、电视）上于第一时间发布权威信息，及时公布事件处置的新情况，回应公众的质疑和猜测，不给虚假不实之词以可乘之机。如 2009 年成都 "6·5" 公交车燃烧事件发生仅两个小时，成都市政府就召开了首场新闻发布会，当天连开三场新闻发布会，不断公布伤亡、救治和现场情况，让真相赶在传言之前。6 月 6 日第四场新闻发布会主动回应市民的有关疑问，使质疑声音减弱。6 月 7 日第五场新闻发布会认定 "有人带油上车"，网民转而追查纵火者，民众的思路和情绪与政府逐渐合拍，最终使得这一突发恶性公共安全事件对社会心理造成的负面冲击以及公众对政府的质疑声音降至最低点。

第三，加强与网民的交流互动，及时回应网络质疑或网络批评，合理采纳网络建议。在新形势下，加强 "官" 与 "民" 的日常沟通已经成为疏解社会情绪、释放百姓生活压力的重要途径。官方与百姓沟通得越好，发生大规模群体性事件的概率就越小，人民群众对政府治理的满意度就越高。在这种形势下，互联网已经成为各级政府部门加强官民互动的主要平台。政府机构要设立专门的网络发言人，并且在政府网站开设互动版，并由各自的网络发言人担任版务管理，及时回复公众的问题。网络发言人在网络上要适时发布本地区、本单位的政务信息，同网民开展工作交流。网民可在相应的互动版内向相关部门提问、咨询，各个部门的网络发言人要及时受理并回复网民的建议、意见、咨询，拉近政府与网民的距离，营造良好的网络沟通环境，切实发挥网络发言人的作用。

正确引导社会舆论，高度重视"网络问政"，树立正确的舆论导向，充分发挥互联网联系群众、沟通民意的桥梁作用，进一步拓宽网络民意表达和诉求渠道，重视和解决群众反映的热点难点问题，把网络民意真正落实到建设部门具体的公共决策和政策执行过程中。通过开展网络舆情管理工作，进一步规范和建设与网民互动交流的制度，深入了解民意、体察民情、汇聚民智，及时做好网络舆情回复，正确引导社会舆论，结合正在开展的创先争优、小事整改、作风建设等活动，促进解决民生问题，维护社会和谐稳定。在完善制度规范的同时，要明确网络舆情处置流程，明确指标，确保舆情应对的规范和流程化，避免舆情应对的主观随意性或处理方式方法因人而异的差异化。

在网络舆情应对过程中，要做到以下几点：

首先，深化认识、加强领导。网络舆情工作是新形势下畅通民意渠道、做好群众工作、化解基层矛盾、促进社会和谐的一项工作举措。

其次，求真务实、及时办理。各科室、单位要加强组织协调，坚持实事求是，真心诚意纳言，实实在在解难题，扎扎实实办实事。对于诉求合理、有条件解决的，要立即给予解决；对于应该办理但一时不具备条件解决的，要积极创造条件，尽快解决；对于不符合政策法规的，要认真做好宣传教育和思想疏导工作，真正做到让公众满意，以实际行动解民之忧、取信于民。

再次，善于总结、不断提高。网络舆情工作是一项全新的工作，也是一项长期的任务。要注重实践，勇于创新，不断总结经验，探索规律，完善信息技术平台，建立长效工作机制，用制度和机制保障舆

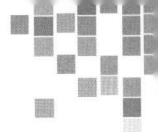

情管理工作的规范化、程序化。

　　最后，注重引导，注重方式。要注重引导网民提供真实身份，通过合法途径、合理方式实事求是地反映有关问题，表达利益诉求。网络舆情信息员要严格遵守《中华人民共和国信访条例》《中华人民共和国政府信息公开条例》及相关保密制度等有关规定，不得泄露国家机密和不宜公开的信息。

网络舆情预警和应对

网络舆情预警和应对是指在从危机事件的征兆出现到危机造成可感知的损失这段时间内，对网络舆情尤其是负面舆情进行及时妥善的控制，从而达到有效化解网络舆论危机的目的。网络舆情预警的意义在于及早发现危机的苗头，及早对可能产生的现实危机的走向、规模进行判断，及早通知各有关职能部门共同做好应对危机的准备。

在网络舆情预警体系当中，制定合理、快速、灵活的应急预案至关重要。有了舆情预警信息后，相关体系应当快速启动，高效协同，开展跨部门合作，使得网络舆情信息的社会负面影响降至最低。

网络舆情预警包括以下几点：

第一，加强网络舆情的发现及搜集能力，及时掌握网络舆情发展动态，做到重大舆情自动报警。充分利用现代搜索技术及大数据分析技术，及时在海量互联网和社会化媒体平台上发现异常的网络舆论苗头，及时跟踪并捕捉其发展动态，利用科学的舆情发展预测模型，发现舆情的走向并给出较为客观的发展态势判断及社会影响研判分析，为网络舆情的预警提供第一手的素材，为下一阶段的舆情应对和干预提供科学的分析依据，并为网络舆情应对争取到更充裕的应对时间。一般而言，网络舆情的处置应对应当是在舆情发生的四至六个小时

内。舆情酝酿、发酵期越长，其社会负面效果越大，其瞬时的爆发力和传播力也越大，其对社会的负面作用也就更大。

第二，建立科学的网络舆情防控体系，多部门联动，分工协作。充分利用现代网络技术，建立多部门协同工作的体系，共同防范和应对网络舆情。各部门及时掌握舆情动态，在统一的调度下分工合作，准确动作，化解舆情危害，维护社会稳定。

第三，建立网络舆情预警主管领导负责制。政府部门要成立专门的舆情管理部门并由专人负责，配置专门的舆情处置工作领导小组和专门的工作机构，共同落实网络舆情预警工作，把好网络舆情发现这一道关。

网络舆情预警的核心目的是防微杜渐，防患于未然，把不安定因素消灭在萌芽状态。

网络舆情预警是一门研究网络传播走向的科学实践，在这个工作面前，任何经验主义和想当然都是要不得的。

第 *6* 节

网络舆情应急管理

网络舆情应急管理（或称舆情处置）是指对于社会事件引发的网络舆论危机利用各种舆情监测手段，分析舆情发展态势，最大限度地压缩小道消息、虚假信息，变被动为主动，确保更准、更快、更好地引导舆情的一种危机处理方法。

发生网络舆情后，任何坐等或消极被动的做法都不利于舆情的尽快平息，积极、有效地应对方能化解危机。这就要求做到将网络舆情危机当成一个提升政府公共管理能力的契机，充分认识网络舆情对社会管理提升的巨大作用。只有如此，才能建立起舆情应急管理的思维模式。出现网络舆情并不可怕，可怕的是面对舆情时的消极被动或一味遮掩的陈旧管理思想。政府不仅要建立舆情管理专业部门，更需要建立合理、高效的舆情应急管理体系和制度。只有用制度化的方式去应对突发的舆情，才能最大限度地做好舆情应急管理。从这个方面讲，建立在对舆情的充分认识基础之上的舆情应急管理体系是最具价值的应对之策，只有如此，才能最大限度地消弭舆情所产生的重大危害，降低舆情的次生危害的发生可能性。

1. 网络舆情应急管理的三个环节

网络舆情管理的目的是有效化解网络舆论危机。它包括监测、预警、应对三个环节，这三个环节有机组合，从整体上构成了网络舆情联动应急、管理机制。

（1）网络舆情监测环节。

网络舆情监测体系的建立主要依靠两方面的保障，一是制度、组织方面的保障，二是舆情发现、检测、分析及预警等技术、体系方面的保障。

就技术保障而言，要监测网络舆情，少不了要有及时有效的信息搜集、信息处理、信息研判、信息反馈、信息决策系统。这就需要有强有力的技术系统尤其是要有一套高效的计算机软件系统。对舆情信息监测与分析必须浏览和查找海量的网络信息，包括网络新闻报道、相关评论、网络论坛等，从这些信息中提取与事件相关的舆情信息，然后分析舆情信息的时间与空间分布情况，再通过多种手段和渠道进行正确的舆论方向引导。随着互联网技术的不断升级，网络舆情监测和舆情分析有必要通过相匹配的科技手段来进行。

依托网络舆情监测体系，网络舆情监测部门才能对舆情信息进行评估，分析并规划舆情监控内容，形成舆情预警信息。同时，根据舆情的监控级别规划新的监控内容，开始新的监控周期，形成一个具有生命特征的周期往复的社情民意反馈系统。

从类型上看，网络舆情监测分为日常监测和突发事件监测两种。

日常监测，指将网络舆情监测作为本部门的一项日常工作不间断地进行，随时掌握网络舆论的导向、特点和趋势。日常监测的意义在于随时了解网络舆论的动态、方向；一旦发现有不利于社会稳定的重大虚假舆情，可以及时反馈到有关部门；通过"舆论领袖"引导等手段，对日常舆情进行引导，为有关部门提供社会舆情方面的决策支持。

突发事件监测，指当发生群体性突发事件时对相关网络舆情的监测。突发事件的变化因素多，内部关系较为复杂，发展趋势难以预测，相关信息纷繁复杂，给管理机构的信息判断和决策增加了难度。突发事件中的矛盾双方往往处于对立状态，影响或阻碍了原有信息沟通渠道的正常功能，从而给各种"小道消息"提供了填补信息真空的机会。突发事件突发性强，社会影响大，留给决策者思考的时间短，如果不能及时准确获得最新信息并加以判断处理，产生的后果会非常严重。突发事件的巨大压力使决策者很难从容地对所有信息进行采集、整理和判别，一些有价值的信息可能会被遗漏或者忽视，从而对处理决策产生误导。因此，当突发事件出现时，完善的舆情监测机制，及时有效的舆情信息汇集和分析，全面地掌握与该事件密切相关的各种信息，就显得极其重要。

（2）网络舆情预警环节。

网络舆情预警是指在从危机事件的征兆出现到危机开始造成可感知的损失这段时间内，为了解和应对危机所采取的必要、有效行动。网络舆情预警的流程主要包括以下环节：

第一，制定危机预警方案。针对各种类型的危机事件，制订比较详尽的判断标准和预警方案，做到有所准备，一旦危机出现便有章可循、对症下药。

第二，密切关注事态发展。保持对事态的第一时间获知能力，加强监测力度。

第三，及时传递和沟通信息。与舆论所涉及的政府相关部门保持紧密沟通。建立和运用这种信息沟通机制，已经成为网络舆情管理部门的重要经验。

危机预警能力的高低，主要体现在能否从每天海量的网络言论中敏锐地发现潜在危机的苗头，以及能否准确判断这种发现与危机可能爆发之间的时间差。这个时间差越大，相关职能部门越有充裕的时间来做准备，从而为下一阶段危机的有效应对赢得宝贵的时间。

（3）网络舆情应对环节。

完善有效的网络舆情应对强大的组织保证、制度保障和整套的应对

机制。

首先，要制定一套较为成熟的网络舆情日常监测制度。各地危机预案正在或者已经制订，尤其是面对突发事件时要能够在短时间内制订高质量的预案。

其次，遇到重大突发公共事件时，能够在短时间内调动和整合各种力量，形成联动，产生危机应对的合力。

最后，危机事件后的系统有效评估。其内容包括舆情发展预测、采取措施，对下一阶段走向的研判，对前一阶段应对的总结、反思与建议等。从某种意义上说，如果有好的评估机制，每经历一次危机，管理部门的网络舆情危机应对能力就会得到提升。

2. 完善网络舆情联动应急、管理机制的措施

公共危机事件的发生，实际上是社会系统由有序向无序发展并最终爆发突发性危机事件的过程。现阶段的中国正处在社会转型期，也是危机频发期，进行有效的危机管理是对现代政府的极大挑战和考验。对网络舆论来说，在无法通过正常渠道得到宣泄的情况下，公民长期积累的诉求随时可能因某事而爆发，造成民众与政府的矛盾激化乃至产生行政危机。

我国的公共管理危机处理机制尚处于起步阶段，与公共管理发达的国家有一定的差距，网络舆情危机也时有发生，政府在应对时尚缺乏有效的机制，往往处于被动的局面。可以通过设立综合性决策协调机构和常设的办事机构，加强政府部门间的协调以提高应对重大突发事件的能力。针对网络舆情问题，可以建立由宣传部门直接领导、各部门参加的舆情监管机构，平时负责网络舆情的监测工作，遇上突发事件时，可兼作网络舆情突发事件的指挥中心。这样，可以将舆情突发事件的处理从一种非流程化的决策过程转变为一种程序化的决策过程；可以提高有关部门的响应效率，采取有计划的步骤，沉稳地面对事件，消除影响，减轻危害，保障网络的安全运行和信息安全，同时

形成网上正面舆论的强势传播,进而对社会产生正向的激励效果,有效阻止不良社会情绪的大范围蔓延,阻断不良网络舆情传播的内部和外部动力。

第八章

电子政务与政府社会化媒体的管理

自 20 世纪 90 年代中后期以来，电子政务在促进世界各国、各级政府管理与服务模式创新及快速变革的同时，也对人类社会的进步和发展产生越来越重要和深远的影响。从全球范围来看，电子政务已经成为世界各国和地区经济社会发展的重要推动力量。在电子政务多年的发展历程中，国际社会在电子政务的理论研究、技术开发、实际应用以及政府改革等众多方面都积累了较为丰富的经验，并涌现出了许多具有实用价值和借鉴作用的成功案例。

《国家电子政务"十二五"规划》提出，大力推进国家电子政务是党委、人大、政府、政协、法院、检察院系统各级政务部门政务工作的组成部分，是政务部门提升履行职责能力和水平的重要途径。

电子政务是将政府与公民之间用数字化的方式进行连接。电子政府模式可以归纳为：政府到公民，公民到政府，政府到企业，政府到国家机关工作人员，甚至于政府到政府之间。数字化的内容包括政府管理，信息和通信技术，流程再造和电子公民等，应用范围包括国际、国家、省级和市级各级政府。因此，电子政府是利用高科技手段提高政府的效率，拓宽政府信息和服务发布渠道。这在很多电子政府中都有体现，政府除传统的电话、传真等方式外，也用互联网或非互联网的应用程序协助工作。政府还用其他电子设备，例如监控系统、

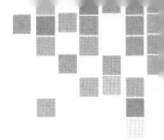

跟踪系统、RFID（射频识别）标签，甚至采用电视、广播、雷达来及时给公民发布政府的信息和服务。近年来，社交媒体（如微博、微信等）迅速崛起，特别是亚洲地区和太平洋地区的社交媒体获得了史无前例的发展，成为这两个地区网络使用的主要方式。在逐渐提高公众对电子政务的使用率方面，社交媒体拥有很大的潜力。如何有效地利用社交媒体带来的机遇已经成为一个重要的公共服务议题。社交媒体为政府提供信息和公共服务创造了新的渠道，同时也能实现服务效益的最大化。

传统上，电子政务被理解为围绕政府运营服务，实际上，其范围可以拓展到拓宽公民参与；电子政务也可以是利用信息通信技术，对政府服务进行的改组和优化。当前，电子政务的重心主要集中在以下三个方面：一是使用信息通信技术，特别是互联网，使政府能够提供更好的服务；二是使用信息通信技术，优化政府组织，消除腐败；三是持续不断地优化公共服务、公众参与，通过科技、互联网和新媒体传达政府内部、外部的管理信息。

电子政务的主要优势体现在以下几个方面：

1. 以更高的效率、更低的成本提供更多的公众服务。电子政务让政府更透明。政府透明度的重要性在于，公众可以了解政府在做什么，以及如何去执行政策。

2. 公民参与。通过网络，政治家、官员可以与民众互动，倾听民众的声音。微博等的互动调查可以让政治家和公务员看到人民的主要诉求。

3. 让公民可以与计算机交互，在任何时间、任何地点获取信息，消除前往政府机构的浪费，也减少了政府的前台工作人员。同时，计算机可以进一步记录政府服务人员的负责性、服务流程，其服务信息可以被方便地调出，用于对政府机构服务人员的态度进行监督。

电子政务的成熟度在国际上有专业的评价机构或指数，最常见的排名有 Eurostat（欧洲共同体统计署）、*The Economist*（《经济学人》）、Brown University（布朗大学）排名和联合国电子政务发展指数（E-Government Development Index）。联合国经济和社会事务部不时对全球电子政务进行调查。

　　联合国2012年的调查报告显示，韩国政府继续保持了2010年在电子政务方面所获排名第一的位置。丹麦、美国、法国和瑞典也仍保持在全球电子政务领先国家的行列。跻身前50名的国家包括俄罗斯、阿拉伯联合酋长国、立陶宛、巴林、哈萨克斯坦、智利、马来西亚、沙特阿拉伯、拉脱维亚、哥伦比亚、巴巴多斯、卡塔尔、安提瓜和巴布达、乌拉圭等。

　　报告还显示，根据电子政务发展的四个阶段（初始阶段、强化阶段、业务办理阶段和一体化阶段）来看，各国正处于不同的电子政务发展阶段。大多数国家目前尚处于初始阶段和强化阶段，而能达到业务办理阶段或一体化阶段的国家仍是少数。此句为《2012年联合国电子政务调查报告》中提话出在信息时代，政府需要思考如何运用信息和通信技术工具来优化法律框架、规章制度、机构重组和业务办理程序以及人力资源开发，从而顺应公众新的需求，接受新的挑战，真正做到以公众为中心来提供服务。

　　从发达国家的实践来看，随着信息化程度的不断提高，电子政务的管理功能趋向于减弱，而服务职能却得到持续快速的发展。可以说，电子政务与服务型政府建设实际上是一个双向互动的过程。服务型政府为电子政务建设提供了基本理念，而电子政务为服务型政府建设提供了技术支持，这将从根本上推动电子政务与服务型政府的同步发展。政府创新是建立服务型政府的基本途径，而电子政务为政府提供了创新的契机，如新的建设方法、新的运行手段、新的行政理念和运行机制等。同时，电子政务也为促进政府能力的提升做出了巨大贡献。

　　电子政务平台是政府凭借计算机技术、现代通信技术等高新技术在安全可靠的网络上依法行使各类社会管理职能，开展政务活动，为公众提供各类公共服务的信息化应用平台。电子政务系统是政府服务职能的外在表现和服务能力的提升及服务方式的延展，是政府服务的

有机组成部分。

信息技术对政府的作用不仅仅是传播信息。信息技术尤其是网络技术的最大特点还在于它的交互性。一方面，政府部门通过网络能及时了解社会的各类发展状况，另一方面，公众亦能通过网络随时向政府部门反映情况，并得到政府有关部门及时、快捷的回应。

网络极大地缩短了政府与公众之间的沟通路径，使政府在公众心目中变得更加真实，公共服务也更加个性化。围绕公众个人的不同情况进行个性化定制的公共服务将成为未来电子政务的重要应用方向。电子政务的各类应用能够让政府提供的服务无处不在。

网络舆情管理平台作为近几年随着社会化媒体的发展而新兴的技术应用平台，已经被许多政府机构列入电子政务应用的体系和范畴。电子政务平台以及网络上的海量政务信息和海量社会信息也为网络舆情的合理应对提供了重要的数据支撑。

政府在社会化媒体上的账户亦将成为政府电子政务系统的有效延伸和收集民众声音、给民众提供服务以及与民众有效、快捷沟通和互动的重要桥梁。

同时，电子政务开启了我国反腐倡廉工作的新局面，实现了反腐败从管人到管事、从思想到业务、从纪律到流程、从事后查处到实时监控、从内在自我控制到外部技术控制的转变，从而降低了监督和追惩的成本，提高了反腐败的效率和"效度"，创造出了具有技术防控腐败的制度环境和文化。

权力缺乏必要的限制、权力的运作不透明往往是产生腐败的两大原因。而电子政务具有公开、透明的特点，它可以用"阳光"杀灭滋生腐败的"病菌"。利用网络可将公共权力的范围公之于众，也使政府行为更具公信力。

第 *1* 节

电子政务发展回顾及建设应用现状

"十二五"上半期，国家电子政务发展成效明显，各级党委和政府重视电子政务的发展，结合经济和社会发展需要，加强统筹协调，明确部门工作职责，加大推进工作力度，转变发展方式，深化应用，注重成效，不断推进电子政务健康发展。

我国电子政务的应用发展，经历了起步阶段、普及阶段和深化阶段三个阶段。起步阶段是在 20 世纪 80 年代初至 90 年代初，中央和部分地方党政机关开展办公自动化（OA）工程，建立了各种纵向和横向的内部信息办公网络。2014 年的《国家电子政务"十二五"规划中期评估报告》提到：目前，中国电子政务发展在业务应用起步阶段和技术应用普及阶段的主要表现是：全国县级以上地方已有 95% 普遍开展电子政务工作，区域电子政务平台和政府网站普遍建成，电子政务技术服务体系初步建成，主要部门核心业务电子政务覆盖率逐步提升，电子政务框架基本形成。业务应用普及阶段和技术应用整合集成阶段的主要表现是：县级以上政府社会管理和电子政务服务水平明显提高，跨部门、跨地区信息共享和业务协同不断推进，改变信息孤岛的力度越来越强，网络和平台整合集成程度越来越高，政务部门主要核心业务信息化覆盖率快速提升，全国公务员计算机拥有率基本达到

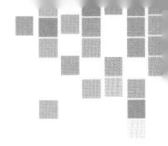

90% 以上，电子政务已成为政务部门履职不可或缺的必要手段。该报告认为："十二五"时期，中国电子政务总体上正在向深化应用、突出成效、发挥作用的深化阶段发展。

从信息技术发展分析，我国电子政务信息技术发展已经完成了技术普及应用和技术应用提升，进入了技术集成整合阶段。由于不同阶段、不同时期、不同业务需求的分散开发，造成了信息技术分散，缺乏整合集成，技术手段和方法单一等状况。目前，我国电子政务网络难以互联互通，平台相互分离，信息技术没有充分发挥作用等问题表现得严重和突出，难以步入技术成熟发展阶段。其主要原因是：我国电子政务信息技术发展中，长期以来注重工程建设和软件开发，忽视服务和使用顶层设计及应用发展规划，始终停留在信息技术准备阶段。此种现象在地市及县级电子政务建设和发展中尤为突出，造成长期资金投入难以产生应有的成效，分散建设、重复投资现象没有得到根本遏制。因而电子政务发展难以实现从工程建设转变为应用服务的转型，难以实现电子政务从自建、自管、自用转变为支撑和改变政务活动的转型，难以实现电子政务基础设施从分散、重复、浪费建设方式转变为集中、统一、高效建设方式的转型。"十二五"时期，我国电子政务要加大力度推进网络互联互通和信息共享，推动电子政务信息技术系统完成技术集成整合阶段，进入系统整体发挥成效阶段。

电子政务是政府信息化的重要组成部分，是政府提供公共服务的技术承载和服务实现的重要外部应用平台。近二十年来，西方国家在社会压力、财政压力以及经济全球化压力下，普遍进行了大规模的政府改革。为了巩固这些改革成果，西方发达国家普遍把推动政府信息化放在了十分重要的地位，并把巩固改革成果与推动政府信息化、发展电子政务有机结合起来，从而取得显著效果。

将现代信息技术应用于政府的各项业务，实现政府业务流的计算机化，在发达国家已经有近五十年的历史。近五十年来，计算机技术及网络技术在政府中的应用，经历了主机、微机加局域网、互联网三

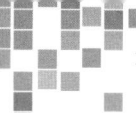

个阶段；从处理内容上来说，由数据管理、信息管理逐步走向知识管理；从覆盖的范围来说，已经由政府内部的管理职能的保证、实现走向了政府外部的公共服务职能的延伸。

电子政务的核心价值之一就是从根本上改善政府的公共服务。西方国家在确定电子政府的目标时，把电子化服务作为重要的衡量指标。这些国家认为，在电子化政府战略中，如果没有为公民服务以及运行效率衡量的目标，电子政府的发展将是失败的。为此，西方国家在推动电子政府的发展中，把改善政府传统的公共服务放在了十分重要的地位。

电子政府是政府的未来主要表现形态，而电子政务则是政府提供公共服务的重要方式之一。过去二十年间，政府信息化的建设重点是以围绕政府的职能实现而建设的各类内部办公应用以及实现对社会有效管理的一系列电子政务工程。在未来十年，电子政务将从政府对社会的管制能力进入到以重视民生服务为核心的电子政务新时代。并且，这种服务型电子政务平台将更多地搭建在移动网络和移动终端上。这种电子政务方式将极大地促进政府对社会的服务能力，让公众方便快捷地享受到政府提供的各类服务，同时，使得公众与政府之间具备了高效的沟通渠道。

一、电子政务发展的总体情况

"十二五"以来，中央和地方各机构和部门以邓小平理论和"三个代表"重要思想为指导，深入贯彻落实科学发展观，紧紧围绕全面推进小康社会的总目标，结合自身发展实际，认真贯彻落实，全面推进中国电子政务的发展。

政务应用发展取得重大进展，地方电子政务应用覆盖面持续扩大，中央和省级政务部门主要业务信息化覆盖分别超过了80%和75%，地市和区县分别超过60%和40%。

政府公共服务和管理应用成效明显，县级以下街道、乡镇服务覆盖率达到30%左右。信息资源开发利用成效逐步明显，业务信息共享

评价达到 25%。

1. 深化应用成为电子政务发展推进的重点

"十二五"期间，有 72% 的中央国家机关和 83% 的省级政府明确提出了电子政务发展以业务应用建设为主、突出成效，其中已经开始实施电子政务以应用发展为主，突出成效的中央国家机关占 80%，省级占 79%。从整体来看，中央国家机关和各级地方电子政务应用不断深化，成效日趋显著。

2. 信息资源开发利用力度不断增强

"十二五"期间，各级政府信息资源开发利用有了进一步发展，业务数据库系统部门覆盖率省级为 32%，地市级为 24%，区县级为 29%。有 56% 的中央国家机关和 79% 的省级政府实施了信息共享和业务协同。

3. 创新为民服务的应用成效日趋显著

"十二五"期间，各地围绕社会救助、住房公积金、住房保障和社会保险等社会保障领域积极开展电子政务建设，加快推进劳动就业、社会保障、医疗卫生、教育和文化等应用服务，促进了基本公共服务体系的建设发展。"十二五"上半期，68% 的省级政府（含副省级）在制订和推进创新为民服务应用建设和发展计划时，将政务服务向基层延伸列入重要发展内容。有 88% 的省级政府（含副省级）积极采取措施大力推进政务服务向街道社区等基层延伸。各地加快推进劳动就业、社会保障、医疗卫生、教育和文化等应用服务，促进了公共服务资源在全体民众中分配的均等化。

4. 基于云计算的电子政务公共平台建设取得积极进展

"十二五"期间，有 58% 的省级政府和 2% 的市（县、区）参加了基于云计算的电子政务公共配套建设应用试点。我国"基于云计算电子政务公共平台标准"的五大类 18 个国家标准已经启动制定编制

了 15 个。

二、电子政务发展中存在的问题

"十二五"期间，虽然全国电子政务发展取得了一定的成效，但是依然面临众多亟待解决的问题和困难。

1. 电子政务的统筹规划和顶层设计亟待加强

我国的地级市和区县制定电子政务规划的比例约为 6% 和 1%，存在无规划制定电子政务发展的情形。电子政务如果未能在统筹规划和顶层设计的指导下进行，其发展的权威性、严肃性和统一性将得不到保障，会严重影响到电子政务的科学发展，满足不了电子政务发展的现实需要。

2. 电子政务分散建设的现状亟须改变

全国省级（副省级城市）、地市级、区县级设有独立机房的部门平均比例分别为 70%、32% 和 22%，省级、地市级、区县级政府网站分散建设的比例分别平均为 78%、32% 和 30%，基础设施建设分散状况严重，网络互联互通难以进行，跨部门、跨地区的信息共享和业务协同实施面临障碍，电子政务整体应用成效难以体现。

3. 跨部门、跨地区信息共享和业务协同仍未取得根本突破

区域部门间基本实现共享的省级地方仅占 13%，区域部门之间少量实现共享的地市和区县仅占 32% 和 28%。信息共享成为制约部门业务协同的重要因素，严重影响到多部门协同解决为民服务和社会管理应用的深化，严重影响到地方政府公共服务和社会管理职能的履行，严重制约了电子政务总体效益的显现[①]。

三、电子政务发展的历程

中国电子政务发展历程主要有以下几个阶段：

---

① 洪毅，杜平，等.中国电子政务发展研究报告[R].北京：社会科学文献出版社，2014.

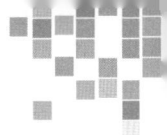

1.办公自动化阶段

中国政府早在 20 世纪 80 年代已意识到信息革命带来的挑战与机遇，各政府部门已开始尝试利用计算机辅助做一些最基础的政务劳动，譬如文件电子化处理、数据电子化存储等。这就是所谓的"办公自动化"发展阶段。这一阶段最主要的特点是利用计算机替代一部分手工劳动，提高政府文字、报表处理等工作的效率。

到 20 世纪 80 年代末，全国各地不少政府机构已建立起了各种纵向或横向内部信息办公网络，很多政府机构成立了专门的信息中心，为提高政府的信息处理能力和决策水平起到了重要的作用。

2."金字工程"实施阶段

进入 20 世纪 90 年代，我国的政府信息化建设进一步加快，特别是一系列"金字工程"的启动，标志着中国政府与国民经济信息化的序幕正式拉开。1993 年 12 月，我国成立"国家经济信息化联席会议"，确立"实施信息化工程，以信息化带动产业发展"的指导思想，正式启动"金卡""金桥""金关"等重大信息化工程。这些工程都是由中央政府直接领导，以加强信息化基础设施建设为重点，以保证国民经济重点领域的数据传输和信息共享为主要目的。

紧随"三金工程"之后的是"金税工程"。它是为配合中国财税体制的改革，推行以增值税为主体的流转税制度；是为严格税收征管，杜绝税源流失而实施的一项全国性的信息化工程。

除此以外，在过去十多年里，国家相继又启动了"金审工程""金盾工程""金卫工程"等新的"金字工程"。这些工程的相继完成，对我国的政府信息化建设和电子政务发展起到直接的推动作用。

3.政府上网工程阶段

到了 20 世纪 90 年代中后期，互联网已经开始在经济、社会生活的各个领域广泛渗透。政府作为社会信息资源的最大拥有者和使用者，理所当然要与互联网"联姻"。1999 年初开始实施的"政府上网工程"，标志着真正意义的电子政务活动在我国正式启动。

在"政府上网工程"的推动下，我国的政府信息化建设有了实质性进展。绝大部分国家部、委、办、局与地市级以上地方政府都已经在互联网上建立了自己的网站。与此同时，政府网页的内容变得较为丰富，网站的功能日益多样化，政府网站所发挥的作用也越来越大。

"政府上网工程"的启动，使中国政府真正开始了基于互联网的电子政务活动，无论是普通百姓还是政府职员，对电子政务有了更进一步的认识，为改善电子政务发展环境起到了重要的作用。

4. 电子政务实质性应用阶段

在经历了声势浩大的"政府上网工程"后，我国电子政务的发展进入了理性发展阶段。特别是我国国民经济与社会发展"十五"计划中提出"以信息化带动工业化"，取代了"九五"计划中"以信息产业推动国民经济发展"的说法，这标志着我国的电子政务发展进入实质性应用阶段。

在电子政务发展规划方面，从中央到地方都给予了足够的重视。1999 年 12 月，国家信息化工作领导小组成立，由国务院副总理吴邦国担任领导小组组长。2001 年 12 月 29 日，由国家科技部会同相关单位专家组织进行的"中国电子政务应用示范工程"开始在全国范围内进行公开招标。

2003 年是我国电子政务从规划转向具体实施阶段的第一年。同年 9 月 15 日，时任国务院总理的温家宝在国家行政学院省部级干部"政府管理创新与电子政务"专题研究班的讲话中指出，要加快政府职能的根本性转变，加快推进政府管理创新。2004 年，我国政府继续推进以"三网一库"为基本架构的政府系统政务信息化枢纽框架及应用体系，以实施电子政务示范工程为先导，加快建设和整合统一的全国政府系统办公业务资源网络平台。

国务院信息化办公室组织了上百位专家对国家电子政务进行研究，形成一套电子政务发展战略框架，电子政务已经被列为中国信息化建设的重点任务。

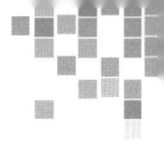

一是建立两个统一的电子政务平台，即连接副省级以上部门办公业务的"政务内网"和面向公众、企业以及连接政府间业务的"政务外网"，其中，"政务外网"与互联网相连接。

二是建设和推进十二项重点工程，包括为各级领导决策服务的"办公业务资源系统"和"宏观政策管理系统"，将所有税务机关和税种扩展成为全方位的税收电子化系统的"金税工程"，将完整的通关业务电子化的"金关工程"，为国家预算编制和预算执行提供网络化、数字化服务的"金财工程"，对银行、信托、证券、保险进行有效监管的"金融监管工程"，实现审计工作数字化的"金审工程"。另外，还包括保障社会稳定、安全的"金盾工程"和"社会保障工程"，防伪打假的"金质工程"，应对水旱灾情的"金水工程"和为农业现代化服务的"金农工程"。

三是信息资源建设，包括两个信息体系和人口库、法人库、信息资源和空间地域库、宏观经济库等四个数据库，为政府部门提供最基础的数据资源。

到 2010 年，覆盖全国的统一的电子政务网络基本建成。政务信息资源目录体系与交换体系、信息安全基础设施初步建立，重点应用系统实现互联互通，政务信息资源公开和共享机制初步建立，法律法规体系初步形成，标准化体系基本满足业务发展需求，管理体制进一步完善，政府门户网站成为政府信息公开的重要渠道，50% 以上的行政许可项目能够实现在线处理，公众认知度和公众满意度进一步提高。电子政务降低行政成本、提高监管能力和公共服务水平等方面的作用明显增强。

《中华人民共和国国民经济和社会发展第十二个五年规划纲要》指出，要全面提高信息化水平，加强重要信息系统建设，以信息共享、互联互通为重点，大力推进国家电子政务网络建设，整合提升政府公共服务和管理能力。确保基础信息网络和重要信息系统安全。同时又强调，要着力保障和改善民生，必须逐步完善符合国情、比较完整、覆盖城乡、可持续的基本公共服务体系，提高政府保障能力，推进基本公共服务均等化。加强社会管理能力建设，创新社会管理机制，切实维护社会和谐稳定。

在政治文明建设方面，"十二五"规划纲要指出："加强社会主义政治文明建设。坚持党的领导、人民当家作主、依法治国有机统一，发展社会主义民主政治，保障人民的知情权、参与权、表达权、监督权。坚持和完善人民代表大会制度、中国共产党领导的多党合作和政治协商制度、民族区域自治制度以及基层群众自治制度。巩固和壮大最广泛的爱国统一战线。发挥工会、共青团、妇联等人民团体的作用。切实做好民族和宗教工作，加强民族团结进步教育。全面落实依法治国基本方略，完善中国特色社会主义法律体系，维护法制权威，推进依法行政、公正廉洁执法，加强普法教育，形成人人学法守法的良好社会氛围，加快建设社会主义法治国家。加强人权保障，促进人权事业全面发展。

这份纲要为未来五年电子政务发展的目标和方向提供了明确的导向，可以看出，构建以服务为核心的电子政务体系是最基本的任务，构建以人民有序参与、表达、监督的政治文明生态亦被列为重要的内容之一。

提升国家信息安全保障能力和科技创新能力

电子政务在中国发展了二十余年的时间，取得了显著的应用成效。众多的公共服务平台为民众提供了各种各样的服务，但是随着社会的发展，电子政务在应用建设中亦出现了诸多的问题，需要相关主管机构予以高度重视。这些问题突出表现在：顶层体系规范缺少长远规划，建设标准不统一，应用系统缺少统一规划，底层技术支撑能力不足，信息安全问题突出，数据协同应用能力偏弱等；在建设理念上，偏硬件建设，应用系统以及数据综合利用开发能力较弱，难以形成全国性的电子政务数据分析处理平台；在建设主导机制上，各地、各部门分头建设，开发了许多基于本部门的垂直应用系统，导致了诸多的孤立应用平台和信息孤岛的出现，电子政务各类数据应用方面难以有效利用，进而造成了电子政务建设、应用上的极大浪费。电子政务的重复建设、分头建设、难以协同正在严重影响电子政务应用的进一步发展。

为此，需要从以下几个方面进行改进。

首先，充分发挥国家信息化主导机构的作用，强化电子政务和信息化顶层设计及标准制订能力，用法律等形式保证标准的严格执行。

其次，完善政府信息公开法案和电子政务数据协同、共享机制的建立，用制度形式保证各类电子政务平台的数据进行共享和综合利用，提升电子政务平台的应用效率。

第三，大力扶持电子政务各类自有技术的研发及应用，确保核心电子政务平台的底层支撑系统技术安全、可控。

第四，加强公共云政务平台技术标准、规范的制定，确保云政务平台体系上的各类应用及数据安全。

第五，建设统一的电子政务云平台，调整电子政务建设模式，由专门机构负责构建全国性的电子政务大型云平台，确保建设的质量和效率。各地各机构部门可根据需要进行个性化定制。

第六，强化电子政务云公共服务平台的容灾备份能力，确保各类公共服务平台能够抵御较严重的系统故障或恶意破坏，为公众提供安全、可靠、便捷的各类电子政务服务。为了应对平台可能产生的问题，在安全可控的条件下，用云计算技术构建并由国家信息化主管部门牵头的集约型云政务平台将成为未来电子政务建设的重要模型，甚至，一些针对公共服务的专门应用平台可制定 BOT（建设—经营—转让）建设方案。由政府主管部门主导、由社会机构共同参与建设的云公共服务平台将成为未来电子政务建设的主流模式。这种资源高度集中、建设标准统一、社会力量参与的电子政务建设方式将对电子政务的发展产生重大的推动作用。此类平台将为电子政务公共服务平台上的各类政务大数据的分析以及更具个性化的电子政务公共服务提供巨大可能。

据统计，中国电子政务系统基础架构大多采用 Windows 体系构架，并且办公系统严重依赖 Windows 体系，网络基础架构亦严重依赖某些国外的技术，随着时间的推移，系统功能必将不能满足日常的管理所需。而 Windows 体系的未来发展必将建立在以云计算为框架的体系架构之上。未来十年，面对微软未来清晰的云化路线，现在各类电子政务系统或办公应用将面临重新选择或是全面迁移的巨大压力。这种压力表现在我们将不得不付出高昂的迁移资金成本、技术成本，并且电子政务的各类信息安全、应用安全等也将受到平台迁移的

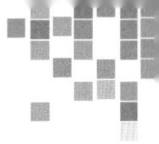

巨大影响而出现严重的问题。

由于历史原因，国内各部门、各地方的电子政务及信息化建设五花八门，各类应用繁多。由于缺少严格的标准执行和监督机制以及通盘考虑，许多地方、部门各自为政，以所谓的创新的名义标新立异，极力标榜自己的与众不同，互不通气，数据及应用难以协同。在未来几年之内，我们将不得不面对复杂的各类系统迁移任务和升级任务，我们将不得不在电子政务的系统升级与系统重建之间做出艰难的选择。对省、市、区县甚至乡镇政府机构来说，公共服务业务的绝大多数应用是相同的，各部门完全没有必要独树一帜地自搞一套，如果从上至下实行一张网，将所有行政服务单元模块化，用搭积木、拼系统的方式为本地、本部门在电子政务应用单元库中挑选合适的应用将成为最节约成本和提升建设效率的最佳路径。并且，用云计算和虚拟化等技术实现电子政务硬件的高度共享和信息协同，充分发挥公共计算资源的集约化优势和运营维护优势，可以大大降低公共财政的支出，降低政府的运营管理成本。面对未来的各类潜在的挑战，我们需要开放思想，充分认识电子政务服务民众的本质，放弃固有的行业和小圈子的局限认识，打破在电子政务建设应用中的"地盘"意识、利益权衡及精心算计，在确保实用、高效、安全的前提下，引入市场化的建设机制和建设力量，积极探索电子政务技术及服务外包的方式和方法。

另外，当务之急就是我们要大力鼓励电子政务核心系统的国产化，提升国产化水平，创新电子政务科研支撑体系，打破传统科研扶持体系的某些禁锢，更新观念，加大对自有技术的扶持和应用，培养一批适合电子政务要求的核心应用软件、硬件平台，大力鼓励并扶持基于云计算的公共电子政务标准体系、技术体系和安全体系的制订，在核心应用中提高对国产化自有体系的支持比例，从政策上保证自有核心技术的发展，摆脱对微软或其他国外技术体系严重依赖的局面，有效保证和提升国家信息化战略的安全水平。将信息化领域的国产化当作未来三十年的信息化发展战略大目标，制定切实可行的创新扶持办法。

毫无疑问，我国的电子政务建设框架和应用总体框架需要从根本上做出改变。

另外，我们要重视移动设备平台上出现的或即将出现的种种安全问题。这种问题突出表现在操作系统平台严重依赖 Android（安卓）、iOS（苹果公司的移动操作系统）、Windows Phone（微软发布的手机操作系统）等平台，各类 app 应用的安全性也存在许多潜在的安全检测环节的问题。同时，移动设备的核心硬件亦无法完全实现自主生产，亦存在许多潜在的安全风险。

当今世界，信息技术日新月异，对国际政治、经济、文化、社会、军事等领域发展产生了深刻影响。信息化和经济全球化相互促进，互联网已经融入社会生活的方方面面，深刻改变了人们的生产和生活方式。我国正处在这个大潮之中，受到的影响越来越深。我国互联网和信息化工作取得了显著成就，网络走入千家万户，网民数量世界第一，我国已成为网络大国。同时也要看到，我们在自主创新方面还相对落后，区域和城乡差异比较明显，特别是人均带宽与国际先进水平差距较大，国内互联网发展瓶颈仍然较为突出。

我国各类应用系统安全及核心信息安全问题已经进入高层的视野。习近平在中央网络安全和信息化领导小组第一次会议上强调，网络安全和信息化是事关国家安全和国家发展、事关广大人民群众工作生活的重大战略问题，要从国际国内大势出发，总体布局，统筹各方，创新发展，努力把我国建设成为网络强国①。网络安全和信息化对一个国家很多领域都是牵一发而动全身的，要认清我们面临的形势和任务，充分认识做好工作的重要性和紧迫性，因势而谋，应势而动，顺势而为。网络安全和信息化是一体之两翼、驱动之双轮，必

---

① 习近平.把我国从网络大国建设成为网络强国[EB/OL].（2014-02-27）[2014-06-18]. http://news.xinhuanet.com/politics/2014/02/27/c_119538788.htm.

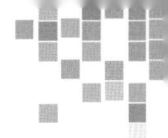

须统一谋划、统一部署、统一推进、统一实施。做好网络安全和信息化工作，要处理好安全和发展的关系，做到协调一致、齐头并进，以安全保发展、以发展促安全，努力建久安之势、成长治之业。习近平指出，没有网络安全就没有国家安全，没有信息化就没有现代化。建设网络强国，要有自己的技术，有过硬的技术；要有丰富全面的信息服务，繁荣发展的网络文化；要有良好的信息基础设施，形成实力雄厚的信息经济；要有高素质的网络安全和信息化人才队伍；要积极开展双边、多边的互联网国际交流合作。建设网络强国的战略部署要与"两个一百年"奋斗目标同步推进，向着网络基础设施基本普及、自主创新能力显著增强、信息经济全面发展、网络安全保障有力的目标不断前进。为此，要制定全面的信息技术、网络技术研究发展战略，下大气力解决科研成果转化问题。要出台支持企业发展的政策，让他们成为技术创新主体，成为信息产业发展主体。要抓紧制定立法规划，完善互联网信息内容管理、关键信息基础设施保护等法律法规，依法治理网络空间，维护公民合法权益。

同时，建设网络强国，要把人才资源汇聚起来，建设一支政治强、业务精、作风好的强大队伍。"千军易得，一将难求"，要培养造就世界水平的科学家、网络科技领军人才、卓越工程师、高水平创新团队。

第3节
"十三五"期间电子政务面临重大发展机遇

随着国家"十三五"规划纲要的颁布，电子政务迎来了一个全新的发展态势。

"十三五"将成为中国电子政务发展的关键阶段和中国电子政务发展的里程碑，电子政务由管理型向服务型迁移。一方面，后危机时代中国经济发展方式转型对电子政务建设正产生影响，另一方面，"十三五"期间政府体制改革本身的进展对电子政务的发展也将产生重大影响。同时，社会对以网络民主与网络监督为代表的内在需求也必然会推动电子政务的发展进程。

另外，扩大民生电子政务发展，通过信息化手段，实现公众有序参与政府治理过程，是实现中国电子政务均衡发展和构建和谐社会的最佳路径。

故此，"十三五"期间，电子政务建设重点比此前任何时候都具有了鲜明的特征：

——以需求为导向、以保障为核心、以服务为重点、以民生为宗旨；

——打造新政府形态、实现服务的均等化、提高政府的情报感知、加强政府的信息处理能力和公众服务能力，建设公众广泛参与的服务型电子政务体系；实现从关注政府治理型电子政务向关注民生型

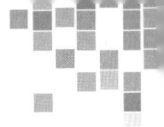

的公众服务型电子政务转变；

　　——电子政务建设的重心将下移，在推进城乡一体化战略和政府治理扁平化方向发挥重要作用，强化电子政务的社会服务功能；

　　——低成本、集约化、见实效的电子政务发展道路，政府电子政务服务外包成为重要的建设模型并初步形成外包的标准化规范体系；

　　——通过扩大电子政务的公众应用，寻求政府治理能力增强与公共服务能力增强之间的平衡；

　　——深化体制改革，健全和完善政府电子政务相关配套法律法规。

　　未来十年，中国电子政务的建设模型将表现为政府门户、政务门户、个人门户、手机门户，在政务流程层将表现为协同办公、并联审批、业务系统融合、业务高度协同，在信息资源层将表现为目录体系、交换体系、信息资源库以及应用、数据、信息安全以及相关资源的高度共享。

　　"十三五"期间电子政务建设要点总结：

　　聚合：对已有系统的深入整合。

　　协同：重点实现业务的跨部门协同。

　　互联：克服条块分割、部门分隔，加快实现互联互通。

　　共享：在整合、互联、协同的基础上提高资源共享的水平。

　　重构：按照政府组织体系的调整，重构一些重大综合应用项目。

　　"十三五"期间电子政务发展目标：

　　——继续提高政府的执政能力。

　　——增强政府公共服务能力，建设服务型政府。

　　——电子政府和社会各个领域信息化的一体化。

　　——创造条件，利用信息化手段扩大公众政治参与，促进社会主义民主政治发展，推动实现和谐社会。

第4节

电子政务与政府网络舆情管理

在电子政务体系当中，网络舆情管理应用平台的建设已经成为一个标配。网络舆情管理平台正逐步被纳入传统的电子政务建设及应用体系当中。这足以说明网络舆情管理已经逐渐被众多政府部门纳入其核心业务体系当中。在部署网络舆情管理体系的过程中，需要重点做好以下几个方面的工作：

首先，网络舆情管理不是一个"时髦"的应景体系，它应当成为信息化时代或是网络时代政府施政和听取民意的重要途径，并且，网络舆情管理应当建立在为人民服务的大思维逻辑下。

其次，网络舆情管理要真正成为搜集社会民情民意、提升政府公共治理能力的重要帮手而不是一个摆设。在善意对待网络舆情的前提下，适度建设并完善舆情的发现、预警及应对技术体系和管理，防止过度开发和过度设置机构及人员。将网络舆情线索纳入政府改善工作的重要信息来源，防止将网络舆情视为异端或对网络舆情的种种不合适对待。

第5节

切实发挥各级政府门户网站的作用

互联网是继报纸、广播、电视之后的第四大媒体。它融合并延伸了所有媒体的主要特色功能。政府网站集各种媒体优势，集文字、音频、视频等媒体内容于一身，有极强的互动特征，传播覆盖范围之广，受众群体之大，传统媒体无可比拟。除自身的特征外，它又为其他传统媒体搭建起了一个公共交流和宣传的平台，实现了宣传媒体互融互动和传播效益的"倍增放大效果"。政府网站的权威性和公信力都是其他网站所不能比拟的，可以抵制网络中的不良错误言论，抵制与社会主义精神文明建设不相适应的迷信、低俗文化倾向，过滤网络杂音。在各级政府特别是县、乡等基层政府网站的建设和应用过程中，网民中占相当大比例的人口仍以获取新闻信息和休闲娱乐为主，政府网站的宣传工作必须围绕经济和社会发展中的热点问题开展。政府网站承载着政府公共政策传递、法律宣传、公共服务和社会引导的诸多功能，它是政府与民众之间的重要桥梁和载体。

电子政务网站及服务平台承担着重要的发声职能，需强化信息披露功能，快速发布民众关切的工作动态。全国还缺乏利用网络新媒体的统一部署，在信息收集、公民互动、有效疏解方面，对微博、微信的认识还有待进一步提升。

有效发挥政府网站的作用，需要从以下方面努力：

第一，增强政府门户网站的正面引导力。建设和谐社会需要正确的舆论引导。坚持不懈地宣传相关公共政策，用法律规范政府和个人行为，引领社会风尚，加大反腐力度，坚定理想信念，树立正确的道德规范，以诚实守信的形象立身于世。

第二，提升政府网站的社会公信力。作为政府对外宣传的窗口，就是要以诚信为本，努力把体现执政的意志和反映人民心声统一起来，既要及时全面准确地传达治理的声音，又要真实地反映人民群众的心声和意愿，坚持导向性与新闻性、指导性与可读性、权威性与群众性、思想性与服务性的有机结合，增进网站与公众之间的信任，建立良性的互动关系。

第三，增强政府与民众的融洽度，提升网站的亲和力。政府网站要及时了解公众对经济、政治、文化、社会问题的关注点和兴奋点，把握受众群体的接受习惯和心理特点，多反映群众的切身利益，多报道群众关注的问题，多用群众喜闻乐见的形式来引导社会舆论，通达社情民意，疏导公众情绪，不断增进对人民群众的感情，把对人民群众的真挚情感落实到服务上，让政府网站真正起到凝聚人心、凝聚力量、化解矛盾、排忧解难的作用。同时，网站要多讲社会责任，报实情，说真话，分清荣辱，明辨善恶美丑，把政府网站办成为人民服务的网络，让政府门户网站成为政府为民办事的畅通渠道和相互理解、融洽沟通的桥梁。

在互联网时代，网站特色各异，各种目的的网站也混杂在其中。在这种情况下，政府网站就更显其存在的巨大价值。所以，更应该注重发挥网站这个社会化媒体的功能和其特殊的作用，正面报道并引导，广泛宣传积极向上的价值观，大力弘扬政治文明、精神文明和社会文明。

如果政府部门不能给公民提供优质有效的网上服务，在信息化和网络化时代也是一种典型的脱离群众的表现，这与党的群众路线教育是相背离的。

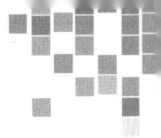

2011年3月，有网民在阆中市国土局官方网站咨询土地出让年限问题，阆中市国土局在当年6月给予了回复，其中称"40年后，我们是不是还存在这个世界，不要考虑太长远了"。此回复被网友发现并迅速引发争议。阆中市国土局8月11日回应称："对工作人员就此回复中出现言语不当，我局深表歉意。今后，我局将进一步加强对网络建设的管理，避免出现类似问题"。8月13日，阆中市国土资源局的官方网站发布公告称，因网站整改维护，暂予关闭。其实，在地方政府网站中，类似的"神回复"并不少见。这种"神回复"的背后是某些权势者对民众的极端蔑视，反映了其严重的"老爷心态"和"掌柜心态"。国家行政学院公共行政教研室主任竹立家说："任何一个对人民负责的政府、一个敬畏人民的政府是不敢这么说话的。这是蔑视公众的表现，也是一种官僚主义和形式主义的作风。"

官网作为目前政府与民众互动并提供公共服务的重要载体之一，如此回复是对民众的极端不负责任，也是相关工作人员的失职。"神回复"显示了某些地方政府部门长期以来形成的忽视与民众互动的行政或体制惯性，以及其单薄的服务意识。但是，一个事实是，政府网站在管理及利用上存在诸多问题，给政府形象和公信力造成了不良影响。同时，许多政府机构将电子政务当成装饰或门面工程，而忽视了电子政务体系建设或政府网站建设的初衷，即要通过电子政务和政府门户网站等信息网络应用为民众提供更为便捷的公共服务，提高政府机构的办事效率，依法推进政务公开，使政府运作更加透明。

当前政府网站存在的重大问题是其机构设置制度建设相对混乱或滞后。相当一些政府网站并不由政府办直接负责，有的设置在宣传部，有的设置在信息中心，有的设置在科技局，有的设置在经信委，甚至有的直接外包给商业公司维护，或委托给征信办等与政府不相关的机构来维护。

早在2011年，国务院办公厅就发布了《关于进一步加强政府网站管理工作的通知》。其中明确指出，各地区、各部门要进一步提高认识，把办好网站放在政府工作的重要位置。要按照谁主管谁负责、谁运行谁负责的原则，强化管理和责任，确保网站管理工作落实到人，做到不办则已，办则有人管、能管好。

然而在实际操作中，这些直接从事政府网站管理的人员在配置和职业培训上存在一定的问题，形成了"有人管但管不好"的局面。一是从业人员来源混杂，有的是政府部门人员兼职从事网站信息审核发布工作，有的是委托网络技术公司的技术人员附带从事该工作，还有的是通过劳务派遣、短期临时聘用等形式雇用人员从事该工作。二是很多政府网站专兼职信息审核的从业人员缺少职业准入制度，也缺少媒体方面的专业教育和职业培训。还有一些从业人员没有准确把握政府网站的定位，没有意识到它发布的信息、提供的互动交流和办事服务代表着政府形象。

那么，政府网站如何真正实现与民众的良好互动？

首先，要将政府网站的工作纳入政府管理部门的日常业务范围内，强化政府网站的服务职能和与公众的沟通机制。其次，要对政府网站相关工作人员进行定期培训，提升其业务能力，并制定明确的奖惩制度和业务行为回溯及责任追查制度。最后，政府网站在发布信息时必须要按照一定的程序和规范，对群众的意见和诉求，必须有交流、有反馈、有协商，必须做到更积极、更及时、更准确和更完整。

"最根本的是，权力必须要对人民有敬畏感。"[1]

---

[1] 杜梦薇，文静．"这是蔑视公众的表现"[N]．中国青年报，2013-08-15（11）．

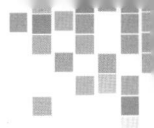

第 6 节

重视政务公共服务账号的作用

在社会化媒体上，活跃着一批政府的公共服务账号，它们或传递政府的各类政策资讯，或解答民众的网络提问，为更好地提升政府服务职能、服务民众、拉近官民距离发挥了非常重要的作用。继博客、BBS之后，微博和微信成为社会化媒体平台上最核心的两个应用。政务微博是政府信息应用和管理进入新时期新阶段的新兴产物，是政府与时俱进的突出表现，在宣传政府形象、应对突发事件、汇集民声民意、加强群众监督等各个领域起到了突出作用。

微博是传递民意、表达民情、展现民间愿景的有效途径，也是政府了解群众需求、体会民间疾苦、观察百姓喜恶、检验从政得失，建立对话机制、收集民情民意等的重要举措。政府可以通过微博来关爱弱者，因为弱者受到危机事件的伤害最大，反抗情绪最为激烈，如果他们能够得到优先的关怀和体恤，就有助于解决事件中的主要矛盾，从而使危机得到化解。关心百姓、关注弱势群体，是政府的职责所在，是实现社会公平正义的基本途径。

微博是重新树立政府形象的重要方法之一：随时随地发布自己管辖范围内百姓最关心关注的信息，服务人民群众；拓展民众表达权和参与权，通过微博平台，倾听群众呼声，听取百姓意见，回应百姓疑问；通过微博进行互动、交流，真正做到倾听民意、汇聚民智、解决民忧的目标。

微博不仅是一个网民们共同分享信息的平台，还是网民们情绪的宣泄平台。因此在具有共同利益的前提下，在不影响国家发展的前提下，政府应该有大局意识和包容精神，准许人们在这片空间之内自由发表各自的看法，甚至把微博变成人民群众适度宣泄心中不满的一种渠道。这样，既能够适度调节人民的心理，又避免了人民群众通过其他渠道进行宣泄的危机，并为政府实施行之有效的管理争取了时间。

新时期加强和创新社会管理的核心任务，就是做好群众工作。微博是知民情、达民意的重要渠道，也是领导干部与普通群众沟通感情的桥梁和纽带。领导干部通过微博，利用最朴实、最直接的话语，即平民化、草根化的语言来表达自己的观点、意见或是公开某些事务，"第一时间"回答群众有关切实利益的大小问题，可以进一步密切与群众的联系，让群众通过微博看到干部的良好作风和形象。

2010年被称为微博元年。到2012年，我国微博用户数量已超过3亿，其中政务微博数量超过5万，微博被公认为"正在改变官方和公众话语权整体格局"。与微博形成竞争的另一个社交产品微信，对微博造成了强烈的冲击，尽管这两个产品的功能和传播特征并不相同。到2014年4月，微信用户超过6亿，其中有1亿用户在国外。

另有资料显示，2013年，我国微博用户规模较2012年底减少了2783万，微博使用率比上一年降低了9.2%。中国互联网络信息中心（CNNIC）发布的第33次《中国互联网络发展状况统计报告》[①]指出，2013年，微博发展出现转折，用户规模和使用率均出现大幅度下降。截至2013年12月，我国微博用户规模为2.81亿，较2012年底减少2783万，下降9.0%。网民中微博使用率为45.5%，较上年底降低9.2个百分点。报告评论指出，微博发展并不乐观：一方面，基

---

① 张紫.第33次中国互联网络发展状况统计报告[J].计算机与网络，2014（2）.

于社交网络营销的商业化并不理想，盈利能力有限；另一方面来自竞争对手的冲击导致微博用户量下降。该报告还显示，截至 2013 年 12 月，中国手机网民规模达到 5 亿，年增长率为 19.1%，继续保持上网第一大终端的地位。网民中使用手机上网的人群比例由 2012 年底的74.5% 提升至 81.0%，远高于在其他设备上网的网民比例。智能手机及其上的各类名目繁多的应用大有替代传统 PC 的趋势而引起了政府和社会的高度关注。

面对"微时代"的"微革命"，政府应如何应对？"管理得好，微博就是'威博'，在联系政府和群众中发挥巨大威力；管理不好，微博就变成'危博'，在政府和群众中埋下危险的种子。"①与传统媒体的线性传播不同，微博点对点的网状传播方式使意见的聚集性越来越强。假如一个人拥有 1 万个粉丝，每个粉丝再有 100 个关注者，仅仅两次传播，影响就能达到百万量级。微博影响力如此之大，无论是好的效应还是坏的效应，都会被微博以几何级数放大，并在瞬间聚集起巨大的舆论能量。微博的出现带来了公共权力的分化，极大提升了整个社会的信息透明度和意见表达的均衡与多元，从这个意义上说，微博是促进社会民主开放和健康平衡的重要手段，也促进了微力量阶层的崛起。实用、公开、快速、亲切，这些年轻的政务微博已显示出政府在改进社会管理方式上的创新。谣言的飞速传播在政务微博公开明确回应面前放缓了脚步，而政务微博更重要的功能——权威发布、遏制谣言，则在危机发生时更加凸显。荀子说："登高而招，臂非加长也，而见者远；顺风而呼，声非加疾也，而闻者彰。""政务微博这个全新、低成本、传播快的沟通渠道，就是帮助政府密切干群关系的高台和大风。"②在众多群体性事件中我们可以得到这样一条教训，最让人们愤怒的往往不是政府的处理方法有失妥当，而是政府的坐视不

① ②　侯露露，张意轩，于洋."微时代"政府咋应对？管理不好微博变"危博" [N/OL].人民日报，（2012-03-07）[2014-06-18].http://culture.people.com.cn/GB/87423/17312856.html.

埋和对新闻信息的围追堵截，而政府微博恰恰可以在这个时候及时地出来澄清、告知、辟谣并进行一系列的公关运作，从而将危害降到最低。因此就需要专业的团队在微博等社会化媒体平台上及时应对，从而推广施政理念、规避潜在舆论及社会危险，更好地建立以人为本、服务本位的治理秩序。

2010 年中国网络舆情指数年度报告称，在被称为中国"微博元年"的 2010 年，中国各级政府机关试水微博的数量大增，打开了从"网络问政"到"网络执政"的新思路，其中公安部门的微博占比超过七成。①

这份由中国传媒大学网络舆情（口碑）研究所／艾利艾咨询机构撰写的报告称，目前的官方微博中有 97.1％ 是在 2010 年开通的，且主要集中在 2010 年下半年。到 2010 年底，仅新浪微博经过实名认证的政府机构微博就有 630 个。

报告认为，政府机关对在线交流平台的青睐，体现了对网络民意的重视，打开了从"网络问政"到"网络执政"的新思路。

该报告还显示，在所有政府官方微博中，公安微博数量一家独大，占 73.3％，涵盖了上至省市、下到基层派出所的各级公安机关，且多以"平安"二字命名。一些公安微博快速直播、回应网络热点话题，例如"平安北京"微博回应方舟子遇袭案件、"平安肇庆"微博直播深山救老太太等，受到舆论好评。此外，旅游和交通部门开通微博的也较多。

微博承载社情民意并极大地影响着民意，而政府官员亦纷纷在微博上注册并发声。在中国最受欢迎的新浪微博上，获得认证的政府用户数量在 2012 年间增加了两倍，表明政府官员已经意识到社交媒体在影响民意方面发挥着巨大的作用。人民网下属的一个舆情检测机构

---

① 王晓磊·研究称中国各级政府微博数量大增　公安占比超七成[EB/OL].（2011-03-24）[2014-06-18].http://politics.people.com.cn/GB/1026/14230551.html.

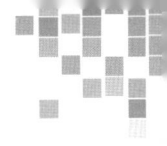

发布报告①指出，截至 2012 年 12 月底，新浪微博认证的政务微博数量从 18132 个增加到了 6 万个，中国政府已经成为使用互联网的行家里手。

官方媒体《人民日报》发表评论文章呼吁加大网络监管力度，同时评论说，中国的民众希望政府能够管一管网络的种种乱象。另有文章说，依法管理互联网是国际惯例。但是，由于对微博缺乏了解，导致许多官员对微博心存胆怯之心，政府官员个人开设微博的情况相对还是少见，截至 2013 年 7 月，获得身份认证的政府官员和政府部门微博账户总数约为 7 万个。报告认为，从粉丝、微博数量和沟通互动的情况来看，公安部打拐办主任陈士渠是微博最具影响力的政府官员，他的粉丝人数是 318 万。开设微博的基层官员数量多于高级官员。社交媒体越来越多地成为披露社会事件、影响民意、表达民众情绪的地方，这也是政府微博账户迅速增加的主要原因。对许多开设政务微博账户的政府机构来说，开设微博是政府获悉突发事件、拦截负面信息、依法打击谣言、破解并及时回应公众疑虑的一个重要手段。

2013 年数据分析报告显示，新浪认证的政务微博总数已超 7.9 万个，发表微博总数超过 6000 万条，微博被网络用户转评总数约 3.6 亿次。与 2012 年相比，政务微博发博数和被网友转评数增长率分别高达 73%、177%，显示出 2013 年上半年新浪政务微博的活跃度、传播力、影响力仍继续高速增长。报告认为，中国政务微博有力推动了当前社会"公共协商"机制的形成，政府和官员通过微博主动回应和参与热点事件，形成有效的政民沟通平台。

报告还显示，2013 年上半年全国法院系统和环保系统微博的发展尤为突出。上半年共有包括北京、湖南、四川、广西等在内的 7 个省、市、自治区开通省级法院微博。人民法院通过微博"展现司法公正、提升司法公信"的思路已然清晰可见。

① 人民网舆情监测室.2013 年上半年新浪政务微博报告[R/OL]. (2013-07) [2014-06-18].http://yuqing.people.com.cn/NMediaFile/2013/0731/MAIN2013073 10846000551586960919.pdf.

报告指出，截至 2013 年 8 月，全国省市、区县一把手的认证微博超过 60 个，上半年以昆明市长微博为代表的各级一把手官员利用微博平台体察民情、服务社会、优化管理模式和管理手段，开启了"一把手微博问政"的新局面。

该报告还公布了 2013 年上半年十大党政机构、十大公职人员、影响力飞跃奖、十佳应用奖等政务微博系列榜单，并首次公布了十大中央部委、十大司法和十大环保机构微博。

毋庸置疑，活跃在社会化媒体上的众多政府公共账号和政府官员个人账号对大力弘扬正能量、提升社会和谐度、为民众答疑解惑发挥着越来越重要的作用。出自《"微时代"政府咋应对？管理不好微博变"危博"》。一文提到："开通政务微博，确有诸多好处，但若不分青红皂白，统统一哄而上，也不是一件好事。"有的微博开通以后，多日不发言，有事不回应，成了微博'僵尸'；有的为了吸引用户眼球，每天发布一些逸闻趣事、饮食菜谱、养生常识之类；另外，有的管理人员和相关负责者不懂社会化媒体的管理，面对微博战战兢兢，每天发布一些无关痛痒的东西，群众不喜欢看，自己也不喜欢看，那些例行的八股公文，既无人看，更少有人转发评论。时至今日，还有相当多的政务微博每天热衷于心灵鸡汤，喜欢"打酱油"，仍有大量的政务微博是僵尸微博，不发声、不回应、不登录、不查看。2014 年 4 月 29 日，一季度政务微博榜单中，部分存在"不作为"现象的政务微博被曝光，包括"成都城市管理""郑州物价局""吉林省卫生厅""北海旅游局"，这些微博或是在发生重大事件时未及时回应、回避本部门负面信息，或长期处于"休眠"状态。①

让社会化媒体更好地服务社会，服务民众，而管理好、用好政务微博就是为人民服务，为此，"我们要提倡开设真正能为群众和政府

---

① 卢国强.新浪公布一季度微博榜单：部分"不作为"政务微博被曝光[EB/OL].（2014-04-29）[2014-06-18].http://cpc.people.com.cn/n/2014/0429/c64387-24958331.html.

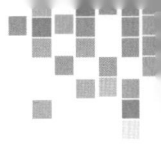

服务的微博"①。

另外，政务微博的良性运行，需要强大的人力资源支持及维护者具备足够的专业素养。由于关注者甚多，任何通过政务公共账号发布的信息都应经得起推敲，并符合相关的法律和规定，切忌随意发布不恰当的内容。还要制定严格的微博发布内容审核和检视机制，将责任落实到人。同时，还要加大对政务微博的支持力度，提升管理部门的跨部门协同处理业务体系，让微博真正成为政府电子政务的功能末梢和公共服务末梢。

习近平在中央网络安全和信息化领导小组第一次会议上指出，做好网上舆论工作是一项长期任务，要创新改进网上宣传，运用网络传播规律，弘扬主旋律，激发正能量，大力培育和践行社会主义核心价值观，把握好网上舆论引导的时、度、效，使网络空间清朗起来②。

社会化媒体是一个新型的媒介载体，发展尚处于初级阶段，管理及应用的方法有待进一步完善，这需要应用它的行为主体进行审慎的考量。对于新媒体的应用，纵向上看，我们尚处于发展之中，没有历史的经验作为援引；横向上看，各个国家、地区之间发展阶段不同，各有各的应对策略。我们不可能因为存在风险而止步不前，顺应时代发展的要求，"摸着石头过河"，才能推动政务信息公开的健康发展，使政府的管理能力进一步提升，更好地履行自己的使命③。

政务公共账户目前存在的突出问题：

第一，政务微博、微信发展之快与相关管理立法之慢的矛盾。与政府微博的迅速成长不相匹配的是相关管理规定的发展之慢，因为政策的出台是需要谨慎的思考和权衡的，但微博、微信的操作是简单的、便捷的，这势必导致相应的管理运作机制的不匹配，导致许多管理上的风险和漏洞。

---

① 侯露露，张意轩，于洋."微时代"政府咋应对? 管理不好微博变"危博" [N/OL].人民日报，（2012-03-07）[2014-06-18].http://culture.people.com.cn/GB/87423/17312856.html.

② 新华网.习近平：把我国从网络大国建设成为网络强国[EB/OL].（2014-02-27）[2014-06-18].http://news.xinhuanet.com/politics/2014-02/27/c_119538788.htm.

③ 郝鑫岐.论政府微博的发展走向[J].青年记者，2012（8）：64—65.

第二，信息需求之宽与信息公布之窄的矛盾。虽然已经有大量官员和政府机构开启了微博、微信功能，但其提供的信息内容依然无法满足人民群众的需求。目前有些政务微博、微信公众号等只是单纯的信息提供平台，对网络用户的问题鲜有回应，严重缺少与网络用户的互动，更没有自己原创的内容，每天只是简单地发布政策法规，讲的话也多是官话和套话。

第三，实名认证之真与网络虚拟之假的矛盾。微博、微信账户的用户名称申请都是开放式的，任何人都可以通过网络平台进行申请，并用任何名称命名自己的账号，这就使得很多非政府机构的名称盗用政府机构名称，甚至包括潜在的危险人员。鉴于此，2011 年 12 月 16 日，北京市人民政府新闻办公室制定《北京市微博客发展管理若干规定》，规定微博客用户必须进行真实身份信息注册后，才能使用发言功能。这一规定是对微博管理的一种非常有远见的创新，正如易观国际分析师董旭所说的一样：如若真正实行且执行得力，在政策确实落地的情况下，对整个产业产生影响也是有利有弊的——利的一面在于真实用户信息更加利于与社会人对接，实现用户可控；弊端则是会破坏原有微博生态，造成用户规模在不同维度的缩水。

存在问题的解决对策：在发展过程中，政府要制定相关的网络舆论管理法规，完善法律体系，提供法律支撑。在政务微博领域要制定一系列法律法规，充分规范诸如官方微博的注册条件、注册程序、微博备案、信息发布审查机制、网友留言回复、反动言论认定标准、删帖审查机制、突发事件处置等等一系列的规定要求，以保证政务微博良好有序地发展，在管理政务微博过程中要做到任何管理行为都有法可依，有法必依。

随着政务微博日常运营管理方法的不断成熟，仅发布日常信息已经不能更好地满足公众的需求，在突发事件和公众关注度高的热点事件中能够做到迅速响应，不但有利于公众了解事实真相，也可以有效地引导网络舆情，避免社会极端事件的发生。

第7节

让社会化媒体成为收集民意信息的法定渠道

　　社会化媒体的普及及其巨大的社会舆论影响力让网络反腐成为可能。所谓网络反腐是指互联网时代的一种群众监督新形式。即通过网络技术及所引起的社会舆论效应，对行政行为与执政行为的监督和对权力的约束，从而达到有效预防、遏制、惩戒腐败行为的一种全新方式，是反腐败事业的重要变革，因为这个体系引入了社会监督的力量。

　　官方网络举报最早出现在 2003 年。那一年，最高人民检察院开始建立网络举报平台，而 2005 年 12 月 28 日，中央纪委、监察部首次公布了中央纪委信访室、监察部举报中心的网址。这标志着网上举报正式纳入了官方权威反腐渠道。新华社在 2009 年也通过新华网公布了中央和地方网络举报方式。

　　最高人民检察院统计显示，检察机关查办职务犯罪案件的线索 80% 来自群众举报。群众举报工作开展得好坏，直接关系到反腐倡廉建设，举报在反腐工作中具有不可替代的作用。如何充分发挥举报的质量对于有效打击腐败尤为重要。而网上举报就是一条最经济、最便捷、最互动和最保密的举报方式。在网上，即使是匿名的举报者也能和办案机关进行互动交流，这是传统的信访方式无法比拟的。

党的十七届四中全会以来，党中央就高度关注重点领域的腐败，中国共产党第十八届中央纪律检查委员会第三次全体会议强调，严肃查办发生在重点领域、关键环节的腐败案件。重点领域就是全面深化改革的各领域，从十八大、十八届三中全会、党的第十八届中纪委三次全会以及国务院廉政会议的情况分析，这些重点领域主要包括：工程建设、政府采购、土地使用权出让、矿业权出让、公共资金使用、洗钱、干部选拔任用、司法等领域。关键环节是指行政审批权、资源配置权、行政执法权、人事任免（推荐）权等权力行使的关键节点，在这些节点，极易发生腐败。因此，对改革重点领域和关键环节权力行使的有效监督，是惩治和预防腐败的关键。

网络反腐包括两个方面：一个是民间自发的网络反腐行动，借互联网人多力量大的特点，以及方便快捷、低成本、低风险的技术优势，更容易形成舆论热点，成为行政监督和司法监督的有力补充。二是政府利用网络的特点，开展网络举报等一些电子政务应用，方便人民群众监督政府，为相关职能部门提供发现腐败的线索，从而达到防止腐败、震慑腐败分子的作用。

互联网在反腐败中的作用得到中国执政者认可的一个重要标志是中共中央党校出版社 2009 年出版发行的《党的建设辞典》收录了"网络反腐"的词义[①]。中共中央颁布的《建立健全教育、制度、监督并重的惩治和预防腐败体系实施纲要》中强调："加强反腐倡廉网络宣传教育，开设反腐倡廉网页、专栏，正确引导网上舆论。"

十八大以来，在党中央的坚强领导下，各级党委和政府深入推进惩治和预防腐败体系建设，坚持"老虎""苍蝇"一起打，既坚决查处领导干部违纪违法案件，又切实解决发生在群众身边的腐败问题。坚持党纪国法面前没有例外，不论什么人，不论其职务多高，只要触犯了党纪国法，都要一查到底，决不姑息。这体现了党中央和中纪委在惩治

---

① 叶笃初，卢先福.党的建设辞典[M].北京：中共中央党校出版社，2009.

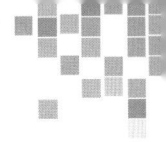

腐败方面的决心和信心。长期保持反腐高压态势，有利于破除领导干部"反腐是隔墙扔砖头，砸住谁谁倒霉"的侥幸心理，形成领导干部"不想腐""不能腐""不敢腐"的局面。

然而，惩治和预防腐败是一项长期和复杂的系统工作，它涉及法规制度建设、工作理念创新、反腐倡廉能力及手段的加强等各方面和各环节，信息化科学发展能够有效弥补纪检监察工作的短板，协助促进反腐倡廉目标的实现。

网络反腐之所以能够成为一个内涵明确的概念，就在于它在本质意义上整合了三方面的内容，即网络、民意、执政能力。一方面，网络以其独有的特征吸纳了民意表达，有效整合了民众的智慧和意见，形成了一个良性互动的社会民主环境，从而对执政、施政行为产生了无所不在的监督和约束。

另一方面，网络也为执政者和施政者提供了一个全新的平台和崭新的对话方式，可以更为清晰、理性、立体地把握民众心理和社会舆论脉搏，从而有的放矢地开展工作，与时俱进地提高执政、施政能力，从而在内部减少并消除腐败发生的可能性。网络为反腐败提供了两大支柱，一个是阳光下的"扁平社会"，一个是逐步精英化的执政群体。

互联网和社会化媒体不断冲击着传统的反腐格局和其制度框架。网络以其公开透明快捷的特性，成为反腐败的天然盟友。我国反腐机构抓住网络带来的机遇，顺势而为、积极引导，充分发挥网络的正面效用，实现了反腐与网络的良性互动。我们正在大踏步进入反腐败信息化时代和一个全新的社会化媒体反腐败时代。在这个时代，任何人都可能是反腐败的参与者、支持者或反腐斗士。

在网络日益受到反腐机构青睐的同时，由于网络公开和透明的特性，又无意中开辟了一个反腐新战场，即民间网络反腐。与官方网络举报不事张扬相异，民间网络反腐带给人一种前所未有的铺天盖地的感觉，在网络上，那些涉嫌贪腐的官员如同过街的老鼠——人人喊打。腐败分子的各类信息先是在网络上被炒得沸沸扬扬之后再被反腐机构锁定，最后导致落马，或被党纪国法所惩处，此类案例已经不在少数。

由于中国网络的实名制管理等因素，这种在网络上的举报实质上是一种公开、实名的举报，是在传统举报方式存在效率低、查处缺乏监督等弊端下的一种无奈之举。有媒体评论，这是公民不甘于被动地参与反腐，不甘于自己举报后被动地等着更高权力去反腐，而是想寻求一种制度平台掌握反腐的主动权，以民意压力促使官方作为。可以说，公开是民间网络反腐的唯一利器，但这同时是柄双刃剑，这种方式蕴含着巨大的风险——一旦被证明举报失实，举报者可能要承担诽谤罪的后果。

但是，我们应该看到一个不容乐观的法律事实，那就是民间网络反腐尚缺乏法律的支撑，至今仍未被官方所认可。网络上的举报线索依然无法通过法制化的渠道进入相关反腐败机构的线索收集法定流程当中。

据《法制时报》刊登的《最高检官员：网络举报将是方向但不主张发帖子》一文，最高人民检察院控告检察厅举报工作处的工作人员曾说："我们现在提倡网络举报，这会对举报人提供一个很好的保护。我们绝对不提倡在公共网上举报。很多人为了发泄义愤，在公共网络上举报，但效果适得其反。这些信息让被举报人知道后，他会有所准备、会串供，导致很多事情查不实也无法查实。反过来被举报人会告其诽谤，司法机关只能追究举报人的诽谤责任。"因而，网上有网民在屡次因举报而遭遇打击报复时感慨道："网络有风险，举报需谨慎。"在这种令人沮丧和悲哀的调侃背后我们看到了反腐败之路上的重重阻力。这实则是让民众逐渐丧失对社会公义的信心，也严重削弱政府的公信力，破坏整个社会的团结和稳定。

由于许多官方举报网站或信访机构接到举报信后不能及时答复，许多举报材料屡屡寄出后石沉大海，才导致一些访民利用极端的方式在社会化媒体上或是在网上炒作造势，进而使得腐败线索为世人所共

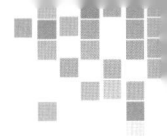

知，他们采取"曲线救国"的方式，引发社会媒体的广泛关注，最终让线索进入反腐败机构的视野。

政府在建设信息化能力支撑反腐倡廉过程中要有比较宽的视野，从经济、行政改革、网络民主等大的视野来看对信息化支撑反腐倡廉的发展可能产生的影响。顺应民众需求，包括及时公开信息，满足老百姓的知情权、表达权、参与权和监督权的需求，可以说是未来网站建设中必须考虑的问题。

通过中央本级网站构建网络反腐阵地，会提高互动性，比如在网络投诉举报方面引导投诉人提供更多有价值的信息，过往的投诉举报往往质量参差不齐，有的一两句话，有的材料非常厚但提供的信息与办案所需信息的差异较大。再比如，通过网站既要宣传党中央的反腐决心，又要了解公民对反腐倡廉工作的诉求。利用微博，可提升与民互动的便利性。

在引导依法推进互联网实名制、加强互联网管理的同时，建立反腐倡廉网络舆情排查回应机制和网络群体性事件应急处置机制，主动排查网民通过发帖、微博、论坛等形式曝光的涉腐信息，及时查清事实、公布真相、引导舆论，实现行政监察与社会监督良性互动。

可以看出，网络信访降低了访民上访的成本，提高了信访或举报的受理率，但信访管理部门接访后的处理效率就变得很重要。若处理不及时，访民依然可能采取其他更为极端的方式表达自己的情绪或递交上访材料，增加了访民越级上访或是不远千里艰难上访的可能。

故此，我们应该为网络反腐或民间反腐提供制度化出口，使民间反腐与现有的反腐机制良性互动，不至于走向盲目。加大网络信访的制度化体系建设，提升网络信访的回复和案件结办反馈效率。同时也要使现有反腐机制在民间力量的配合下，更有效地清除腐败、惩治腐败，严防腐败的发生。在韩国，为了应对腐败日益严重的趋势，成立了颇具特色的民间反腐败组织，与市民、企业、政府和透明国际（致力于打击贪腐的无政府国际组织）已经开始形成一个反腐败网络，取得了显著成效，这很值得我们借鉴。

互联网由于其开放性、快捷性和广泛性等特点，成为网民表达观点诉求的新平台，这也就是"网络反腐"之所以能够形成的主要原因。登录微博、打开论坛，各类举报信息、爆料内容络绎不绝，有看似有真凭实据者，却也有耸人听闻和恶意诽谤之嫌者。但是，随着实名制的实行和落实，实名举报且证据确凿，政府部门应该认真对待、严肃处理并及时对举报做出反馈。

长期来看，狂欢式的"网络反腐"仅能给网民带来一时之快，却不是治理腐败问题的根本武器。如果没有法律的约束，在互联网上，人人可以随意突破道德的底线，也就意味着人人可能成为被攻击的对象，当大家都在谩骂、攻击、诋毁时，网络也会逐渐失去公信力，"网络反腐"自然也会走到尽头。从近些年来查处的国家机关工作人员和领导干部的腐败案件来看，很多案件是根据网民向相关机构举报提供的线索查处的，网民的各类举报线索会成为反腐案件线索的重要来源之一。

我们应该清晰地认识到，治理腐败问题，网络代替不了法律，必须在法制的条件下依法举报。同时，要深知，只有法律才能真正保护举报人。《关于加强网络信息、保护的决定》的出台恰恰是为了保护网络举报人的个人信息。另外，该《决定》会对网络举报有所约束，让网民更加负责任地举报、举证，让纪检部门更有效率地开展工作，让那些真正的诉求浮出水面，这样的"网络反腐"才能进一步成长壮大。

制度反腐是我们必须下决心来布局的举措，只有将网络反腐纳入惩治与预防腐败的管理体系当中，我们的治理才会更加从容阳光，我们的国家才会更加文明进步，我们的人民才会更加幸福快乐。

后记：社会化媒体发展的春天与国家治理的清明

    从2013年5月到2016年9月，历时三年多，这本《大数据时代的网络舆情》的书稿终于在众多朋友的关切和帮助下断断续续地编纂完成。从2013年5月动笔写本书的序言，一直到今天，也就是鸡年的5月，书稿经过了多轮润色和修改。

    令人感到鼓舞的是，2016年7月30日，国务院办公厅发布了《关于在政务公开工作中进一步做好政务舆情回应的通知》，这个通知无疑给网络舆情管理送来一缕春风，中国的网络舆情管理和研究开始进入了一个科学的、规范化的轨道。

    当今世界，信息技术日新月异，对国际政治、经济、文化、社会、军事等领域产生了深刻影响。信息化和经济全球化相互促进，互联网已经融入社会生活的方方面面，深刻改变了人们的生产和生活方式。我国正处在这个大潮之中，受到的影响越来越深。我国互联网和信息化工作取得了显著发展成就，网络走入千家万户，网民数量世界第一，我国已成为网络大国。同时也要看到，我们在自主创新方面还相对落后，区域和城乡差异比较明显，特别是人均带宽与国际先进水平差距较大，国内互联网发展瓶颈仍然较为突出。

作为互联网的观察者和研究者，这两件大事都值得我们给予足够的关注。可以看出，国家对互联网的关注程度与日俱增，并且，在这个社会化媒体蓬勃发展的时代，对互联网的治理秩序表现出了从未有过的自信和智慧，这种种改变都令人倍感欣喜。

过去的一年里，电子商务行业发展如火如荼，移动电商快速崛起。电子商务正以其巨大的魅力重新定义着我们的商业逻辑，改造着我们的商业思维，重塑着我们的商业文明，电子商务的春天已经来临。社会化媒体亦如春日惊雷，于激荡的天地间开创了一个属于所有人的崭新舞台。在社会化媒体所创造的这个广阔舞台上，每个人都是舞者，在这个舞台上，没有不可能。

社会化媒体的春天已经来临，希望这朵美丽的花儿能够沐浴春风的温暖着色，吸纳夏日骄阳的光华，于秋天带给我们所期望的硕果。

这是一个令人喜悦和满怀期待的美妙的、激动人心的过程。

一切才刚刚开始……

不忘初心，方得始终。

2017 年 5 月

特别鸣谢

　　衷心感谢北京大学政府管理学院徐湘林教授、杨凤春教授一直以来对我的关心、爱护和栽培。两位导师不仅是我学业上的导师，更是我事业的导师、人生的导师。

　　感谢在创新工场旗下项目团队任职的张开先生的无私帮助，在搜集近年来网络热点舆情历史资料过程中他给了我极大的帮助；感谢我的好朋友曹岩、戴立成、邱道兴、袁洋等人的大力帮助，他们的帮助让本书的素材更为丰富。

　　感谢解放军出版社郑晖社长对书稿修正所倾注的努力，也衷心感谢海天出版社的张小娟老师以及本书的责任编辑韩海彬老师的大力帮助，他们对出版的严谨和专业令我印象深刻，正是得益于他们的帮助，这本书才能如此之快地与读者见面。

　　在本书写作的过程中，我得到了许多朋友的大力帮助和指导，他们来自不同的专业领域，但他们对网络舆情却有着细致的观察和深刻的理解，正是因为朋友们的真知灼见和他们无私的分享，让我可以更系统地思考和研究网络舆情的生长脉络和发展轨迹，并启发我对网络舆情的社会学意义做更深入的剖析和解读。

杨明刚
2017 年 6 月　北大燕园